企业刑事合规实务

谢向英 著

CORPORATE
CRIMINAL COMPLIANCE
PRACTICE

法律出版社
LAW PRESS·CHINA
北京

图书在版编目(CIP)数据

企业刑事合规实务 / 谢向英著. -- 北京:法律出版社,2022
ISBN 978-7-5197-7150-8

Ⅰ.①企… Ⅱ.①谢… Ⅲ.①企业-刑事犯罪-研究-中国 Ⅳ.①D924.114

中国版本图书馆 CIP 数据核字(2022)第 181380 号

企业刑事合规实务
QIYE XINGSHI HEGUI SHIWU

谢向英 著

策划编辑 周 洁 林 蕊
责任编辑 周 洁 林 蕊
装帧设计 李 瞻

出版发行 法律出版社
编辑统筹 司法实务出版分社
责任校对 裴 黎
责任印制 胡晓雅
经　　销 新华书店

开本 710 毫米×1000 毫米 1/16
印张 16.5 **字数** 239 千
版本 2022 年 12 月第 1 版
印次 2022 年 12 月第 1 次印刷
印刷 天津嘉恒印务有限公司

地址:北京市丰台区莲花池西里 7 号(100073)
网址:www.lawpress.com.cn
投稿邮箱:info@lawpress.com.cn
举报盗版邮箱:jbwq@lawpress.com.cn

销售电话:010-83938349
客服电话:010-83938350
咨询电话:010-63939796

书号:ISBN 978-7-5197-7150-8
定价:66.00 元

凡购买本社图书,如有印装错误,我社负责退换。电话:010-83938349

序　一

法学界和律师界关注企业刑事合规有些年头了。近年来，以北京大学法学院陈瑞华教授为代表的多位学者致力于从理论和构架等层面系统研究中国企业刑事合规问题，出版或发表了一批高质量的学术专著或论文。律师界关注刑事合规从时间线上看或许更早一些。2013 年在上海召开的第四届博和法律论坛就以“企业刑事法律风险防控”为主题，邀请了著名刑法学家苏惠渔先生、刘桂明先生以及企业家、律师共聚一堂进行探讨，会上还举行了博和刑事法律服务中心编写的《企业常见刑事法律防控操作指引》的首发式。其后，不少律师事务所举办的各种论坛也把主题设定为企业刑事合规，吸引了包括法官、检察官在内的法律人踊跃参与。2021 年 4 月，最高人民检察院联合中华全国工商业联合会等 13 个部门开展了涉案企业刑事合规改革，由此拉开了企业刑事合规从理论探讨到司法实践的大幕。可以说，正是学者、律师和司法人员的共同参与、推动，涉案企业刑事合规改革作为企业刑事合规的最重要部分才得以落地生根。

第十二届博和法律论坛于 2021 年 11 月在上海成功举办，论坛主题仍延续了企业刑事合规。该届论坛主题为“探索、借鉴、展望——企业刑事合规的理想构型与中国路径”。关于为何要关注企业刑事合规，我在代表论坛主办方的欢迎致辞中讲了这样一段话，引用在此：刑事合规是近几年刑法学术界与刑事实务界的热议话题。2018 年以来，企业合规建设逐渐引起我国经济领域从上到下的高度关注，而刑事合规作为企业合规中最为基础、最难把握的一环，更是成为我国民营经济在应对全球化挑战与实现高质量发展进程中必须特别重点关注的问题。目前，刑事合规制度在我国刚刚落地，仍处于“摸着石头过河”的阶段；因此，如何推进合规理念与我国刑事司法理念的有机融合，如何吸收借鉴域外的制度设计与运行方式，如何对我国目前的刑事合规制度优化改革，如何准确定位律师在刑事合规制度中的角色作用，等等，都值得我们法律职业共同体去探索、去思考。

谢向英是一位优秀的青年刑事律师，系我所在的上海博和汉商律师事务所的高级合伙人，同时也担任上海市律师协会刑事合规专业委员会的委员。除了在刑事辩护领域努力耕耘外，他也在持续研究刑事合规问题，不仅发表了多篇论文，还创设了“刑事合规观察”微信公众号，向业内外及时传递涉刑事合规资讯、理论研究和实务操作讯息。特别是谢向英律师的这部《企业刑事合规实务》新著，不仅弥补了《企业常见刑事法律防控操作指引》没有进一步深化、升华的缺憾，而且填补了新时期一线律师撰写涉企业刑事合规专著的空白，值得鼓励和祝贺。

我一直认为律师要具备说、写、做的能力。其中，“写”最能考验律师的基本功。“写”，既是一种表达，也是一种思考；既是一种门面，也是一种内在；既是一种欣赏，也是一种认可；既是一种积累，也是一种传承。写得性情，写得平和，写得通透，写得练达，自我提升，当事人满意，裁判者肯定，抑或还有受众拥趸，达到此等境界，一位律师离成功也就不远了。因此，希望每一位年轻律师都能勤思考、勤写作，出具的每一份律师函、每一份代理词、每一份辩护词，凝聚天理、人情、国法，找不出毛病，挑不出瑕疵，展现新时期中国律师的风采。

最后，希望谢向英律师的这本书能为律师同行、企业家朋友提供有价值、有意义的参考。

林东品

上海博和汉商律师事务所主任，上海市律师协会副会长，

中华全国律师协会刑事专业委员会副主任，

全国优秀律师，第四届东方大律师，一级律师

序二：刑事合规是一阵风还是一条路？

近几年，有一个词语摆在我们面前，我们既不能无动于衷，也不能司空见惯，更不能熟视无睹。

这个词就是“刑事合规”。这既不是一个简单的词语，也不是一个简单的问题，更不是一个简单的话题，而是一个非常重要的主题。

那么，到底什么是刑事合规？究竟为什么要刑事合规？

现在，展现在各位面前的这部新书给了我们明确而正确的答案。

大学同宿舍同学、上海博和汉商律师事务所主任林东品（现兼任上海市律师协会副会长）打来电话说，他们所的合伙人谢向英最近推出了一部有关企业刑事合规的新作，请我为其写个序支持、鼓励一下。

我很理解并赞成老同学无论是作为律协领导还是作为律所主任对年轻人的厚爱。其实，我对博和汉商所这位新一代合伙人谢向英律师同样也很了解。每年年底参加“博和刑事法律论坛”，我都能听到谢向英律师的精彩演讲。这是一位很帅气、很有才、很有成就的“80后”律师，无论是业务水平还是管理能力，都值得重点看好和期待。听林东品主任说，新书内容是有关刑事合规的研究，我也正好想认真学习一下。此前，我曾经得到过陈瑞华教授赠阅的《企业合规基本理论》，受益匪浅。

在陈瑞华教授的论著中有这样一段论述让我印象深刻：为什么律师不把法律服务的阶段提前到立案之前呢？为什么企业不早点意识到自己的法律风险，进行体检式的风险防控工作呢？尤其是一些企业在受到行政监管部门的执法调查过程中，为什么不及时诊断自己商业模式、经营方式的法律风险，并尽早采取行动来避免它呢？为什么不能让一个接受执法调查的企业实现在行政执法环节的“软着陆”，而将案件阻止在刑事立案的大门之外呢？为此，陈瑞华教授提出，律师应当将刑事辩护的服务前置，从审判阶段提前到审判前阶段，然后再提前到刑事立案之前，直至提前到行政执法调查环节，这就使律师的刑事业务从原来的注重治疗式的辩护服务，扩展为注重体检式的刑事法律风险防控。考虑到有学者和律师提出了“企业合规”的概念，而这一概念也强调企业的法律风险防控，陈瑞华教授认为，我们可以将刑事律师所做的防控法律风险的业务称为“刑事合规”。

作者谢向英律师这本书的写作与研究，所做的就是“刑事合规”从理论到实践、从认识到操作、从业务到指引这件事，也就是我们律师如何拓展刑事法律服务、怎样提升刑事法律服务水平。简而言之，就是作为律师如何面对刑事合规业务的发展、怎样应对刑事合规业务的变化。

通过阅读，我认为本书已经达到了这个要求，实现了这个目标。在我看来，这既是一部通俗易懂的入门之作，又是一部深入浅出的入题之作，更是一部融会贯通的入行之作。

从常识来看，这是一部通俗易懂的入门之作。近年来，企业合规正受到越来越多的关注，越来越多的律师也开始涉足或转型合规业务，同时各大律所也纷纷成立专事企业合规的业务团队，以求在一片蓝海中抢先布局。但是，究竟应该如何理解企业合规、怎样进入企业合规之门，却是见仁见智。为此，本书作者首先提出刑事合规业务与传统的刑事辩护业务有较多的区别，律师在开展企业刑事合规业务时，应做到“转变思路、转变角色、转变工作方式”三个转变和“结合企业治理模式与商业思维、结合刑事诉讼的经验、结合非诉律师的工作习惯”三个结合。于是，作者以通俗易懂的语言与提纲挈领的概述，介绍了刑事合规业务的概念、特点、内容等基本常识。有人将刑事合规理解为合理规避刑事法律制裁，因此要求律师帮助其设置一些方法去进行违法犯罪的业务，逃避法律的制裁。本书作者特别强调，这是极其错误的理解。实际上，刑事合规，是指企业通过搭建刑事合规体系，避免其涉及相关的刑事法律风险，目的是识别刑事风险而不去做；并非明知是刑事犯罪仍然去做，试图通过设置相应方法逃避刑事制裁。可见，对于如何进入刑事合规业务之门、如何从认识到常识，本书都是一部值得参考的实务之作。

从研究来看，这是一部深入浅出的入题之作。对执业律师来说，所有的研究是为了找到对策、切合主题。本书作者谢向英律师同样也不例外，也希望本书达到这个目的。通过本书，我们确实看到作者既研究了实际问题，又回应了社会话题，更切合了时代主题。本书作者通过企业刑事合规与律师角色、企业反舞弊调查、企业刑事控告、企业刑事风险识别与评估、企业刑事危机应对、企业刑事合规管理体系的搭建、涉案企业合规整改、企业刑事法律顾问八章，系统而全面地进行了梳理和设计。问题是最好的导向。本书作者面对的问题与我们所有刑事律师一样，都是企业发展中不断凸显的问题，都是司法实践中十分突出的问题，都是法律服务中期待突围的问题。一言以蔽之，所有这些问题，都是既要研究更要解决的问题。所以，对于如何聚焦问题的路径和方向，从知识到见识，本书都是一部值得借鉴的实时之作。

从操作来看，这是一部融会贯通的入行之作。随着司法实务探索实践的不断推进，许多从业者发现中小企业开展合规建设的重要性和紧迫性凸显。通过本书作者的研究，我们看到，一方面，中小企业是社会主义市场经济发展的重要力量，大部分基层检察院辖区内的企业也都是中小企业，这些企业的合规管理体系建设做好了，便是最大的普法普惠；另一方面，中小企业的合规管理体系建设的有效性依然不足，抗风险能力不足、合规意识薄弱等是中小企业普遍存在的问题。这一矛盾背后反映的是，中小企业不是没有合规需求，而是缺乏标准的指引和专业人士的建议和帮助。于是，标准而实际的操作指引就越来越重要了。作为上海博和汉商律师事务所刑事合规专业委员会主任，更作为上海市律师协会刑事合规业务研究委员会委员，这些年来一直倾注精力研究、分享刑事辩护与刑事合规业务的谢向英律师，对企业刑事合规业务确实既有心得，又有体会，更有话语权。因循“是什么、为什么、怎么办”的思维逻辑，本书作者将重点聚焦在企业刑事合规业务的“怎么办、做什么”等重点问题。最值得一提的是，本书每一个章节的思维导图、每一个案例的娓娓道来、每一个流程的循循善诱，都是方法的有效指引和方向的有趣导引，都是一种融会贯通的专业指引。因此，对于如何成为刑事合规业务的行家，从技巧到本领，本书都是一部值得学习的实用之作。

对执业律师尤其是从事刑事合规业务的律师来说，本书可谓既有料，又有用，更有效。那么，其对企业来说会有什么效果呢？

对企业来说，法律风险的防控往往是不受重视的，甚至是轻视乃至忽视的。事实上，在企业不合规的诸多风险中，相比民事、行政等方面的法律风险，刑事法律风险才是企业经营管理者最需要关注和重视的法律风险。相比罚款这样的处罚，牢狱之灾才更加令人关切。在最高人民检察院陆续发布的先行先试的案例中，我们看到，既有检察机关的领先一步，也有第三方监督评估组织的洞察一切，又有涉案企业的功亏一篑，更有刑事律师的独当一面。

由上可见，无论是对企业还是对律师，刑事合规业务既不是一阵风的跟风，也不是一下子的时髦，而是一条必须认真对待、长期坚持、正确引领的遵法、学法、守法、用法之路。

如果说我拜读陈瑞华教授的新书是打开了一扇窗，那么我阅读谢向英律师的新作则是发现了一条路。可以说，一部新书，一个新词，一条新路，正是本书带给我们的最大收获。因为这是一部值得关注与期待的新书，也是一个值得研究与学习的新词，更是一条值得大胆选择与行稳致远的新路。

是以为序。

刘桂明

中国民主法制出版社《法治时代》

编委会副主任（执行总编辑）、

法宣在线总编辑、桂客学院院长

目　录 Contents

第一章　企业刑事合规与律师角色　1

一、刑事合规业务的概念和特点 / 3

（一）刑事合规业务的概念 / 3

（二）刑事合规业务的特点 / 4

（三）刑事合规业务与刑事辩护业务的区别与联系 / 6

二、企业刑事合规业务的主要内容 / 7

（一）企业反舞弊调查 / 8

（二）企业刑事控告 / 9

（三）企业刑事风险识别与评估 / 10

（四）企业刑事危机应对 / 11

（五）企业刑事合规管理体系的搭建 / 13

（六）涉案企业合规整改 / 14

（七）企业刑事法律顾问 / 16

（八）其他企业刑事合规业务 / 18

三、律师办理企业刑事合规业务的“三个转变”与“三个结合” / 19

（一）“三个转变” / 19

（二）“三个结合” / 21

第二章　企业反舞弊调查　25

一、企业反舞弊调查概况 / 27

（一）企业反舞弊调查的概念和目的 / 27

（二）企业反舞弊调查的现状 / 27
（三）企业反舞弊调查的难点 / 30
（四）律师参与企业反舞弊调查业务的优势 / 31
（五）律师参与企业反舞弊调查的业务方向 / 32
二、企业反舞弊调查的工作原则、方式与流程 / 34
（一）企业反舞弊调查的工作原则 / 34
（二）舞弊行为的发现方式 / 36
（三）反舞弊调查的工作流程 / 38
三、典型案例 / 47
（一）某跨国公司销售团队舞弊案 / 47
（二）某建筑公司员工串通投标案 / 51

第三章　企业刑事控告　55

一、企业刑事控告概况 / 57
（一）刑事控告的概念 / 57
（二）企业刑事控告的目的 / 58
二、企业刑事控告需要解决的四个问题 / 59
（一）管辖问题：去哪里控告？/ 60
（二）证据问题：如何收集证据？/ 62
（三）法律问题：说理不清？/ 67
（四）程序问题：有去无回？/ 68
三、律师办理企业刑事控告业务的一般流程 / 72
（一）接待客户，对案件进行初步判断 / 72
（二）收集证据，确保控告案件具有完整的证据链 / 73
（三）向企业出具法律意见书，提供详细解决方案 / 73
（四）准备控告材料 / 74
（五）联系有管辖权的公安机关，进行刑事控告 / 76
（六）跟进案件进展，调整工作进程 / 77
（七）刑事控告过程中，及时向企业进行汇报 / 78

四、典型案例 / 79
（一）Y 公司控告李某合同诈骗案 / 79
（二）L 公司高管陈某职务侵占案 / 81

第四章 企业刑事风险识别与评估 83

一、企业刑事风险概况 / 85
（一）什么是企业刑事风险 / 85
（二）企业刑事风险的特点 / 85
（三）企业常见罪名识别 / 88
（四）企业家对于刑事风险的常见误区 / 89
二、企业刑事风险识别与评估的一般流程 / 92
（一）企业专项业务刑事风险识别与评估 / 92
（二）企业整体运行刑事风险识别与评估 / 98
三、典型案例 / 103
（一）银行刑事风险的识别 / 104
（二）银行刑事犯罪的典型特征 / 104
（三）重点罪名的分析——违法发放贷款罪 / 106
（四）关注及控制要点 / 109

第五章 企业刑事危机应对 111

一、企业刑事危机概况 / 113
（一）企业刑事危机的概念 / 113
（二）企业刑事危机产生的原因 / 113
（三）企业刑事危机产生的结果 / 116
二、应对刑事危机的一般流程 / 116
（一）识别企业刑事危机的原因 / 116
（二）正确应对舆论危机 / 117
（三）协助企业应对刑事调查 / 120

（四）迅速介入，开展刑事辩护 / 122
（五）帮助企业设立刑事危机的预警机制 / 122
三、典型案例分析 / 124
（一）代理商引发的刑事危机 / 124
（二）非法换汇引发的刑事危机 / 128
（三）P公司破产和解引发的刑事危机 / 131

第六章　企业刑事合规管理体系的搭建　135

一、企业刑事合规管理体系概况 / 137
（一）企业刑事合规管理体系的概念和内涵 / 137
（二）企业刑事合规管理体系搭建的前提条件 / 138
（三）企业刑事合规管理体系搭建的一般原则 / 139
二、搭建企业刑事合规管理体系的主要内容 / 140
（一）企业刑事合规管理体系搭建的一般原理 / 140
（二）企业刑事合规管理体系包含的一般内容 / 142
（三）企业刑事合规管理体系的评估和改进 / 149
三、典型案例 / 150
（一）中兴公司反商业贿赂的合规体系 / 150
（二）P公司搭建数据安全刑事合规体系 / 154

第七章　涉案企业合规整改　159

一、涉案企业合规整改概况 / 161
（一）西方国家涉案企业刑事合规制度介绍 / 161
（二）我国涉案企业合规制度的演变 / 163
二、涉案企业合规整改的具体内容 / 165
（一）涉案企业合规整改所依照的规章制度 / 165
（二）涉案企业合规整改的具体内容 / 166

三、典型案例分析——从最高人民检察院典型案例看涉案企业合规 / 177
（一）最高人民检察院典型案例的作用 / 177
（二）最高人民检察院三批典型案例概况 / 177
（三）第一批典型案例的分析 / 179
（四）第二批典型案例的分析 / 185
（五）第三批典型案例的分析 / 196
（六）三批典型案例的差异 / 206
四、律师如何参与涉案企业合规业务 / 208
（一）作为涉案企业的辩护律师 / 208
（二）作为涉案企业的刑事合规律师 / 214
（三）作为第三方监督评估专家 / 222

第八章　企业刑事法律顾问　231

一、企业刑事法律顾问概况 / 233
（一）什么是企业刑事法律顾问 / 233
（二）为什么企业需要刑事法律顾问 / 233
（三）企业选择刑事法律顾问的角度 / 235
二、刑事法律顾问的工作原则、内容与流程 / 236
（一）刑事法律顾问的工作原则 / 237
（二）刑事法律顾问的主要服务内容 / 238
（三）刑事法律顾问的工作流程 / 241
三、典型案例 / 242
（一）服务内容 / 243
（二）服务方式 / 245
（三）具体事务 / 246

后　记　248

第一章

企业刑事合规与律师角色

本章内容 刑事合规业务与传统的刑事辩护业务有较大的区别。律师开展企业刑事合规业务应注意该业务本身所具有的特点。本章主要介绍企业刑事合规业务的概念、特点以及主要内容，同时提出刑事律师办理企业刑事合规业务应做到“三个转变”与“三个结合”。

- 企业刑事合规与律师角色
  - 刑事合规业务的概念和特点
    - 刑事合规业务的概念
    - 刑事合规业务的特点
    - 刑事合规业务与刑事辩护业务的区别与联系
  - 企业刑事合规业务的主要内容
    - 企业反舞弊调查
    - 企业刑事控告
    - 企业刑事风险识别与评估
    - 企业刑事危机应对
    - 企业刑事合规管理体系的搭建
    - 涉案企业合规整改
    - 企业刑事法律顾问
    - 其他企业刑事合规业务
  - 律师办理企业刑事合规业务的“三个转变”与“三个结合”
    - “三个转变”
    - “三个结合”

一、刑事合规业务的概念和特点

刑事律师往往被理解为从事刑事辩护业务的律师。很多人认为刑事律师的作用在当事人被采取刑事强制措施后才能体现，包括到看守所会见当事人，与承办机关交涉案件，申请取保候审，到检察院阅卷、递交相关的法律意见书，到法庭进行辩护等。实质上，刑事律师能够提供的法律服务不止于此。企业在生产经营中遇到的刑事法律风险和需要应对的刑事危机非常多，因此产生了诸如反舞弊调查、刑事控告、刑事风险识别、刑事危机处理等法律事务，这些都需要刑事律师协助企业处理。2021 年 4 月，最高人民检察院联合中华全国工商业联合会等 13 个单位开展了涉案企业刑事合规改革，把企业刑事合规从概念落地为制度，使众多企业关注刑事合规体系的搭建和涉案企业合规整改；而刑事律师更应投入该项业务中。这些帮助企业处理的刑事法律业务统称为刑事合规业务，其与传统的刑事辩护有很大的不同，其范围之广、市场之大、内容之多是所有律师所期待的。

（一）刑事合规业务的概念

合规，是指企业及其员工的经营管理行为符合法律法规、规章制度、行业准则和企业章程以及国际条约、规则等要求。合规包括很多内容：从法律角度而言，包括行政合规、刑事合规；从专项角度而言，包括数据合规、进出口合规等；从行业角度而言，包括银行领域合规、医药领域合规等。

刑事合规，是指企业及其员工的经营管理行为符合刑事法律法规的要求。刑事合规业务，则是刑事律师帮助企业处理相关的业务，使企业在生产经营中避免刑事法律风险，应对刑事危机，搭建刑事合规体系。有人将刑事合规理解为合理规避刑事法律制裁，要求律师为其提供一些方法开展违法犯罪的业务，逃避法律的制裁。这种想法是错误的。实际上，刑事合规是指企业通过搭建刑事合规体系避免其涉及相关的刑事法律风险，目的是识别刑事法律风险而不去做；而不是明知故犯，试图通过设置相应方法逃避刑事制裁，这种方法实际上不是刑事合规，而是犯罪行为。

（二）刑事合规业务的特点

1. 非诉性 + 诉讼性

传统的律师业务大体可以分为诉讼律师业务与非诉律师业务两种。二者的区别主要在于业务方向不同、“战场”不同、客户类型不同。

例如，在业务方向上，非诉律师业务主要是公司合规审查、股权架构、公司合并分立、并购重组、出具法律意见书、合同谈判等工作；诉讼律师的业务主要分为民事、商事、行政和刑事四大类，领域跨度大，区分性强，很难相互融合。因此，诉讼律师一般以某类业务为主，很难兼顾，更难全优。又如，双方的“战场”不同。非诉律师基本不出庭，主要“战场”在办公室和会议室，参加各种会议讨论和研究，核查各种资料，进行各种文书修改，工作成果是各种文案和法律意见书、协议书。诉讼律师的主要“战场”在法庭，“对手”除律师外，还包括检察官、法官和当事人，诉讼思路和诉讼策略的选定对诉讼结果影响深远，主要成果是法院的判决或调解书。因此，是否需要和法院、仲裁机构打交道，是诉讼律师和非诉律师的根本区别。

刑事合规业务，既有非诉业务，也有诉讼业务，实质上兼具律师业务非诉性和诉讼性的特点。

首先，刑事风险识别与评估、合规体系搭建、刑事法律顾问、涉案企业合规整改属于非诉业务，具有非诉业务的特征。例如，这些业务往往需要通过团队分工进行，“单兵作战”的模式不可行；又如，律师的劳动成果多以法律意见书为主，因此律师对于法律文本的要求很高；再如，这些业务的首要目标往往不是对抗，而是如何与客户共赢，同时又具有明显的商业性。因此，刑事律师开展这些合规业务应该向非诉律师学习工作习惯和思维方式，包括文书的撰写、对待甲方的态度以及团队的运作模式等。

其次，企业反舞弊调查、企业刑事控告、企业刑事危机处理属于诉讼业务，具有诉讼业务的特点。例如，企业刑事控告业务中就需要与公安机关进行交涉，包括就公安机关不立案进行沟通，甚至到检察院进行控告申诉，这就体现出诉讼业务对抗性的特点。又如，对于企业的风险，特别是刑事法律风险，往往不是看企业形式上做得怎么样，而是看实质性的做法是什么。因此，在刑事合规业务中特别需要这种穿透性审查的实质性思维。

2. 涉企业性

传统刑事辩护业务的客户多为个人，相比较而言，刑事合规业务大部分的客户是企业。个人客户与企业客户存在不同的特点；律师在承办刑事合规业务时要注意企业客户的特点，才能更好地提供优质的法律服务。

第一，选择律师更加谨慎。相比个人客户而言，企业客户往往通过招投标的方式选择律师，其更注重律所的规模、团队的业绩、律师曾经办理过的案件等因素。同时，企业客户比个人客户有更多的手段了解律师是否专业，在选择律师的方式上更为强势。

第二，付款流程更加缓慢。相比个人客户而言，企业客户付款需要内部层层审批，往往有一定的账期，甚至有时候律师工作已经结束，律师费用还没有到账。而且，刑事业务都很紧急，企业客户都希望律师迅速投入工作，因此刑事合规律师往往是先开展业务再收取费用。当然，企业客户往往较少出现不支付费用或者让律师退费的情况，在签署合同后，一般会按照合同约定予以履行。

第三，汇报方式更加规范。相比个人客户而言，企业客户往往要求律师定期就案件进行汇报。一般而言，律师应采取邮件汇报的方式，方便双方进行检索备忘。律师在面对企业客户时应该多汇报工作，多撰写案件备忘录，让客户时刻了解案件的进展，以及下一步的工作计划。

第四，客户对于结果态度不同。相比个人客户而言，企业客户往往不仅仅看案件是否胜诉，法律诉讼方式只是帮助企业解决问题的一种途径。有时候企业希望边诉讼、边谈判，促成和解，有时候企业希望通过法院判决、裁定证明某个事项。因此，通过法律方式促使企业达到其所要的商业目的其实是更为重要的。

基于以上特点，律师在处理刑事合规业务时，除了需要掌握刑事法律外，还需要了解与企业相关的法律知识，以及企业治理方式、行业规则、财务知识、运行逻辑等内容。例如，在企业刑事合规体系的搭建上，刑事律师如果不清楚公司治理的模式，就无法合理进行企业相应的机构设置和职责配置；又如，企业涉嫌税务类犯罪，律师帮助其进行涉案企业合规整改时，如果不了解财税方面的知识，就不可能帮助企业制订避免税务犯罪的合规计划，最后通过第三方组织的合规评估。

3. 多样性

刑事合规业务是刑事律师帮助企业处理相关的业务，使企业在生产经营中避免刑事法律风险。因此，其所针对的企业类型是多样的，所产生的业务类型也是多样的；在开展相应刑事合规业务时，应该采取差异性的原则。比如，医药行业和互联网行业，二者关注的刑事法律风险肯定是不一样的。因为这两个行业可能涉嫌的犯罪不一样，需要搭建的刑事合规管理体系、应对的刑事合规问题也不一样。前者的风险更多的是代理商的商业贿赂，因此律师会关注内部的舞弊问题，会建立代理商的隔离制度；后者的风险更多的是数据安全问题，因此律师需要关注《数据安全法》《个人信息保护法》中涉及的刑事法律风险问题。因此，刑事合规律师在针对不同行业开展刑事合规业务时，需要有差异地进行。

同时，刑事合规业务的多样性还体现在服务内容上。虽然本书最终确定了 7 项法律服务内容，并且在接下来的 7 个章节中详细展开讨论，但是我们仍然认为刑事合规业务不仅于此，在“其他企业刑事合规业务”中，本书也提出了我们团队办理的其他刑事合规业务；不过，因为无法形成体系，没有予以概括。但是，只要刑事律师能够留心企业刑事合规业务的发展，能够发挥专业的优势，能够结合刑事法律法规的内容，我们相信企业的刑事合规业务一定能够再有新的发现。

（三）刑事合规业务与刑事辩护业务的区别与联系

刑事合规业务并不排斥刑事辩护业务。笔者认为，能够做好刑事合规业务的律师，肯定具有丰富的刑事辩护经验。因为这些律师对于刑事法律风险有敏锐的直觉，他们知道如何应对相关部门的调查，他们了解刑事诉讼相应的程序，他们关注最新的刑事法律法规和司法解释的变化，他们掌握最新的刑事政策和行业的刑事风险。在类似企业反舞弊调查、企业刑事控告等业务中，他们又具有相应的调查技巧，更容易开展相应的调查取证。因此，刑事辩护律师能够胜任刑事合规业务。并且，开展刑事合规业务的律师应该每年都亲自承办一些刑事辩护案件，所谓“春江水暖鸭先知”，这样能够使其更好地了解刑事风险的“水温”如何。

不过，传统的刑事辩护律师在开展刑事合规业务时，也需要克服传统的一些办案习惯，比如“单兵作战”的习惯。在刑事合规业务中，“单兵作战”的模式显然是不合适的。因为刑事合规业务，往往要求高、任务紧，需要团队进行分工才能高效率地完成任务。再如，在处理与委托人的关系时，刑事辩护律师往往因为案件的性质，或者行业的习惯，不会向委托人定时定期进行汇报，并寻求委托人的帮助（其实，很多刑事案件，当事人家属有很强的参与意愿）；但是，在刑事合规业务中，汇报是非常重要的工作，律师应该及时地向委托人报告工作的进展及下一步需要开展的工作内容，提出需要委托人予以配合的事项。

综上所述，刑事合规业务有其固有的特点：其具有诉讼业务的特点，也具有非诉业务的特点；其主要客户是企业；其服务方式是多样的。刑事合规的部分业务可能并不是一项新兴的业务，很多刑事律师或多或少也在做类似的业务，但是并没有体系性地予以梳理。总之，我们认为刑事律师的作用远不止于刑事辩护，其可以延伸到企业犯罪发生前，帮助企业处理更多的刑事法律问题。

二、企业刑事合规业务的主要内容

企业刑事合规业务包括哪些内容呢？本书在笔者做过的业务的基础上，对此进行了相应的梳理，一共列举了七大业务。当然，如前文所述，企业刑事合规业务具有多样性的特征，其可能远远不止七大业务；因此笔者将“其他企业刑事合规业务”作为“兜底”，简述七大业务之外的企业刑事合规业务内容。

（一）企业反舞弊调查

企业反舞弊调查，是企业发现员工涉嫌舞弊行为后启动的专门调查活动。一般情况下，企业启动反舞弊调查的主要目的在于明确舞弊事实，对涉案人员作出相应处理，发现企业内部控制的漏洞和缺陷，进一步完善企业合规体系。

企业在招投标、采购、渠道开发、专利品牌等环节容易发生内部员工舞弊的情况，这些行为涉嫌的犯罪包括职务侵占、商业贿赂、串通投标等。近些年，越来越多企业对于内部员工舞弊行为采取“零容忍”的态度。我们在承办反舞弊调查的业务时，能够明显感受到委托方从外资企业向民营企业方向的转变，这表明民营企业也开始重视对企业员工舞弊行为的打击。企业的法务人员或合规人员，在处理员工舞弊行为的调查事项时非常希望得到专业律师的帮助。其中既包括内部调查需要涉及的专业问题，也包括内部法务人员及合规人员在处理这些案件时需要处理的与公司内部人员的关系问题；因此他们希望借助第三方的力量，更加客观公正地处理相应的事件。刑事合规律师帮助企业处理反舞弊调查，不仅要查清楚案件的事实，更为关键的是要给出符合企业发展的建议。这种建议不应是法律书本的标准答案，而应是站在企业的角度给出的。例如，通过反舞弊调查，确实证实了企业员工涉嫌犯罪，是否一律需要采取刑事控告的方式进行处理？有些企业可能顾忌企业的商誉，不愿以公开的方式予以处理，这时候律师应该结合具体情况给出更合理的处置意见。

企业的反舞弊调查一般包括三个阶段：

1. 案件启动阶段。在这一阶段中，调查律师应该配合企业就收到的相应线索（往往以举报为主）进行初步的分析，核实相应线索的真实性，排除虚假举报。同时，调查律师需要确定该调查工作所需使用的资源、时间，制订相应的调查计划，包括人员分工、应急预案等。

2. 案件调查阶段。在这个阶段，调查律师需要收集相应的证据，包括被调查人员的信息资料、涉案的背景情况、公司的员工手册，必要时需要实地走访，进行第三方及周边人员的访谈；在所有证据资料准备齐全后，最终对被调查人员进行相应的访谈。

3. 案件处理阶段。调查律师需要综合整个调查过程给出相应的调查结论，出具最终的调查报告。调查报告应包括调查的过程记录、对被调查人员的调查结论、对案件的处理意见以及对公司存在问题的建议。

企业的反舞弊调查对于刑事合规律师的要求比较高，往往需要律师在短时间内查阅大量的文件、检索大量的电子数据，并且找到有效的证据；同时，在反舞弊调查过程中，律师需要对随时发生的事件有及时的应对措施。律师在开展反舞弊调查工作时，需要秉承合法合规、客观中立的原则，一定不要采取违法的行为开展相应的调查活动。

（二）企业刑事控告

企业刑事控告，是指针对内部员工或外部单位、个人实施的侵犯企业合法权益的涉嫌犯罪的行为，企业梳理事实、整理证据、起草控告材料并向公安机关进行控告的行为。

企业刑事控告一般针对两种情形：第一种情形是企业内部员工涉嫌犯罪的问题。这往往是由于企业反舞弊调查证实了员工的犯罪行为，企业采取刑事控告的方式挽回损失；涉嫌的罪名一般包括职务侵占、挪用资金、商业贿赂等。第二种情形是外部单位、个人实施侵犯企业合法权益的行为，并且该行为已经涉嫌犯罪。如企业在经营生产过程中受到外部单位、个人的合同诈骗、假冒注册商标、侵犯商业秘密、损害商誉等犯罪行为，继而采取刑事控告维护自身的合法权益。司法实务中，侦查机关往往希望控告人在控告时能够把案件事实梳理清楚，把证据材料收集完毕，把法律问题论证准确。因此，企业在进行刑事控告时，对于证据问题的收集、管辖地的判断、相关部门不受理的应对等，都需要刑事合规律师予以协助处理。

刑事合规律师办理企业的刑事控告案件大体包括 7 个阶段：

1. 听取客户意见，查阅证据材料；

2. 了解案情，进行初步法律分析；

3. 根据案情需要，向客户二次或者多次补充相关的证据材料；

4. 起草刑事控告书，梳理证据，制作证据清单；

5. 陪同企业代表至公安机关进行刑事控告；

6. 与承办机关保持沟通，跟进后续立案进程；

7. 作为企业刑事诉讼代理人，参与后续刑事诉讼程序。

企业刑事控告业务并不是一项新型业务，实际上不少刑事律师之前也开展过相应的业务。但是，有些律师开展刑事控告业务只是简单地到公安机关递交相应的报案材料，并没有站在企业合规的角度思考相应的问题。我们认为，随着企业内部合规体系的搭建，企业对于自身品牌会越来越重视。同时，企业对于内部舞弊行为采取“零容忍”的态度，对侵害企业的违法犯罪行为会加大打击力度。事实上，很多企业也认为刑事控告是处理法律问题最高效的方式之一。因此，刑事合规律师需要做好系统研究，更为高效地开展刑事控告业务，也更好地帮助企业解决其实际问题。

（三）企业刑事风险识别与评估

企业刑事风险识别与评估，是指根据企业客户的需求，对企业可能面临的特定的刑事法律风险进行核查、分析、评估，进而提出相应的法律意见。

企业在生产经营中会面临各种风险，如经营风险、决策风险、财务风险、法律风险。法律风险包括民事法律风险、行政法律风险以及刑事法律风险。民事法律风险带来的法律后果可能是企业的赔偿、道歉、返还原物、恢复原状、停止侵害等，行政法律风险可能带来的法律后果是警告、罚款、停业整顿、吊销营业执照、行政拘留。最严重的是刑事法律风险。其带来的后果可能是剥夺企业主管人员和主要负责人的自由甚至生命；而对单位的处罚可能是巨额的罚金，甚至没收财产。

但由于各种原因，企业或者企业家对于刑事法律风险并未有充分的认识。我国《刑法》目前有400多个罪名，其中涉及单位犯罪的罪名有100多个。实际上，企业从成立到破产清算，从生产销售到财务税收，从内部管理到外部经营，都有可能涉及刑事法律风险。刑事法律风险产生的原因是多样的。例如：刑事法律法规的调整导致企业生产经营方式变成犯罪行为；刑事政策对于某一行业的重点打击带来的企业刑事法律风险；舆论媒体的发酵，如

“3·15”晚会的报告导致某一领域的企业可能面临刑事法律风险；民事、行政诉讼引发企业的刑事法律风险。因此，企业需要时刻关注其自身经营、管理可能产生的刑事法律风险。但是，对于刑事风险的识别与评估并不容易，因此，企业在经营决策时需要刑事合规律师把关，给出相应的法律意见。同时，有些企业会定期委托刑事合规律师对其业务领域的刑事法律风险进行识别与评估，关注企业的刑事合规问题，以求规范发展。

刑事合规律师帮助企业进行刑事风险的识别与评估，一般包括以下四个阶段：

1. 听取客户陈述，了解客户需求；

2. 查阅企业的相关资料，了解企业的经营模式；

3. 依据现有法律法规、行业规范以及企业内部章程，对企业的经营行为及相应的存档资料进行核查，整理其中涉及的刑事法律风险；

4. 评估企业涉及的刑事法律风险，出具法律意见书。

刑事合规律师处理刑事风险识别与评估业务往往是因为企业正在着手进行某项特定业务，需要律师介入开展工作，出具相应的法律意见书。当然，还有一些企业需要建立刑事合规体系，而刑事法律风险识别与评估是刑事合规体系的组成部分。无论是哪一种业务，刑事合规律师处理企业的刑事风险识别与评估必须尽到尽职勤勉的义务，同时加强团队合作，最好加强与该领域专业律师的合作，以便更好地出具适合的法律意见书。例如，针对银行的刑事风险识别与评估，刑事合规团队加入银行领域的律师才能对银行业务的流程、银行内部的架构、银行行政法律有更充分的了解，也更有利于刑事合规律师对刑事法律风险的准确判断，给出准确的法律建议。因此，加强与行业律师的合作，是开展刑事合规风险识别与评估业务的重点。

（四）企业刑事危机应对

企业刑事危机应对，主要是指在企业或者企业员工因某些因素可能或者正在接受刑事调查时，企业所需采取的应对措施。一旦发生该类事件，情况就会非常紧迫，需要刑事合规律师迅速介入予以帮助。

企业刑事危机应对，有别于一般的刑事辩护业务。刑事辩护业务，是指在公安机关或者检察机关、监察机关已经立案的情况下，刑事律师开展的相应的辩护工作。企业刑事危机的应对，往往是案件尚在刑事调查过程中，刑事合规律师的作用更多是化解该刑事危机，使企业转危为安。当然，如果案件最终被确定为刑事案件，刑事合规律师应该迅速介入，与承办机关进行联系，提交相应证据和法律意见，提供相应的法律帮助。

一般情况下，刑事合规律师应帮助企业完成如下事项：

1. 梳理事实，收集证据。刑事合规律师需要向企业了解涉案的事实、背后的原因以及收集对解决该危机有利的证据。

2. 积极应对，有效沟通。刑事合规律师应第一时间向承办机关递交手续，了解案件，如果有对案件有利的证据应及时提交，并且与承办机关保持积极的联系。

3. 进行隔离，降低损失。刑事合规律师需要与企业共同分析危机的走向，判断危机可能产生的最坏的结果，并且采取合法妥善的措施，帮助企业进行隔离，及时止损。

4. 及时介入，有效辩护。当刑事危机最终转变成刑事案件，刑事合规律师则需要及时介入，提供相应的法律帮助。如果相关人员被侦查机关采取刑事强制措施，律师应迅速会见该相关人员，了解案情；同时，律师也需要积极与承办人员进行沟通，提交相应的法律意见。刑事危机出现后，企业需要及时应对，刑事案件往往是不可逆的，越早介入越有利，越早解决越方便。

不少刑事律师处理企业刑事危机，都是准备为企业做刑事辩护，这往往错失了解决刑事危机的关键时机。许多刑事律师都提出刑事辩护的“黄金37天”，即刑事拘留30天和审查批捕7天，认为刑事案件如果没有被检察院批捕，那么这个案件基本上就是胜诉了。但是，当企业出现刑事危机的时候，恰恰是比“黄金37天”更为关键的救援阶段。这个时候企业往往还没被立案，律师对于证据的收集、案件的了解都比较方便，如果向侦查部门递交相应的证据，也更容易化解相应的刑事法律风险。

当然，刑事律师在帮助企业应对刑事危机时，同样需要注意自身的法律风险。因为此时案件往往处于初查、调查阶段，侦查机关对被调查的企业正在进行证据收集，会对证人进行询问，对涉案人员进行调查，对相关的物证、书证进行收集。刑事合规律师在处理相应的事项时，一定要保证合法合规地进行，不要作出指使企业销毁证据、唆使证人做伪证等违法犯罪的行为。

（五）企业刑事合规管理体系的搭建

企业合规管理体系是包括企业合规管理组织架构、合规管理制度、合规管理运行与保障机制、合规文化的树立与宣传等在内的一系列措施的组合，企业合规管理体系的搭建是一个不断改进、完善的动态循环过程。

与涉案企业合规这种事后合规、专项合规相比，企业合规管理体系的搭建属于事前合规、全面合规。随着合规概念的不断深化，我国目前出台了不少合规管理指引和评估标准。2018 年 11 月 2 日，国务院国有资产监督管理委员会（以下简称国资委）发布了《中央企业合规管理指引（试行）》；2018 年 12 月 26 日，国家发展和改革委员会、外交部、商务部、中国人民银行、国资委、国家外汇管理局、中华全国工商业联合会联合发布了《企业境外经营合规管理指引》；2022 年 4 月 1 日国资委发布了《关于〈中央企业合规管理办法〉公开征求意见的通知》。这些文件都明确了企业建立健全合规管理体系的目标，同时也提出了相应的要求。与此同时，2021 年 4 月 13 日，国际标准组织发布 ISO 37301 : 2021《合规管理体系——要求及使用指南》（Compliance management systems—Requirements with guidance for use），基于最新的合规管理实践，修订并代替 ISO 19600 : 2014《合规管理体系指南》。该标准对于许多企业特别是跨国企业启动、建立最新的合规管理体系有非常重要的指引意义。近期，中国中小企业协会针对中小企业制定了相应的团体标准，即《中小企业合规管理体系有效性评价》。这些都是对企业是否搭建好合规管理体系的评价标准。企业如何搭建合规管理体系，符合相应的评估标准，则需要合规律师当然也包括刑事合规律师的指引。

企业刑事合规管理体系，不同于企业合规管理体系。刑事合规管理体系的目的侧重于预防刑事法律风险。而合规管理体系从范畴上讲更为广泛：理论上应包含刑事合规管理体系，但实践中合规管理体系更侧重于防范行政法律风险，如政府、行业协会监管风险。于企业而言，比较理想的模式是，企业合规管理体系的搭建应有刑事合规律师参与，应把刑事法律风险考虑进去，搭建全面的合规管理体系。

刑事合规律师帮助企业搭建合规管理体系，应该包括如下内容：

1. 建立企业刑事风险清单。例如，根据企业性质、所属行业、规模、业务模式、组织架构、行政监管等信息，梳理该类企业常见的犯罪类型及其方式，并且整合该企业所属类型的相关法律法规、司法解释、典型案例等。

2. 建立和完善合规管理制度。合规管理制度应包括企业合规运行制度、员工手册、合规培训制度、合规管理计划等相关内容。

3. 建立合规管理组织架构。其应包括合规管理组织权利来源、合规管理组织架构层级、合规管理组织的职责、合规管理组织的落实与运行。

4. 建立合规管理制度的运行和保障机制。具体应包括落实合规管理制度的内容，合规考察机制、举报制度，合规案件调查机制，合规管理问责机制等。

5. 树立和宣传合规文化。具体应包括合规文化建设的阶段、合规文化建设的具体要求等。

6. 合规管理的评估和持续改进。合规管理体系不应该是一成不变的，而应根据法律的变化和企业的不断发展予以调整。

有效合规才是真合规，有效合规才能防范企业风险，有效合规才是企业追求的目标。因此，企业在搭建合规管理体系时，必须以“有效性”作为核心。这也是刑事合规律师在搭建企业刑事合规体系时要贯穿前后的主要目的。

（六）涉案企业合规整改

涉案企业合规整改是由我国最高人民检察院主导的，旨在落实“少捕慎诉慎押”刑事司法政策，护航民营企业健康合规发展的重要举措。对于符合适用条件的涉案企业，经过整改且评估、审查合格后，承办检察机关将对涉案企业及涉案人员作出不批捕、不起诉决定或者向人民法院提出从宽处罚的量刑建议。

最高人民检察院在2017年出台了《关于充分发挥职能作用营造保护企业家合法权益的法治环境支持企业家创新创业的通知》，确立依法保护企业家合法权益的刑事司法政策。自此，最高人民检察院就开始探索涉案企业刑事合规改革。在2020年1月18日召开的全国检察长会议上，最高人民检察院明确提出，“对涉嫌犯罪的民营企业负责人依法能不捕的不捕，能不诉的不诉，能不判实刑的就提出适用缓刑的量刑建议”，再次明确加大对民营企业的保护。2020年恰逢新冠肺炎疫情全球蔓延，也加速了最高人民检察院等对于涉案企业的刑事合规改革试点办法的出台。2020年3月，最高人民检察院率先在上海市浦东新区、金山区，江苏省张家港市，山东省郯城市，广东省深圳市南山区、宝山区6家基层检察院开展涉案企业刑事合规改革，作为第一期试点的地区。2021年4月，最高人民检察院在第二期试点中，将试点范围扩大到北京市、辽宁省、上海市、江苏省、浙江省、福建省、山东省、湖北省、湖南省、广东省10个省（直辖市）。2021年6月3日，最高人民检察院、司法部、财政部、生态环境部、国资委、国家税务总局、国家市场监督管理总局、中华全国工商业联合会、中国国际贸易促进委员会9部门联合出台了《关于建立涉案企业合规第三方监督评估机制的指导意见（试行）》，确立了涉案企业合规整改的办法，即采用第三方监督评估机制的方法进行。与此同时，最高人民检察院也发布了第一批企业合规改革试点典型案例，所涉案例一共4个，在司法实践中对于涉案企业刑事合规改革有很大的指导意义。2021年12月8日，最高人民检察院发布了第二批企业合规典型案例，一共6个案例，再次对司法实践中涉案企业合规存在的一些问题予以回应。2022年4月，最高人民检察院会同中华全国工商业联合会专门召开会议，正式宣布涉案企业合规改革试点在全国检察机关全面推行。2022年7月，最高人民检察院发布了第三批企业合规典型案例，一共5个案例，再次对司法实践中涉案企业合规整改一些新的做法进行总结。

涉案企业合规整改制度是自上而下设立的，是一项关于如何挽救涉案企业、如何帮助企业建立合规制度的制度。这个制度使企业涉案后多了一种出罪途径——经过涉案企业合规整改，通过第三方组织评估，最终得到承办检察院和第三方机制管委会审查通过。这项制度使中国的企业开始重视刑事合规，继而重视事前合规体系的搭建，而合规才是企业合法经营、成功经营的关键。这种倒逼的方式，也让合规与企业进入了一种良性循环的机制，使中国企业进入大合规时代。

律师参与涉案企业合规整改可能扮演三种角色：第一种角色是刑事辩护律师，即律师担任涉案企业或者企业负责人的辩护律师。其职责在于第一时间帮助涉案企业申请启动第三方监督评估机制，以及尽可能说服承办检察官同意启动该机制。第二种角色是合规律师，即律师帮助已经启动第三方监督评估机制的涉案企业进行刑事合规整改。其中律师需要做的是提交合规计划、应对第三方组织的评估、撰写合规报告等，合规律师最主要的职责就是帮助涉案企业通过第三方组织的评估，使涉案企业最终获得相应的从宽处罚。第三种角色是第三方组织的监督评估人员。第三方机制管委会通过遴选的方式选择相关人员进入第三方组织库中，在涉案企业启动第三方监督评估机制时，第三方机制管委会从第三方组织库中选取相应的人员组成涉案企业的第三方组织，负责评估涉案企业的合规情况。第三方组织库中有部分的律师成员。如果律师担任第三方组织成员，其职责在于督促涉案企业做好合规整改，并且最终完成相应的评估报告，向承办检察院和第三方机制管委会汇报。

涉案企业合规整改是一项新类型的业务。刑事合规律师需要加强学习，研究相应的刑事政策和法律文件，对于涉案企业合规整改的典型案例也要予以重视。同时，无论是刑事律师还是合规律师都应该尽可能参与涉案企业合规整改的案件，争取进入第三方组织库，作为第三方组织去评估涉案企业的合规整改，了解其中的评估过程和评估标准。

（七）企业刑事法律顾问

企业刑事法律顾问，即由刑事律师团队担任企业的法律顾问，处理企业生产经营中涉及的刑事法律问题。

近年来，越来越多的企业会根据自身情况聘请不同专业的律师作为企业常年法律顾问，其中包括刑事律师所担任的刑事法律顾问。企业律师库里为什么需要加入刑事律师呢？这实际上还是因为刑事法律风险和刑事法律事务的特殊性。刑事法律风险具有突发性、重大性、致命性的特点，而刑事法律事务又需要专业的律师予以处理，否则牵一发而动全身。以往企业在碰到刑事问题后，一般的做法是让法务或者常年法律顾问解决，而法务和常年法律顾问的做法通常是通过自己的渠道再去寻找合作的刑事律师。这样一来，刑事律师专业与否并不确定，而外部律师介入后一般需要先谈相应的律师费用，办理相应的委托手续等，时间往往被耽搁了。然而，刑事案件最宝贵的就是时间。因此，不少企业便开始在自己的律师库中培养自己的刑事律师团队。这样的刑事律师既了解企业的经营情况，关键时刻也能够及时提出法律意见，处理法律事务，并且所需要的律师费用可能还比临时聘请刑事律师低。

企业刑事法律顾问能够提供的服务主要包括：

1. 参与企业战略的制定。企业战略决定企业的发展方向以及企业的未来，重要性不言而喻。刑事法律顾问参与企业战略的制定，是有效预防企业刑事法律风险的第一步。

2. 日常的刑事合规问题咨询。企业在日常生产经营中会碰到相应的刑事法律问题，其中最多的就是刑事合规问题，这些问题需要专业的刑事律师予以解答。

3. 配合企业进行内部调查。当发现内部员工的舞弊行为后，企业需要采取相应的内部调查，刑事法律顾问可以配合企业进行收集证据、制订调查计划、参与访谈、作出决策等工作。

4. 协助企业进行刑事控告。当企业利益受到侵害时，企业采取刑事控告的方式维护自己的合法权益，刑事法律顾问则需要协助企业进行收集资料、固定证据、撰写文书、刑事控告等工作。

5. 企业刑事危机的应对。当企业因为各种因素陷入刑事危机并且可能遭受刑事调查时，刑事法律顾问需要迅速帮助企业梳理事实，分析案由，配合应对调查，化解相应的危机。

6. 尽快投入刑事辩护。当企业负责人或者员工因涉嫌刑事犯罪被立案调查，刑事法律顾问应迅速介入，提供会见、沟通、阅卷等相应的法律服务。

7. 企业合规体系的搭建与整改等。刑事法律顾问可以对企业的刑事法律风险进行全面排查，梳理其生产经营等方面存在的法律风险，并且建立相应的合规体系。

企业的刑事法律顾问一般采取两种方式：第一种是事务所组团向企业提供法律顾问服务，刑事律师作为团队成员之一，一并为企业提供法律服务。这种方式使企业的法律服务由同一家律师事务所提供，律师团队知根知底，配合也更容易些，能够更方便地为企业提供法律服务。第二种是企业已经有相应的法律顾问，并且在律师库中有多家律所的团队提供服务，现在需要向市场招标刑事团队。这种时候企业需要一支单独的刑事合规团队对企业的生产经营提供相应的帮助，因此刑事团队需要重点突出、分工明确，对企业提供不同层级的刑事法律服务。

随着企业越来越重视法律合规问题，相信越来越多的企业会在律师库中加入刑事律师。而刑事合规律师需要做的就是加强对企业运作的了解，加强对非刑事法律知识的了解，加强与非刑事律师的合作；同时做好宣传，让更多企业、更多同行了解刑事合规律师的作用。

（八）其他企业刑事合规业务

刑事合规业务远不止上述七项内容。刑事合规律师不能限制自己提供法律服务的可能性；而应该多了解法律服务市场，多解决客户的需要，多开发新类型的刑事合规服务。实际上，我们在一些领域中也在不断进行尝试。

例如，破产领域中的刑事合规业务。目前，上海破产管理人协会专门设置了涉刑专业委员会；实际上就是因为在破产案件中，破产管理人发现存在不少刑事法律问题，如债权人虚假诉讼的问题，债务人虚假破产、妨害清算的问题。破产管理人往往不办理刑事业务，他们对于刑事法律问题把握不准确；同时，如果自己未尽到尽职勤勉的义务，可能又有相应刑事法律风险。因此，是否在破产管理人团队引入刑事律师，加强对破产过程中刑事合规问题的处理，实际上就是非常现实的问题，同样也是刑事合规律师的新的业务发展方向。

同样，在私募基金领域也存在类似的情形。近些年来，随着私募基金“爆雷”现象的频发，非诉律师在给私募基金管理人提供法律服务的同时，也越发关注刑事合规的问题。刑事法律问题讲究实质性，如对于非法集资“四要性”即非法性、利诱性、公开性、社会性应做穿透性审查。有些私募基金的合同看似严谨，但是司法实务中却得不到支持；有些条款看似设置精致，但实际上并没有效果。因此，如何做到实质性审查，真正做好合规，避免触犯刑事法律，就是刑事合规律师参与私募基金管理人工作的一个切入点。

又如，帮助中国企业应对美国《反海外腐败法》监管的刑事合规业务。自2000年以来，美国依据《反海外腐败法》，针对其境外经营主体的商业贿赂行为开展了更为严厉的打击；近十年来办理几百起刑事案件，不断开出千万美元甚至上亿美元的罚金。不少在华企业为了避免自己遭受严厉处罚，主动开展内部合规工作和调查，将违规风险降至最低。我们团队曾处理过相应的案件，帮助在华企业配合美国总公司及律师事务所的调查，出具相应的应对方案，保住在华企业代理的资质。随着国际形势的变化，这类案件可能会不断增多；刑事合规律师就需要研究相应法律法规的调整，为企业提供切实有效的法律服务。

因此，笔者认为，企业刑事合规业务是一片蓝海；但是需要每位刑事律师认真钻研，多关注市场的变化，多参与企业的活动，多与同行进行交流，这样才能走出"刑事法律的圈子"，看到更多行业的可能性，所提出的建议也更符合企业的需求。

三、律师办理企业刑事合规业务的"三个转变"与"三个结合"

刑事合规业务具有其自身的特点；刑事律师在办理企业刑事合规业务时往往容易把以往的工作习惯带进来，因此产生不好的结果。所以，刑事律师开展企业刑事合规业务要结合刑事合规业务的特点，做到"三个转变"和"三个结合"，以真正做好企业刑事合规业务。

（一）"三个转变"

1. 转变思路

刑事律师办理企业刑事合规业务，首先应该转变思路，从重"破"转变为重"立"。刑事律师以往办理刑事案件，主要从事刑事辩护工作。在刑事辩护中，刑事律师与公诉方进行对抗，寻找公诉方起诉的事实错误、证据不足来达到辩护的效果。有这样一个比喻：公诉人在提起公诉的时候是在画圆，他必须把这个圆画得尽量圆，以此证明事实确实清楚，证据确实充分，排除一切合理怀疑，达到准确指控犯罪的程度；而辩护律师只是找到这个圆的缺口，以此推翻公诉方指控的逻辑，达到辩护的效果。我们很难要求刑事辩护律师去收集证据证明被告人无罪；毕竟证明一个人没做过什么是困难的，而且这也不是辩方的职责。所以，刑事辩护律师工作的重点在于“破”，而不在“立”上。但是，在刑事合规业务上，律师往往需要收集证据，明确事实，建立相应的体系，更多在于“立”。例如，企业内部调查、企业刑事控告，需要刑事合规律师扮演的都是“侦查人员”的角色，完全需要刑事合规律师掌握主动权，先假设某个犯罪事实，然后通过调查取证去证实原先假设的结论。再如，刑事合规体系的搭建、涉案企业合规的整改都需要刑事合规律师站在企业的角度，搭建一个识别刑事法律风险、预防刑事犯罪的企业合规体系，是从无到有、从有到优的过程。所以，律师在参与刑事合规业务时，思路需要从重“破”转变为重“立”。

2. 转变角色

刑事律师办理刑事合规业务，第二个需要转变的是角色，从“治疗”的角色转变为给企业“体检”的角色。刑事律师，往往被比喻成医生。传统的刑事辩护律师可能是外科医生，以治疗为主。刑事合规律师，可能相当于做常规体检时的医生，能识别相应的风险。在这两者比较上，当事人的参与度特别重要。传统刑事辩护业务中，在面对委托人时，无论是身陷囹圄的被告人，还是焦急万分的家属，刑事辩护律师经常以案件信息保密为由，不让当事人过多参与刑事案件，也不希望当事人过多地过问刑事案件的信息，特别是查阅复印案件的材料（相关法律确实规定不能传阅案件材料）。刑事辩护律师这种“治疗”的角色在刑事合规业务中是不可取的。刑事律师在从事刑事合规业务时，需要重视企业的作用，同时需要不断将工作成果反馈给企业。例如，在企业反舞弊调查和刑事控告中，企业相关人员的参与是必不可少的，其对于查清案件事实、推动案件进展起到了至关重要的作用。涉案企业合规整改业务同样如此。刑事合规律师在帮助涉案企业进行合规整改时，需要不断与企业负责人进行沟通，了解企业能够完成哪些合规计划，了解企业未来的发展方向，以确保作出的合规计划、合规承诺都是符合企业发展的，真正做到有效合规。

3. 转变工作方式

刑事律师从事刑事合规业务，第三个需要转变的就是工作方式，由传统的“单兵作战”转变为团队作战。传统的刑事辩护工作中，一个当事人最多只能委托两名刑事律师，因此刑事律师从事刑事辩护工作往往是“单兵作战”。但是，在处理刑事合规业务时，刑事律师一定要用好团队，做好分工。例如，在企业刑事法律顾问中，刑事团队需要根据企业的刑事法律事务分为不同等级，资深律师负责处理紧急的刑事危机案件，骨干律师应对刑事风险识别等专项事务，初级律师应对日常的刑事合规咨询业务。当然，这中间的业务可能因为升级变化需要协调处理。再如，企业反舞弊调查中，往往需要在短时间内查清案件事实，其中要检索大量的资料，就需要团队运作，分工配合。同时，在调查访谈时，由于需要避免被访谈人泄露访谈内容，经常要同时对不同被访谈人进行访谈调查，这时候就需要团队化运作。另外，刑事律师也要习惯与非刑事律师合作，毕竟为企业提供合规的业务往往不只是刑事合规的事情，更多是综合性的事务。

（二）“三个结合”

除了做到“三个转变”，刑事律师在从事企业刑事合规业务时需要加强“三个结合”，才能把业务做好。

1. 结合企业治理模式与商业思维

第一个需要结合的是企业的治理模式与商业思维。企业合规的本质是企业治理行为；刑事律师为企业提供刑事合规法律服务，应结合企业治理模式与商业模式，这样才能形成有效的合规。

刑事合规律师需要清楚自己的工作是帮助企业做好治理工作，所有的法律工作都是为了让企业更好地发展。如果刑事合规业务的开展使企业的经营受挫，业务开展不顺利，那么这样的合规业务是不合适的。因此，无论是刑事合规，还是风险防控，都不是为了强调刑事的重要性，而是为了更好地配合企业的运营。所以，刑事律师不能只提出刑事风险而不给出建议，这样不利于企业解决问题。

因此，要真正做好刑事合规业务，就需要结合企业的治理方式来制订合规计划，从事合规业务。例如，在涉案企业合规整改中，刑事合规律师需要帮助涉案企业制订相应的合规计划，而核心就是合规计划的有效性。如何让合规计划有效地实施，就需要考虑企业的治理方式。又如，某个涉案企业涉及污染环境罪，主要问题在于排放污水，不能单纯地认为把涉案的业务解决就行，而是要考虑如何解决排放污水的问题。如果涉案企业能够与污水治理公司签订相应协议，由该公司治埋污水，并且双方建立长效合作机制，那么这才是结合公司治理给出的合规计划。

同时，刑事合规律师需要加强自己的商业思维，从商业角度去考虑刑事合规业务开展对企业的影响。例如，在企业刑事控告中，是先刑后民还是先民后刑更有利于企业问题的解决？又如，在企业反舞弊调查中，是否真的需要将涉案的员工扭送公安机关才算完成工作？

刑事合规律师需要清楚自己工作的职责是帮助企业合规地发展，合规是前提，但发展是目的，因此，结合企业的治理方式、商业思维是必要的步骤。

2. 结合刑事诉讼的经验

刑事律师开展企业刑事合规业务，第二个需要结合的就是刑事诉讼的经验。刑事律师在刑事诉讼中办理的案件是开展刑事合规工作的宝藏，这些案件所反映的问题往往就是企业涉嫌的刑事风险点。例如，曾经办理过职务侵占、商业贿赂案件的刑事律师，往往就能在反舞弊调查中判断被调查人的作案手法，同时也能在收集证据中寻找相应的方向。又如，刑事律师掌握办理刑事案件的实务经验，在企业应对刑事危机时能够提供有效的建议，如企业应该如何进行合理的辩解，如何要求侦查机关合法调查，自身有哪些合法的权利等。

因此，刑事合规律师需要结合以往刑事辩护的经验，用侦查的思维寻找风险点，用辩护的思维规避风险点。这一攻一防的思维在开展企业刑事合规业务中能起到至关重要的作用。

3. 结合非诉律师的工作习惯

刑事律师开展企业刑事合规业务，第三个需要结合的就是非诉律师的工作习惯。正如上文所述，刑事合规业务具有非诉性。非诉律师在办理案件中，无论是尽职调查，还是出具法律文件，其工作习惯都值得刑事律师学习。例如，非诉律师具有敏锐的专业嗅觉。非诉律师通常会解读某些刚出台的法律文件，并且迅速给到客户。这在刑事合规业务当中也是需要的。如 2022 年 4 月最高人民检察院、公安部联合发布了修改后的《关于公安机关管辖的刑事案件立案追诉标准的规定（二）》，其中涉及公安机关管辖的 78 种经济犯罪案件的追诉标准。这个时候刑事合规律师就应该予以研究整理，并且向客户解读，因为法律的变化对于刑事风险的变化具有重要的影响。又如，非诉律师通常会有很多优秀的合同文本，这些文本或条款在具体服务过程中非常有参考价值。非诉律师在平时工作中不断收集、不断修改合同文本，慢慢形成文本库。刑事合规律师也需要处理大量的文本材料，如涉案合规计划、合规承诺书、合规总结报告。这些文本实际上并不是一开始就完美的，而是需要不断地修改精进，最终形成自建文本库，随用随取。再如，非诉律师往往是以项目制来进行团队分工，项目里有不同律师各自的分工。如上市类项目涉及公司律师、保荐人律师、保荐人、审计师、评估师等团队，不同的中介团队负责各自的工作。和各个不同的团队保持紧密联系和沟通，也能获取对项目整体的认识。因此，刑事合规律师需要建立自己的团队，大团队中需要涵盖不同的律师，或者经常合作的律师，促进刑事合规业务的有效开展。

2

第二章

企业反舞弊调查

本章内容 企业反舞弊调查是指企业发现员工舞弊行为后开启的专门调查活动，通过反舞弊调查，及时发现企业舞弊问题，查处员工违法犯罪活动。企业开展反舞弊调查，对树立企业合规文化能发挥重要作用。本章主要介绍企业反舞弊调查的现状、难点，律师开展企业反舞弊调查的工作原则、方式、流程，律师进行调查访谈的具体方法，并通过具体案例介绍律师如何进行企业反舞弊调查。

- 企业反舞弊调查
  - 企业反舞弊调查概况
    - 企业反舞弊调查的概念和目的
    - 企业反舞弊调查的现状
    - 企业反舞弊调查的难点
    - 律师参与企业反舞弊调查业务的优势
    - 律师参与企业反舞弊调查的业务方向
  - 企业反舞弊调查的工作原则、方式与流程
    - 企业反舞弊调查的工作原则
    - 舞弊行为的发现方式
    - 反舞弊调查的工作流程
  - 典型案例
    - 某跨国公司销售团队舞弊案
    - 某建筑公司员工串通投标案

一、企业反舞弊调查概况

（一）企业反舞弊调查的概念和目的

企业反舞弊调查，一般是指企业发现内部员工违法违规行为后启动的专门调查活动。员工舞弊行为，可以包括商业贿赂、侵占公司财产、侵犯商业秘密、利用职权谋取不正当利益等行为。

企业反舞弊调查的目的在于，企业通过对员工舞弊行为的调查，查清案件事实，发现违法违规行为，处置相关责任人员，挽回企业的损失，树立企业廉洁的合规文化，并针对企业内控机制的漏洞和缺陷，完善企业合规体系。

通常情况下，企业一旦接到相关举报，或者收到监管部门乃至刑事调查部门启动调查程序的信息时，就会启动企业反舞弊调查程序。

（二）企业反舞弊调查的现状

近些年，企业反舞弊调查成为企业治理和合规内控的一项重要工作。这主要表现在：企业员工舞弊行为逐年增多，企业对员工舞弊行为采取“零容忍”的态度，企业自发成立联盟共同打击员工舞弊行为，同时立法、司法也加大对企业员工舞弊行为的打击。

1. 企业员工舞弊行为逐年增多

舞弊案件频发、舞弊手法层出不穷、舞弊造成企业损失逐年增大是企业员工舞弊这些年发展的趋势。

根据《2020 年度中国企业员工舞弊犯罪司法裁判大数据报告》，2020 年经过司法裁判的企业员工舞弊案件共 4164 例，较 2019 年统计的 3995 例增长 4.23%。2020 年舞弊案件共涉及被告人 5185 人，较 2019 年统计的 4614 人增长 12.38%。同时，2020 年舞弊案件涉及金额共计 75 亿余元，平均案值约 180 万元。

注册舞弊审查师协会（ACFE）《2022 年度全球舞弊调查报告》① 是以 133 个国家的舞弊调查师提供的 2110 起案件调查为基础作出的报告，其中舞弊案例涉及的直接经济损失超过 36 亿美元。ACFE 预计，舞弊为包括政府和企业在内的各类组织带来的经济损失均为全球总收入的 5%，每起案件的平均损失为 1,783,000 美元。

2. 企业对于反舞弊工作越来越重视

随着中国民营企业逐步走出粗放型增长方式，企业对反舞弊工作越来越重视，甚至对员工舞弊行为采取“零容忍”的态度。

首先，国内不少企业根据自己企业的特点，招募相应的内部调查人员，组建反舞弊调查部，专门负责企业的反舞弊工作。

其次，我们发现不少企业定期发布反舞弊通报，向社会告知企业反舞弊的最新情况。例如，腾讯集团在其“阳光腾讯”微信公众号上发布 2021 年《腾讯集团反舞弊通报》，其中提到：“2021 年全年，腾讯反舞弊调查部共发现并查处触犯‘腾讯高压线’案件 50 余起，近 70 人因触犯‘腾讯高压线’被辞退，10 余人因涉嫌犯罪被移送公安机关处理。”该通报公布了 16 起典型案例，并且公布了 2021 年新增的永不合作主体清单，共计 13 家单位。②

最后，企业反舞弊不仅“拍苍蝇”，还“打老虎”，不少企业反舞弊的对象都是企业的高层。例如，阿里集团就曾通报，原菜鸟网络副总裁及地网业务负责人史某严重违规，该案件被定性为菜鸟历史上影响最大的廉政案件。③同样，百度原集团副总裁韦某④、京东生鲜经理严某⑤等高管舞弊案件，也都被相关企业对外进行重点通报。

---

① 参见《ACFE｜〈2022 年度全球舞弊调查报告〉重磅发布!》，载微信公众号“Antifraud Club”2022 年 4 月 1 日，https://mp.weixin.qq.com/s/eJRxQjm6xpwlphwrQk_eQQ。

② 参见《腾讯集团反舞弊通报》，载微信公众号“阳光腾讯”2022 年 1 月 25 日，https://mp.weixin.qq.com/s/NcQmCV3M6QvyR6lhssbSeg。

③ 参见《菜鸟原副总裁史苗涉嫌受贿数百万被捕，此前多名高管受贿被判》，载澎湃新闻 2020 年 11 月 25 日，https://www.thepaper.cn/newsDetail_forward_10132253。

④ 参见《起底副总裁被带走背后：百度 9 年间处理了至少 119 人》，载腾讯网，https://new.qq.com/omn/20200421/20200421A0SIG700.html。

⑤ 参见北京市大兴区人民法院刑事判决书〔2019〕京 0115 刑初 1523 号。

3. 企业自发成立联盟，共同打击员工舞弊行为

企业除了加大打击本企业内部员工舞弊行为的力度，还加强企业之间的信息共享，分享办案经验；并且自发成立联盟，分享舞弊员工的黑名单，共同打击舞弊行为。目前国内比较知名的企业反舞弊联盟主要有企业反舞弊联盟和阳光诚信联盟。

企业反舞弊联盟，是由广东省内部控制协会与万科、阿里、世贸、中集、顺丰、美的、复星等标杆企业，联合中山大学于2015年共同发起设立的。联盟成立的初衷是联合企业拒录失信人员，合理构建廉洁商业社会。协会会员建立各自的内部不诚信名单，并且可以相互查询、相互支持。2017年6月19日，联盟黑名单系统正式上线，并向会员单位开放。凡已被协会会员公司确认有行受贿、侵占公司财产、出卖公司商业机密、利用职权谋取不正当利益等行为，被解除劳动合同且内部公开处理人员，均属于不诚信职员范围。截至目前，已参与录入单位近250家，黑名单数据近3000例，并且在实际运用中起到非常大的促进作用。

阳光诚信联盟，于2017年2月成立，由京东倡议并联合腾讯、百度、沃尔玛中国、宝洁、联想、美的、小米、美团点评、唯品会、李宁、永辉超市、佳沃鑫荣懋以及中国人民大学刑事法律科学研究中心发起，旨在通过互联网手段共同打击腐败、欺诈、假冒伪劣、信息安全犯罪，提升联盟成员反腐败治理水平，形成人人廉洁、诚信从业的正能量正循环。截至2018年8月，成员单位已经发展到173家，员工人数超百万。① 值得关注的是，该联盟的宣言是拒绝录用失信人员，即如果联盟某家成员企业的员工有违背职业道德行为，在任何一家企业求职都会被拒绝。阳光诚信联盟已经上线共享信息系统，实现失信名单的共享。随着联盟成员的迅速增多，这一措施的威力也会越来越大，将让进入失信名单的人员承担更大的失信成本。

4. 立法、司法加大对企业员工舞弊行为的打击

2020年5月5日，最高人民检察院发布了第一批民营企业职务侵占犯罪

---

① 阳光诚信联盟，载 https://baike.baidu.com/item/%E9%98%B3%E5%85%89%E8%AF%9A%E4%BF%A1%E8%81%94%E7%9B%9F/22387101#reference-[1]-23003122-wrap。

典型案例，旨在从严打击民营企业腐败犯罪，进一步提升民营企业司法保护的质效。此次典型案例一共有6起，涉及银行保险、电商、电子产品、快消品、轮胎制造等领域。这是最高人民检察院第一次发布涉及职务侵占罪的典型案例。

与此同时，2022年4月，公安部联合最高人民检察院共同发布修改后的《关于公安机关管辖的刑事案件立案追诉标准的规定（二）》，将非国家工作人员受贿案、职务侵占案的立案追诉标准调整为3万元以上，与受贿罪、贪污罪的追诉标准是一致的。而之前的司法实务中，职务侵占罪、非国家工作人员受贿罪的追诉标准参照的是最高人民法院、最高人民检察院《关于办理贪污贿赂刑事案件适用法律若干问题的解释》的规定，该两罪“数额较大”的认定起点，按照贪污罪、受贿罪相应数额标准规定的2倍执行，即6万元的标准。本次调整既体现了对各类市场主体的平等保护，也表明立法对民营企业中舞弊行为的重点打击。

（三）企业反舞弊调查的难点

企业反舞弊调查对于企业合规和合法经营有重要作用。但是企业反舞弊调查工作的开展并不容易，主要有以下难点：

1. 舞弊行为隐蔽性大

企业员工舞弊行为往往呈现手段隐蔽、专业化程度高、对抗性强及客观证据少等特点，一般具备较强的隐蔽性。例如，在商业贿赂案件中，企业内部员工与外部供应商的商业贿赂行为，多以现金交易为主，隐蔽性强；同时行贿方与受贿方往往容易形成攻守同盟，并不容易收集到相应的口供。再如，采购部门是舞弊的高发区，采购负责人在实施舞弊行为时，往往会选择非标性的产品，使公司审计方面难以发现价格上的问题。

2. 调取证据难度大

部分舞弊行为存在持续时间长、涉案人员多的情况，调查取证难度很大。同时，调查过程中的知情人可能会因为各种顾虑不愿意配合取证，即使掌握了舞弊线索，要进行取证仍然有不小的难度。企业法务人员、合规人员或者律师进行反舞弊调查时，并不具有刑事侦查部门的权力，在调查取证中也不能采取违法违规的方式，如自身无法调取被调查人的银行信息，不能非法限制被调查人的人身自由，这都加大了取证的难度。

3. 对调查人员要求高

优秀的反舞弊调查人员除了需要掌握刑事法律知识外，还应熟悉公司法、劳动法等法律知识，并且需要了解经济专业知识，看得懂财务报表，同时还要掌握谈判策略、心理学知识等，可以说是复合型的人才。同时，反舞弊调查工作需要团队化运作，团队分工非常重要。许多案件还需要借助外力，如咨询外部专家、聘请第三方机构协助匿名调查。因此，反舞弊调查是一项系统性工程，对调查人员的要求很高。

4. 技术手段依赖性强

随着信息技术的发展，舞弊案件手段也越来越高明，需要应对的证据材料也越来越复杂。例如，舞弊案件有许多电子证据，除了需要调查人员具有扎实的专业知识与实战经验，往往还需要借助相应的技术工具如数字管理软件、数字取证/电子发现软件、在线取证软件。许多第三方公司都具有相应的软件，也能熟练运用，但是律师或者律所不一定具备相应条件或者能力；因此，在一些案件中，需要借助第三方的帮助。

（四）律师参与企业反舞弊调查业务的优势

正是因为企业反舞弊工作存在种种困难，企业往往需要刑事合规律师介入，提供相应的法律支持。相比企业自身进行反舞弊调查，律师介入反舞弊调查具有一定的优势。

企业内部法务人员、合规人员在进行反舞弊调查时，因为同属于一家企业，难免关系亲近，甚至有上下级之间的关系，所以企业内部自己做反舞弊调查并不容易。另外，企业法务人员、合规人员大多没有实务经验，进行证据收集、发问访谈并不专业，调查结果往往不佳。我们经常会碰到一些案件，当我们介入调查时，企业法务人员之前已经开展调查了，并且已经对被调查人员进行过访谈，但访谈并没有得到相应的线索，反而让被调查人员了解了公司所掌握的证据并提前建立了心理防线。

外部律师做反舞弊调查虽然可以保持客观中立，但是可能会碰到被调查者不配合的情况，这时候就需要提前准备相应的预案。律师反舞弊调查与刑事辩护业务有很大的不同：第一，主动性与被动性不同。在刑事辩护工作中，律师往往是被动跟着诉讼程序进行，案件到哪个阶段做哪个阶段的工作；而在反舞弊调查工作中，律师是程序的发动者，需要主动寻找线索，主动收集证据，主动联系被调查者，因此调查的节奏需要律师自己把握。第二，突发性与程序性不同。刑事辩护工作的突发事件可能不多，并且在庭审中程序性比较强，律师需要尊重庭审程序。而反舞弊调查过程中会出现各种突发情况，需要律师随机应变，随时转变调查策略；特别是在调查访谈中，经常会出现预想不到的情况，对于律师临场应对的能力是很大的考验。

（五）律师参与企业反舞弊调查的业务方向

虽然反舞弊调查的市场前景很大，但是在业务的方向上还是有一些不同。

1. 从企业规模而言，大型企业较难介入，微型企业基本不需要，中小型企业市场广阔

一般而言，我们将企业分为大型企业、中型企业、小型企业和微型企业。根据工业和信息化部、国家统计局、国家发展改革委、财政部于 2011 年 6 月 18 日联合下发的《中小企业划型标准规定》，中小企业划分为中型、小型、微型三种类型，具体标准根据企业从业人员、营业收入、资产总额等指标，结合行业特点制定。如果简单以人数规模为标准，一般而言，大型企业人数规模是 1000 人以上，中型企业是 300～1000 人，小型企业是 20～300 人，微型企业是 20 人以下。

大型企业，如互联网的头部企业、大型的集团企业，往往不会使用外部律师进行反舞弊调查。主要原因在于：第一，这些企业内部往往建立了比较成体系、成规模的内部调查团队，其专业性强，而且收集内部信息相对容易，内部资源整合能力也强，同时企业本身还具有强大的技术手段和渠道资源。第二，公司对于内部信息需要保密，特别是上市公司，可能会涉及信息披露

的问题，因此会比较谨慎使用外部律师。第三，大型企业往往层级比较复杂，反舞弊调查有时是一种公司内部竞争或者高层争斗的体现，因此企业往往不希望外部律师介入参与。

对于中小型企业来说，由于成本控制等原因，大部分企业并没有建立反舞弊团队，只能通过外聘第三方进行反舞弊调查，因此这部分企业是律师开展反舞弊业务的“主战场”。但是，中小企业在外聘律师进行反舞弊调查中也存在不少问题。首先，其对于费用的预算有限，往往希望律师费用与舞弊的调查结果挂钩；但是反舞弊调查往往需要在调查过程中耗费大量时间，因此大部分律师并不希望将费用与结果单一挂钩。其次，由于中小企业的制度不完善，合规体系没有健全，对于舞弊案件所能提供的证据有限，这给开展反舞弊工作带来很多不利的因素。不过，尽管存在如上原因，中小型企业仍然是律师开展反舞弊调查业务需要重点发展的方向。

2. 从企业性质而言，国企、央企较难介入，外资企业是重点，但民营企业应重点倾斜

对于国企、央企来说，其本身就设有党委、纪委部门，当涉及企业员工舞弊行为时，内部的纪检部门就能够开展调查，介入处理。同时，国企、央企员工可能属于国家工作人员，涉嫌的可能是《刑法》分则第八章的罪名，如贪污罪、受贿罪；这些案件的办理机关属于国家监察委、纪委，因此较少会让律师介入进行反舞弊调查。

外资企业一直是反舞弊调查业务的重点。因为外资企业较早形成反舞弊的合规文化，认可外部律师的作用；同时对于聘请外部律师进行调查能够支付较为可观的律师费用，其应该是律师开展反舞弊调查业务的重点。因此，律师应该加强语言能力，经常参与以外资企业为宣传对象的反舞弊论坛、合规研讨会等活动，以此宣传自己，开拓渠道。

对于民营企业而言，近些年国内大型的民营企业对员工舞弊行为采取“零容忍”的态度，并且加大打击力度，使民营企业产生了“反舞弊”的文化。许多民营企业选择借助外部律师的帮助开展反舞弊调查。因此，律师反舞弊调查业务应从以外资企业为主变为外资企业、民营企业并重。

3. 从行业类型而言，建筑工程行业、互联网行业、医疗行业、零售企业属于律师应重点关注的行业

根据 ACFE《2022 年度全球舞弊调查报告》[①]，按行业分类的前 5 位损失中值为：（1）房地产，损失中值为 435,000 美元；（2）批发贸易，损失中值为 400,000 美元；（3）交通运输及仓储，损失中值为 250,000 美元；（4）建筑业，损失中值为 203,000 美元；（5）公用事业，损失中值为 200,000 美元。损失越大，企业对于舞弊调查的业务越重视，越是律师应重点关注的行业。

在建筑工程行业中，因为涉案的标的大、环节多，往往是串通投标和商业贿赂的高发区，因此该行业的企业格外重视员工舞弊行为的调查。这些年互联网行业加大了对员工舞弊行为的打击，特别是针对运营、业务、采购销售三大岗位。同时，自从葛兰素史克商业贿赂案件发生后，医疗行业也开始重点打击药品代理商的商业贿赂行为，希望通过反舞弊调查建立相应的隔离机制；因此，该行业是律师应该重点关注的行业。对于舞弊高发的行业，律师应该重点研究行业的特点，关注行业的动态，研究该行业舞弊行为的方式，整理该行业涉及的罪名条文和司法解释；这对于律师承接相应的舞弊案件有大的帮助。

二、企业反舞弊调查的工作原则、方式与流程

（一）企业反舞弊调查的工作原则

刑事合规律师在帮助企业进行反舞弊调查时，要注意以下工作原则：

1. 合法合规

合法合规是开展反舞弊调查的首要原则。律师一定要注意自己不是侦查机关，开展调查的权力源于企业的委托。被调查者接受调查的原因很大程度

---

① 参见《ACFE |〈2022 年度全球舞弊调查报告〉重磅发布!》，载微信公众号“Antifraud Club”2022 年 4 月 1 日，https://mp.weixin.qq.com/s/eJRxQjm6xpwlphwrQk_eQQ。

上在于其与企业签署了劳动协议等，因此，被调查者是基于不配合调查可能会被公司开除而接受调查的。所以，律师应该在公司的法务人员、合规人员在场的情况下，给被调查者施加压力。

律师要注意调查手段的合法合规，不能采取非法手段进行调查。例如，如果被调查人不配合，不能采取强制拘留的手段限制他人的人身自由；在收集证据材料时，不能通过不合法的方式，如尾随跟梢、窃听偷拍等收集证据；不得非法买卖个人信息，这可能会涉嫌侵犯公民个人信息罪；有些案件需要实地走访、调查取证，应该注意取证时需要两个人进行，有条件的应进行录音录像；在实地走访过程中，不得私自闯入他人住宅、办公场所等，注意个人人身安全。

2. 客观中立

律师在调查过程中应该保持客观中立。反舞弊调查过程中，往往需要先假设被调查者存在舞弊问题，以此收集证据，开展调查。但是，这不代表原有的假设一定是成立的。

反舞弊调查的结果有三种：第一种是有证据证明被调查者有舞弊行为，第二种是有证据证明被调查者没有舞弊行为，第三种是现有证据无法查明被调查者是否具有舞弊行为。现实中，由于各种原因，调查后出现第三种结果的不在少数。但是，出现第三种结果，既不代表调查不成功，也不代表企业无法对被调查者作出相应的处理。

因此，律师在开展反舞弊调查过程中应该保持客观中立，给出的结论应该经得起推敲；这既是对被调查者的负责，也是对企业的负责。例如，在调查访谈过程中，所问的问题应该尽量以开放式问题为主，如应该让被调查者多回答，从回答中发现问题；又如，可以向多位被调查者问同样的问题，对同一问题多角度观察；再如，如果经过调查后确实没有证据证明被调查人员具有舞弊行为，应该尽快结案处理。

3. 法商结合

将案件法律效果与企业商业效果相结合，是律师在开展反舞弊调查时应该注意的第三个原则。

律师进行反舞弊调查前，一定要了解企业为什么开展此次调查，所要达到的预期效果是什么；同时也要尽量了解企业相关背景，案件启动是否有企业内部斗争的问题等。如此才能在调查过程中不“踩雷”，并尽可能借助外力帮助。

律师最终给出处理意见应该站在企业的角度，而非单纯地就法律谈法律。同时，律师给出的建议中应该尽可能包括公司如何改进的建议。企业存在员工舞弊行为，一定是企业的运行系统在哪些方面存在漏洞；因此，随着调查的推进，律师往往会发现企业的问题。律师不应当对这些问题视而不见，而应该及时关注并给出相应的建议；这是律师在调查工作中很重要的一点。

（二）舞弊行为的发现方式

企业员工的舞弊行为一般有三种发现方式：第一种是企业内部举报制度；第二种是审计方式，包括内部审计与外部审计；第三种是外部事件引发。

1. 企业内部举报制度

企业内部举报制度，是指企业为了加强内部监控，防范员工作出损害企业利益的不当行为（如虚假报销、利益冲突、商业贿赂、职务侵占）而在企业内部设立的制度。

企业内部举报制度对于发现企业员工舞弊行为具有十分重要的作用。根据 ACFE 最新发布的《2022 年度全球舞弊调查报告》，有约 42% 的舞弊是由举报发现的，这几乎是内部审计的 3 倍，其中超过 50% 的举报来自企业员工。①

举报制度设定的举报方式一般应包括电话举报热线、电子邮件、举报系统、微信公众号、第三方机构专门负责等。ACFE《2022 年度全球舞弊调查报告》显示电子邮件占举报途径的 40%，基于网络的/在线表格填写的报告占比 33%（可以理解为企业的微信公众号），电话举报热线为 27%。尽管电话举报热线占比少，但是其起到的作用很大。该报告提出，相比无电话举报

① 参见《ACFE丨〈2022 年度全球舞弊调查报告〉重磅发布！》，载微信公众号“Antifraud Club”2022 年 4 月 1 日，https://mp.weixin.qq.com/s/eJRxQjm6xpwlphwrQk_eQQ。

热线，设有电话举报热线能更快地发现舞弊，损失也更低：设有舞弊热线的组织的损失中值为100,000美元，舞弊持续时长为12个月；而未设有舞弊热线的组织损失中值为200,000美元，舞弊持续时长为18个月。①

举报制度应该支持所有知情人员包括公司普通员工、高管、前职员、外部供应商、合作伙伴等就公司内部员工舞弊的行为进行举报。

虽然企业一般重视实名举报，但是不能排斥匿名举报。如果有证据证明匿名举报的内容为真实发生的情况，也需要予以重视，开展反舞弊调查。同时，公司应该规定反舞弊调查部（或者类似层级的员工）独立处理举报材料，对于举报人及举报内容应该严格保密，并且充分保护举报人的合法权益。有条件的公司还应该设立有效举报奖励制度。

举报制度的有效构建必须是让举报人能举报、想举报、敢举报。有效的举报制度不仅能在第一时间发现公司经营过程中出现的问题，避免后续失控局面的产生，而且对于弥补政府监管不足也有重要作用。国内外的经验表明，在重大的食品、药品安全问题发现和防范方面，内部举报制度发挥了重要作用。

2. 审计方式

审计是一种对企业财务收支进行独立性经济监督的活动，其目的是确定公司财务报表是否“合理陈述”。企业的审计包括内部审计和外部审计。内部审计是企业内部通过审查和评价业务活动帮助企业进行治理的一种独立客观的活动。外部审计，是指独立于政府机关和企事业单位的国家审计机构所进行的审计，以及会计师事务所接受委托独立执行业务进行的审计。为了防止舞弊行为，许多企业结合内部审计和外部审计共同构建企业监督机制，为企业财产安全保驾护航。通过审计发现舞弊行为特别是职务侵占、挪用资金的行为是企业常见的做法。

3. 外部事件引发

外部事件引发，是指由于企业遭受外部调查，或者企业上下游合作伙伴

① 参见《ACFE丨〈2022年度全球舞弊调查报告〉重磅发布!》，载微信公众号“Antifraud Club”2022年4月1日，https://mp.weixin.qq.com/s/eJRxQjm6xpwlphwrQk_eQQ。

被调查而发现相关的舞弊线索。例如，上游合作公司员工涉嫌商业贿赂被公安机关调查，而行贿对象就是企业内部员工，因此企业开展反舞弊调查。外部事件引发的刑事或者行政案件，往往需要企业尽快采取反舞弊调查，了解事情真相，防止事态扩大。

（三）反舞弊调查的工作流程

律师帮助企业开展反舞弊调查一般要经过三个阶段，即案件启动阶段、案件调查阶段、案件处理阶段。具体又可以分为五个步骤，即了解案件背景、制订调查计划、收集证据材料、进行调查访谈、形成调查报告。

1. 了解案件背景

不管是通过何种方式发现了舞弊线索，律师开展反舞弊调查时都需要先了解案件的背景。

首先，应该了解案件的基本情况。如果是举报发现的线索，律师应该了解举报事件的来龙去脉。例如，对于某个企业的工程项目串通投标案，我们需要了解：（1）该工程招投标的所有标书文件；（2）所有经办人员的信息；（3）所有参与投标的企业的信息；（4）招投标过程中的评分情况、具体细节；（5）最终与中标单位签署合同及修订的情况；（6）公司支付工程款项的情况；（7）中标项目具体开展的情况和碰到的问题；（8）被举报人是否已经知道被举报的信息；（9）拷贝相关的电子邮件，将这些详细信息予以梳理，对照举报的内容进行一一确认。

其次，由于反舞弊工作所涉及的企业行业的不同，所产生的具体情况也不同，律师应事先了解该行业的特点。例如，如果帮助医美行业做反舞弊调查，律师就需要了解医美行业中具体业务的操作流程、相关的价格体系、行业佣金情况等。

最后，对不同类型企业进行反舞弊调查，涉嫌的罪名、舞弊手段等都有很大差别，律师应事先针对所要开展调查的企业的类型，整理出可能涉嫌的罪名及法律法规、相关的案例、舞弊典型手法等。

律师在了解案件背景时应注意以下内容：

（1）律师让企业提供相关的案件材料，应以邮件的方式进行，方便日后检索查阅。

（2）律师所拿到的证据材料，应让企业制作相应的签收单。

（3）律师所拿到的证据材料应以复印件为主，尽量不要拿原件。

2. 制订调查计划

在了解案件的基本背景后，应该制订相应的调查计划。调查计划包括调查的目的、调查的策略、调查所需要的证据、调查的人员安排与时间安排、调查的应急预案。

（1）调查的目的

调查目的是指通过此次调查企业所要达到的目标。明确调查目的需要与企业进行充分沟通。

首先，确定调查主要是以挽回损失为主，还是以打击犯罪为主。如果是前者，律师在调查过程中谈判的尺度会大一些，并且需要安排与被调查者进行访谈，进行最终的谈判；如果是后者，则要求律师在调查过程中要加大对证据的收集，收集证据的程序要符合法律要求，为后续提起控告做好准备。在我们办理的一起反舞弊调查中，某公司发现某员工在公司外以亲属名义开设其他公司，私接公司的业务，赚取其中的差价。委托的公司是一家外资公司，并不希望将案件报案处理，只希望查清事实，让员工将侵吞的资金退出，同时主动离开公司即可。因此，我们在开展反舞弊调查时查到了相关的证据材料，在进行访谈时，故意让该涉案人员了解事情的严重性，最终使其在访谈过程中主动提出离职，并且当场签署离职协议，调查也达到了目的。

其次，随着调查的推进，舞弊的对象往往会牵扯到其他人，甚至包括被调查者的上级。调查的目的是只针对被调查者，还是可以继续往上深挖？这些内容在制订调查计划的时候都要与企业进行充分沟通。

（2）调查的策略

在分析案件线索的基础上，应该明确调查的策略。不同的舞弊案件需要采取不同的策略。有些案件指向很明确，即某个项目的事情，涉嫌的罪名可能是串通投标或者商业贿赂。那么，策略就是围绕这个项目展开：先从外围证据入手，从被调查人的身边同事、项目上下游的合作伙伴、项目的具体材料入手，收集足够的证据后，最终再集中到被调查者本人。有些案件可能比较复杂，牵扯较多的事实和罪名，涉及人员也多，那么就需要分清主次，确定主要的突破方向。一般情况下的调查策略应该是先易后难；对于被调查对象，应该是从职位低的开始调查，找到某个突破口后再予以攻破。这种复杂的案件，最好不要多条线同时推进；针对不同人同时开展调查往往容易打草惊蛇，引起麻烦。

（3）调查所需要的证据

开始收集证据前，律师团队应该列出案件所需要的证据。按照证据种类可以分为书证、物证、证人证言、鉴定报告、电子证据等；也可以按照是否已经掌握情况分为已有的证据及需要收集的证据。一般调查中所需要的证据大体包括：

第一，涉案项目相关人员邮件、工作手机信息等；

第二，涉案人员的劳动合同、家庭情况等；

第三，涉及项目的合同、发票单据、流水记录等情况；

第四，上下游合作方的情况；

第五，公司的工商资料、相关制度、员工手册等；

第六，相关的审计材料、鉴定报告；

第七，项目同行的价格报表、市场尽职调查报告；

第八，需要进一步排查走访的人员名单、单位清单。

对于已有的证据，应该及时进行固定分析；如果是电子证据，需要及时备份保存。对于尚未掌握的证据，需要确定调取的方式和策略。

（4）调查的人员安排与时间安排

反舞弊调查往往时间紧、任务重，因此律师在制订调查计划时需要进行相应的人员安排和时间安排。具体包括确定相应的工作量、参与的人数、参与人员的职责和权限、何时展开调查以及完成任务的期限、调查所需要的阶段，以及企业是否有法务合规部门、人力资源部门等人员一起参与调查。可以按照不同项目分为不同的调查小组。一般情况下，律师团队需要定期向企业提供调查进展的工作简报，汇报调查发现的线索、需要企业支持的事项，以及下一步的工作计划等。

（5）调查的应急预案

在开展反舞弊调查中，往往会碰到各种各样的问题，因此调查者需要对出现的各种情况作出预案。例如，被调查者如果不配合如何处理？在调查中发现其他涉嫌舞弊的线索如何处理？供应商不配合如何处理？这方面可以与公司的法务人员、合规人员多进行沟通，总之调查的计划需要根据实际情况不断调整。

3. 收集证据材料

在制订好调查计划后，接下来就是按照计划推进调查。其中，收集案件证据材料、证明舞弊行为是律师的工作。如果最终需要对被调查者开展调查访谈，那么应该在所有证据收集齐全后进行，否则容易打草惊蛇。但是，舞弊行为的发生往往较为隐蔽，即使收到举报线索，发现舞弊端倪，要最终收集相应的证据也是不容易的。笔者综合团队开展调查的一些实际情况，认为可以从以下几个角度入手：

（1）电子信息的检索方法。

对于那些需要检索大量邮件信息的舞弊案件，高效的检索方法是关键。需要根据舞弊案件的具体情况，确定检索的方法。例如，可以根据案件的发生时间点，确定检索邮件的时间段。设定关键字检索，“好处”“银行卡”“招投标信息”“返点”“关联公司股东名字”等敏感词一般需要作为检索对象，同时对于涉及项目内容的邮件需要逐一排查。在检索中，应设置检索文件夹；并且在团队中进行分工，对于不同人检索的内容按照不同颜色进行区分，方便最终进行汇总。在检索阶段，尽量安排团队每天进行开会讨论，分享检索的成果，互通有无，有时某个人检索到的信息对其他人的检索具有很大的帮助。

（2）外围证据的收集。

外围证据的范围很广，包括向被调查者同事了解情况，对上下游公司的走访，委托专门机构对涉案项目价格的评估，向专业人员询问专业知识等。我们团队在做一个涉及串通投标案件的过程中，就找了公司的离职员工进行访谈，确认涉案项目在评标现场中存在的问题；在另外一个案件中，我们也曾委托第三方以陌生客户的名义向供应商进行询价，得到了远低于涉案项目的价格，以此确定员工存在商业贿赂行为。

（3）实地走访确认证据。

有一些案件需要进行实地走访，确认我们的怀疑。笔者在办理一起员工利益输送案件中，怀疑企业内部员工甲自己在外开设 A 公司，将企业的产品以低价卖给这家 A 公司，再转卖给企业原本的客户。但是，从工商资料等信息无法确认涉案员工甲与 A 公司具有关联性，因此笔者团队进行了实地走访。当到达 A 公司后，笔者团队向前台表明想要拜访甲，而前台回答是甲今天不在，故而使我们确认了甲与 A 公司的关系，最终在访谈中将这段录音作为证据使用，迫使甲供认了舞弊行为。

4. 进行调查访谈

一般情况下，在收集完证据后，需要对被调查者进行调查访谈以确定最终事实。当然，有些情况下，如果企业已经查清案件并且决定报案，则并不需要再找被调查者进行访谈；因为在访谈过程中可能有其他风险，如被调查者逃跑、自杀，或者谈话不成打草惊蛇。但是，如果决定开展调查访谈，则需要做好充足准备：

（1）调查访谈需要注意的问题。

第一，告知权利与义务。应该告知被调查者其权利并予以记录，如被调查者可以随时提出终止调查；也要告知被调查者相应的义务，如应签署保密协议，根据公司员工手册的要求，被调查者如果不配合调查将会产生的后果。

第二，调查访谈，应先易后难。在调查访谈中，应从简单问题入手，可以沿着“个人信息—工作经历—次要问题—重点问题—安抚工作”这样一个顺序进行。

第三，访谈问题，应以开放式问题为主。调查访谈与法庭发问不同，应以开放式问题为主，多倾听被调查者的回答，从回答中找到线索。访谈者之间可以相互配合，一个“唱红脸”，一个“唱白脸”。一般而言，可以让公司配合访谈的法务人员“唱红脸”，做好人，晓之以理动之以情，要求被调查人员配合调查；而调查律师则负责“唱白脸”，明确告知对方，如果不主动交代，公司将报案，并且告知相应的法律后果。

第四，多利用各方面信息。调查过程中，可以对每位被调查者问同一核心问题，对比被调查者的说法，找出共同点，形成较为合理的证据链。

第五，懂得抓住漏洞，达到预期效果。如果调查者手中有证明被调查者舞弊的证据，在访谈过程中发现被调查者陷入了自己设计的相应“陷阱”中，应该及时点出，抓住漏洞，乘胜追击，达到调查访谈的目的。

第六，调查过程中，如果条件允许，可以让被调查者自己陈述相关的案件情况，并且签字确认，告知其如果如实交代，可以作为认定其自首的依据。

第七，可以询问被调查者对公司治理的意见。在访谈结束时，可以适当问被调查者对于公司在治理中的意见，包括公司的组织架构、运营模式、是否有相关的问题需要反映等，这些可以在最终的调查报告中予以反映。

第八，如果访谈者是多人，需要确认访谈的顺序；条件允许的话可以团队分组同时进行，防止串供。必要时可以采取一些隔离措施，如制造开会、休假等事由。

第九，访谈的结果可能有三种：达到预期的目的，未达到预期的目的，发现其他问题。对于未达到预期的目的的，应客观真实地对待。同时，访谈过程中需要有理有据，要注意合法合规进行。

（2）调查访谈笔录的模板。

我们把一次调查访谈的谈话笔录模板附在文中，供读者进行调查访谈时参考。当然，由于案件保密原因，主要内容都已隐去。

谈话笔录

（第一次）

谈话时间：

谈话地点：

谈话人：

被谈话人：

谈话事项：部分员工涉嫌违反员工手册相关问题。

谈话人（谈）：我们是某某律师事务所的律师，根据相关法律的规定，以及×××集团的委托和某某律师事务所的指派，现就部分员工违规问题向你询问，你是否同意？

被谈话人（被）：同意。

谈：根据法律的相关规定，你可以申请回避，或者随时中止面谈；但是如果故意做虚假证明，意图陷害他人或隐匿罪证，将负法律责任。你是否明白？

被：明白。

谈：根据×××集团的相关规定，在面谈之前你就本次面谈签署保密声明，你是否同意？

被：同意。

谈：你的情况？

被：……

谈：事先有没有收到此次开会的流程和通知？

被：有的。

谈：你是什么时候到×××集团的？（先易后难）

被：……

谈：进来后做什么职务？

被：销售经理……

谈：怎么进来的？

被：猎头联系，面试进来的。

谈：劳动合同跟谁签的？

被：……

谈：你到×××工作之前，在其他公司工作过吗？

被：第一份工作是×××，第二份工作是×××，第三份工作是×××。

谈：目前在公司具体负责的事务是什么？

被：……

谈：你的直接领导是谁？

被：……

谈：你怎么汇报工作？

被：我们是一个办公室，通过邮件、电话汇报。

谈：你觉得×××怎么样？（开放性问题汇报）

被：……

谈：×××是否有腐败问题呢？

被：……

谈：这个项目是谁负责的？（次要问题汇报）

被：……

谈：有人在公司举报你在××索贿，你如何认定？（主要问题汇报）

被：……

谈：你跟×××签过保密协议、员工手册、商业行为规范吗？

被：签过。

谈：公司是否规定不得从事其他兼职，包括成为其他公司的管理者，如股东、顾问等？

被：是的。

谈：公司是否规定了经营范围上利益冲突的限制？例如，不能与公司员工的亲属或者前员工等与公司有关联关系的人进行交易？

被：是的。

谈：如果违反会怎么样？

被：应该有一些处罚吧。

谈：你认为×××公司负责×××项目合适吗？（直面问题汇报）

被：我认为不合适。

谈：你是否从中获取了好处？

被：没有。

谈：你看下这个邮件材料。（递给×××看）

被：……

谈：你觉得有问题吗？

被：……

谈：你觉得这个邮件有没有故意将价格抬高？

被：……

谈：邮件中称……是否有这回事？这是什么意思？

被：……

谈：好的，今天先到这里。如果有什么需要补充的，可以联系我们。

被：好的。

谈：我们重申，你需要对今天的面谈内容予以保密。

被：好的。

谈：以上笔录请你看一下，如果无误，请每页签字确认。

被：好的。

谈话人（签字）：

被谈话人（签字）：

该谈话笔录针对的是某一商业贿赂舞弊行为的调查案件。在调查访谈中，先以被调查者个人经历入手，再问次要问题，询问对上级、同事的看法，询问对其他存在问题项目的看法，接下来集中对案件的核心问题进行发问，并且不断出示相应的证据，让被调查者予以合理解释，如果被调查者无法作出合理解释，那么就取得了访谈的初步效果。

5. 形成调查报告

反舞弊调查结束后应该出具一份完整的调查报告。调查报告应该包括反舞弊调查的总体评价、调查发现的主要问题、调查最终的建议。

总体评价是对每一位被调查者及整个舞弊案件的评价；总体评价应该客观真实，有相应的证据佐证。

内部调查发现的主要问题应包括法律问题，如刑事法律问题、行政法律问题、劳动法律问题，也应包括企业在运营中存在的商业问题。调查过程中，随着舞弊行为的确认，势必会发现公司运作中存在的问题，应该在调查报告中一并提出。例如，笔者在一起内部调查中就发现，企业在招投标项目的供应商选择上，规定独家采购的范围过于宽泛，导致了舞弊的行为，因此提出予以改进。又如，在某起商业贿赂案件中笔者发现，企业在经销商选择上虽然有经销商审核制度，但是经销商审核制度只审核经销商的营业执照、社会信用代码，对于公司的股东、法定代表人等核心问题并没有进行调查，这样就有可能发生公司员工或其近亲属在外私设公司的情况。对此，建议完善经销商审核制度，对每一个经销商做详细的尽职调查，杜绝员工及其家属私设公司的情况。

在最终的建议中，应该站在企业的角度看问题。例如，如果涉及刑事犯罪问题，应该考虑报案与不报案对企业造成的后果；如果涉及辞退员工问题，应考虑劳动法方面的相关问题。处理方案一般包括：（1）若不存在舞弊行为，建议企业及时结案。（2）若现有证据难以证明存在舞弊行为，但尚不能完全排除舞弊存在可能性，建议保持关注，补充调查。（3）若虽有舞弊行为但情节显著轻微，不需要追究刑事责任，可以对员工进行处分并要求员工及时退赃，也可视情况解除劳动合同甚至提起民事诉讼要求赔偿。（4）若存在严重舞弊行为，需要追究刑事责任，如果企业需要进行刑事控告，律师需以调查材料为基础准备刑事控告书，配合企业向公安机关提起刑事控告。同时，针对企业经营中存在的问题，也应该提出相关的建议。

三、典型案例

（一）某跨国公司销售团队舞弊案

1. 案件概况

T公司接到举报，举报内容是公司销售部员工存在虚假佣金、与外部代理商有利益输送、商业贿赂等问题，因此T公司决定展开反舞弊调查。T公司是一家跨国公司，主营业务是销售工程设备，在中国有多个销售区域，中国区销售部有一个总负责人。

2. 内部调查步骤

（1）了解案件背景

团队在开展调查前与T公司负责人进行多次开会交流。了解到此次调查是T公司总部下达的指令，要求彻查中国区销售部的舞弊行为，由全球合规部牵头，中国区合规人员负责，因此规格非常高。经过初步调查发现，此次调查主要应针对四个方面的内容：

第一，公司前员工甲离职后开设了与公司利益相关的代理公司，并且成为T公司的销售代理商，承接T公司的项目。T公司内部负责人与前员工可能存在利益输送问题。

第二，公司现员工乙私自在外经营公司，并且这家公司成为T公司的经销商，承接T公司的相应项目，涉及职务侵占的行为。

第三，公司区域销售负责人丙，在某些区域给代理商的价格过高，导致项目经常流标，使当地非代理商的公司获取相应的项目，中间可能存在商业贿赂的行为。

第四，中国区销售部总负责人丁对于这些情况可能知情，并且存在放纵甚至参与的情况。

（2）制订调查计划

首先，确定调查的目的。笔者团队跟公司确认，此次T公司打算对多名内部员工进行调查，重点包括两个区域销售部负责人，还包括中国区销售部总负责人丁。因此，公司对于此次调查是下定决心的，并且上不封顶，以查清事实、惩罚犯罪为主。但是，最终是否采取刑事控告的措施，取决于调查后的证据情况及被调查人的态度。

其次，制订调查策略，决定先易后难，从下向上进行调查。将被调查的事件进行分类，笔者团队分为两个小组，梳理应被调查的两个区域已有的证据，确定下一步需要收集的证据。

再次，进行人员安排和时间安排。笔者团队确定公司合规专员配合我们专门负责此次调查，并且在接下来的访谈过程中公司合规部负责人会参与进行访谈。同时，我们将整个调查分为三个阶段：第一阶段为书面证据整理，第二阶段为外围证据固定，第三阶段为最后调查访谈。

最后，准备相关的预案。笔者团队讨论分析了整个调查过程中可能存在的风险，特别是最终对中国区销售部总负责人丁的访谈，因为其级别比较高，可能会存在很多不确定性因素。后来的访谈也证明了我们的猜想，在对丁进行访谈时确实碰到很多阻碍，但因为事前准备了预案，在访谈过程中都予以相应的解决。

（3）收集证据材料

整个案件中，笔者团队主要收集了以下书面材料：涉案人员内外部往来邮件，筛选相关的信息；涉案公司的工商资料，股东明细；被访谈人的劳动合同，公司员工手册；涉及项目的合同、发票单据、流水记录等。

外围证据方面，我们以陌生客户的方式向前员工甲与现员工乙所开设的两家公司进行询价，确认确实存在销售 T 公司产品的情形。我们也进一步向代理商了解区域代理存在的问题，确认代理商价格在区域中不存在优势，甚至存在项目流标等问题。

（4）进行调查访谈

首先，确定访谈的方式——对 8 名员工进行访谈。团队安排 2 名律师进行访谈，1 名律师助理进行记录，公司法务总监陪同进行访谈。访谈地点在公司的会议室，进行全程录像。被访谈人访谈前一律签署保密协议。访谈结束后，我们需要向公司负责人（外国人）进行英文汇报。

其次，在访谈前，确认访谈提纲，准备应急预案。我们从职位低的员工入手，先从已发现在外私自开设公司的员工乙入手。当他知道我们掌握了相应证据后，愿意配合进行调查，将我们没有掌握的一些情况进行汇报，然后我们再继续向上进行访谈调查。当最终访谈中国区销售部总负责人丁时，确实碰到其各种抵抗，丁认为都是下面员工的行为，他本人也猜测我们手上并没有证据。但是，结合我们收集的证据，以及之前访谈发现的问题，我们将存在的疑问不断地抛给丁，丁在很多问题上都选择了沉默。在访谈的过程中，他主动提出自动离职的请求，并且希望结束此次访谈调查。我们与公司进行沟通后，公司最终同意其相关请求。

该访谈持续了 2 天时间，最终发现 3 名员工存在舞弊行为，1 名员工现场提出离职请求，1 名员工隔天向公司提出离职请求。总体而言，达到了公司进行反舞弊调查的目的。

（5）撰写调查报告

最终，在这份调查报告中，我们向公司提出了法律建议，对于 8 名员工的总体评价，对于已发现问题的员工是否采取刑事控告的方式，以及对于未发现问题的员工是否根据已有线索继续进行调查。

同时，我们提出公司经营中存在的合规问题，结合公司治理的模式提出了相应的建议，很好地体现法商结合的思维。例如，我们提出销售团队与经销商代理制度存在的问题，具体包括：

第一，销售团队的问题，包括：团队领导不了解情况、区域经理与销售员抢项目、销售员自己在外开设公司、公司前员工利益输送问题等。这些问题都是公司销售员工舞弊的原因，并且已经出现系统性舞弊的情况。

第二，经销商代理制度的问题，包括：代理商的选择标准模糊、代理商的评价完全取决于销售员、虚假佣金的问题、佣金给付决定权属于销售等。经销商代理制度无法发挥代理的优势，使代理商或者选择不继续代理，或者选择与公司员工一起舞弊；这也是此次调查中发现的主要问题。

因此，我们提出相应的解决建议，包括完善员工手册相关内容，完善经销商审核制度、佣金制度，完善内部培训，加强内外部监督等。

这一部分内容使最终的调查报告增色不少，也使该公司后续在刑事合规建设、刑事风险识别等问题上会继续选择我们；因为其认为律师不只懂刑事法律，也懂得公司治理的内容，能够及时发现问题、解决问题。

3. 总结经验

处理该起舞弊案件最主要的工作在于前期的材料梳理和后期的调查访谈。通过证据材料的梳理，我们较为清楚地发现了舞弊线索：T 公司现员工在外私自开设公司，并与 T 公司有业务往来；T 公司前员工的公司也与 T 公司有项目往来。以此打开调查的缺口，为后续进行访谈打好了基础。同时，此次案件后期的调查访谈非常关键，先访谈事实较为清楚的舞弊人员，取得较为有利的证据，为后期成功地击破中国区销售部总负责人的防线打好了基础，达到了反舞弊调查的预期效果。因此，律师参与反舞弊调查工作是一项系统性的工程，既要谋划全局，又要随机应变。

（二）某建筑公司员工串通投标案

1. 案件基本情况

B公司是一家建筑公司，接到离职员工举报，公司在D地两个项目工程的招投标中存在舞弊行为，涉案人员可能是包括D地的总经理甲在内的人员。B公司接到举报后初步开展调查，认为可信度较高，准备采取反舞弊调查。

2. 内部调查步骤

（1）了解案件背景

我们通过与B公司多次开会交流了解了案件的基本背景。B公司在D地建设一个工厂，该工厂建设过程中有两个基建项目，都是造价上千万元的工程，但是在招投标环节中都存在问题。第一个项目对外进行招投标时，有三家公司入围，最终中标的公司是三家中资质最差的Z公司，但是Z公司中标的价格却不是三家中最低的；而且，按照市场行情，Z公司中标的价格远高于它承接其他公司项目的价格。第二个项目存在的问题是，B公司并未对外进行招投标，直接选定了T公司进行施工。

对此，B公司希望通过调查了解其在D地的项目是否存在串通投标、商业贿赂的情况。同时，我们了解到，D地负责人甲是B公司的创始人之一，如果要开展反舞弊调查，需要调查的涉案人员都是甲的下属，最终可能会与甲正面交锋。基于此问题，我们与B公司进行反复沟通，确定了调查的方案。

（2）制订调查计划

我们制订了三阶段的调查计划。第一阶段，查阅整理案件材料，并且确定每周五对工作成果进行小结，制作问题清单，并反馈给B公司。第二阶段，对外部知情人员（含前员工、供应商、竞标方）进行访谈调查。第三阶段，准备访谈提纲，对涉案人员进行访谈，最终形成相应的法律意见书。

首先，由于本案涉及的线索较少，需要花大量的时间去进行调查取证，特别是对涉案人员的电子邮件信息进行检索，寻找舞弊的蛛丝马迹。其次，我们认为这个案件的举报人可能了解不少信息，因此必须与举报人见面沟通。再次，第一个项目未中标的其他两家公司可能会对招投标过程中存在的问题提供相关信息，因此，我们认为，在必要的情况下，可以以 B 公司的名义做个回访调查。最后，就是对于中标的 Z 公司，如果在需要的情况下，可以以 B 公司正在进行的项目为条件，换取其提供相关的线索，当然这应在有确实证据的情况下进行。

同时，我们团队对这个案件进行了分工。由于这个案件涉及的邮件非常多，我们安排了 4 位律师进行检索，用一周的时间将所需要查阅的邮件检索完毕，并且寻找出相应的线索。此外，我们分为 2 个小组，对应 2 个项目，并且确定了开会机制与汇报机制。

（3）收集证据材料

首先，对于涉案人员的邮件信息进行关键词检索发现案件的部分线索。第一，B 公司员工与 Z 公司在招标前邮件联系频繁，甚至把招标所需要的相应要求告知 Z 公司，并且反复进行修改。第二，B 公司员工既是标书草拟人员，又是最终招标的评委。第三，对于项目二没有采取招标方式，并不符合公司的相关要求。

其次，我们通过第三方机构进行调查发现，Z 公司之前从未做过 B 公司招标的具体项目，其能够中标，甚至以高于市场的价格中标，不符合常理。

再次，我们向离职员工求证，确认在招投标过程中存在一些异常现象，包括打分情况存在明显不公等。

最后，我们与该行业专家进行交流，探讨标书的一些专业问题，并且得到其在最终访谈中作为专家配合进行访谈的承诺。

（4）进行调查访谈

最终，我们将调查目标锁定为公司的 2 名员工，认为现有证据并不涉及 D 地负责人甲。

我们让公司以开会为名临时召集 2 名员工，并且分为两组同时进行访谈，避免串供。在访谈时，我们结合收集的材料，以及邮件中存在的问题，向被访谈人不断施加压力，最终确认相应的违法事实。

3. 总结经验

这起反舞弊调查案件涉及的内容非常专业，因此借助第三方力量就非常重要。例如，请求第三方机构对于中标公司进行匿名询价。又如，标书中存在很多专业术语，如果不借助外力，访谈中可能会被被调查者使用的专业名词迷惑，达不到调查的目的。因此，善于借助外力也是反舞弊调查中一项非常重要的能力。

3

第三章

企业刑事控告

本章内容 企业刑事控告，是指对侵犯企业合法权益的犯罪行为，通过刑事控告的手段维护自身合法权益。本章主要涉及企业刑事控告的目的，企业刑事控告需要解决的四个问题：管辖问题、证据问题、法律问题、程序问题，同时介绍了律师办理企业刑事控告业务的七个步骤，并且通过两个典型案例阐述律师如何办理企业刑事控告业务。

- 企业刑事控告
  - 企业刑事控告概况
    - 刑事控告的概念
    - 企业刑事控告的目的
  - 企业刑事控告需要解决的四个问题
    - 管辖问题：去哪里控告？
    - 证据问题：如何收集证据？
    - 法律问题：说理不清？
    - 程序问题：有去无回？
  - 律师办理企业刑事控告业务的一般流程
    - 接待客户，对案件进行初步判断
    - 收集证据，确保控告案件具有完整的证据链
    - 向企业出具法律意见书，提供详细解决方案
    - 准备控告材料
    - 联系有管辖权的公安机关，进行刑事控告
    - 跟进案件进展，调整工作进程
    - 刑事控告过程中，及时向企业进行汇报
  - 典型案例
    - Y 公司控告李某合同诈骗案
    - L 公司高管陈某职务侵占案

一、企业刑事控告概况

企业刑事控告，是指企业针对侵犯企业合法权益的犯罪行为，通过梳理事实、整理证据、起草控告材料，向公安机关进行控告的行为。

（一）刑事控告的概念

《刑事诉讼法》第110条规定："任何单位和个人发现有犯罪事实或者犯罪嫌疑人，有权利也有义务向公安机关、人民检察院或者人民法院报案或者举报。被害人对侵犯其人身、财产权利的犯罪事实或者犯罪嫌疑人，有权向公安机关、人民检察院或者人民法院报案或者控告。公安机关、人民检察院或者人民法院对于报案、控告、举报，都应当接受。对于不属于自己管辖的，应当移送主管机关处理，并且通知报案人、控告人、举报人；对于不属于自己管辖而又必须采取紧急措施的，应当先采取紧急措施，然后移送主管机关。犯罪人向公安机关、人民检察院或者人民法院自首的，适用第三款规定。"

因此，刑事案件的立案材料来源实际上有四种：控告、报案、举报、自首。除了自首外，其他三种都属于犯罪人被动到案的类型。但是，控告、报案与举报又不一样。根据《刑事诉讼法》第110条，控告的主体是被害人，而报案与举报的主体是任何自然人或者单位；报案、举报所针对的对象可能是犯罪事实或犯罪嫌疑人，而控告所针对的对象是明确的犯罪嫌疑人；从诉讼地位而言，控告人属于当事人，而报案人可能是当事人，也可能是证人，而举报人一般是证人。具体可以参照表3-1：

表3-1　控告、报案与举报的对比

类别	主体	指向的对象	主体与犯罪的关联性	主体的诉讼地位
控告	被害人	犯罪嫌疑人	高	当事人

续表

类别	主体	指向的对象	主体与犯罪的关联性	主体的诉讼地位
报案	任何自然人或者单位	犯罪嫌疑人或犯罪事实	中	当事人或证人
举报	任何的自然人或者单位	犯罪嫌疑人或犯罪事实	低	证人

（二）企业刑事控告的目的

企业刑事控告针对的是侵犯企业权益的犯罪行为。一般而言，企业刑事控告针对两种情形：第一种是反舞弊调查后，确认员工舞弊事实，向有关部门进行控告，是反舞弊调查的延伸；第二种是企业受到外部侵害如合同诈骗、侵犯商标、侵犯商业秘密等，针对侵害方采取刑事控告保护自身的权益。企业通过刑事控告，往往希望达到以下几种目的。

1. 挽回经济损失

企业进行刑事控告，大部分是因为遭受犯罪分子的侵害，经济受到损失。例如，企业被骗取相应的货款或者货物，希望通过刑事控告追赃挽损，获得赔偿；企业内部员工进行内外勾结、职务侵占、利益输送，企业希望通过刑事控告追回资金。因此，挽回经济损失是大部分企业采取刑事控告的主要目的。

2. 树立企业合规文化

通过刑事控告，树立打击犯罪、保护产权的企业形象，往往是企业合规文化的要求。正如前文所提到的，企业对于内部员工舞弊行为的“零容忍”态度，使企业加大打击舞弊行为的力度。当经过调查证实员工确有舞弊行为后，企业采取刑事控告手段，从某种角度就是要做到“敲山震虎”“杀鸡儆猴”的作用，树立廉洁风清的企业合规文化。合规文化不是靠制定相关的合规制度就可以实现的，企业的言行一致，上层领导的承诺与重视，都是合规文化形成的重要因素。因此，企业通过刑事控告，向员工舞弊行为说“不”，对树立企业合规文化很有作用。

3. 助力企业的民事诉讼

首先，有时候企业在民事诉讼中处于很大劣势，但是发现对方存在虚假诉讼，使用虚假证据，或者存在与民事诉讼相关的其他犯罪行为的，企业可以通过刑事控告扭转民事诉讼的劣势。其次，在某些案件中，通过民事诉讼解决可能会面临耗时长、举证难、执行慢等困难，因此企业希望通过刑事控告这一剂“猛药”直接解决问题。最后，刑事控告即使走不到最后，也可以通过公安机关调查的证据还原一些案件事实，律师可持相关委托手续到公安机关调取相关的证据材料，而这些证据材料对于企业取得民事诉讼的胜利可能会起到决定性的作用。

4. 防止刑事风险

有些案件中，企业采取刑事控告是为了自保，防止刑事法律风险。例如，有些案件中，企业发现内部员工涉嫌犯罪，可能会牵扯到企业或者上层，因此采取刑事控告的方式建立“隔离墙”。再如，有些案件中，交易对方已经采取刑事控告，为了自证清白或者进行反制，企业也采取相应的刑事控告向对方进行反击，并且给承办公安机关提供相应犯罪线索，施加相应的压力。

虽然企业进行刑事控告是其正当的权利，并且企业基于上述各种目的都有可能采取刑事控告，但是我们认为企业不能“瞎控告”“乱控告”。第一，刑事控告属于刑事手段，所带来的后果可能是被控告人的锒铛入狱，对企业与被控告人的关系会带来颠覆性的影响；第二，刑事控告需要事实与证据，如果虚假控告、提供虚假证据则需要承担法律责任，这里面也包括刑事法律责任；第三，刑事案件启动后就是不可逆的，企业不能通过撤诉、出具谅解书终止控告，因此需要评估好刑事控告的后果。

二、企业刑事控告需要解决的四个问题

刑事控告虽然是企业的正当权利，但是，在司法实践中，刑事控告并不

容易，律师办理企业刑事控告需要解决四个问题。

（一）管辖问题：去哪里控告？

企业刑事控告要解决管辖的问题。首先，企业不清楚去哪里控告，究竟是犯罪地还是犯罪嫌疑人居住地？犯罪地与犯罪嫌疑人居住地又分别指什么？其次，企业不清楚是去哪一个级别的公安机关进行控告，是基层派出所还是分局，抑或市局？再次，企业不清楚去公安机关什么部门进行控告，是经济犯罪侦查部门，还是刑事犯罪侦查部门，抑或其他部门？最后，在一些案件中，好像许多地方都有管辖权，究竟去哪里控告更合适？如何选择更有利于自己的地方进行控告？

1. 案件地域管辖的基本规定

企业刑事控告，一般情况下到犯罪地进行控告，如果犯罪嫌疑人居住地更适宜，可以选择到犯罪嫌疑人居住地控告。

《公安机关办理刑事案件程序规定》第15条规定：“刑事案件由犯罪地的公安机关管辖。如果由犯罪嫌疑人居住地的公安机关管辖更为适宜的，可以由犯罪嫌疑人居住地的公安机关管辖。法律、司法解释或者其他规范性文件对有关犯罪案件的管辖作出特别规定的，从其规定。”

犯罪地包括犯罪行为发生地和犯罪结果发生地。犯罪行为发生地，包括犯罪行为的实施地以及预备地、开始地、途经地、结束地等与犯罪行为有关的地点；犯罪行为有连续、持续或者继续状态的，犯罪行为连续、持续或者继续实施的地方都属于犯罪行为发生地。犯罪结果发生地，包括犯罪对象被侵害地，犯罪所得的实际取得地、藏匿地、转移地、使用地、销售地。

居住地包括户籍所在地、经常居住地。经常居住地是指公民离开户籍所在地最后连续居住一年以上的地方，但住院就医的除外。单位登记的住所地为其居住地。主要营业地或者主要办事机构所在地与登记的住所地不一致的，主要营业地或者主要办事机构所在地为其居住地。

最高人民检察院、公安部《关于公安机关办理经济犯罪案件的若干规定》第8条第4款规定：“单位涉嫌经济犯罪的，由犯罪地或者所在地公安机关管辖。所在地是指单位登记的住所地。主要营业地或者主要办事机构所在地与登记的住所地不一致的，主要营业地或者主要办事机构所在地为其所在地。”

对于网络犯罪，如果是利用通信工具、互联网等技术手段实施的经济犯罪案件，一般由最初发现、受理的公安机关或者主要犯罪地的公安机关管辖。

2. 案件级别管辖的基本规定

从公安机关的级别而言，以上海为例，分为上海市公安局、上海市公安局某区公安分局、上海某派出所等。从派出所到分局再到市局，不同级别的侦查机关考虑的重点不同，一般越往上越注重案件的涉案金额、社会影响等。但所有刑事案件都可以向案发地的基层公安机关进行控告。不过，由于企业刑事控告一般涉及的都是经济犯罪，经济犯罪的事实与法律问题一般都比较复杂，而基层派出所对于这类问题往往把握不准，很多基层警官甚至没办过这类案件，所以建议企业控告时选择公安机关的经济侦查大队或者支队。

3. 案件部门管辖的基本规定

企业刑事控告一般涉及公安机关的刑侦部门与经侦部门，有些网络犯罪的案件可能会涉及网络安全保卫部门，要根据案件特点向不同部门进行控告。大部分企业控告的案件以经济犯罪为主，主要是向经侦部门进行控告，不过，普通诈骗罪是由公安机关刑侦部门管辖的。2022 年 4 月，最高人民检察院与公安部联合发布了修改后的《关于公安机关管辖的刑事案件立案追诉标准的规定（二)》，该标准规定了公安机关管辖的 78 种经济犯罪案件的立案标准及附则。实际上，企业涉及该 78 种经济犯罪都是向公安机关经侦部门进行控告的。

4. 案件管辖争议的处理方式

几个公安机关都有权管辖的刑事案件，由最初受理的公安机关管辖。必要时，可以由主要犯罪地的公安机关管辖。

根据最高人民检察院、公安部《关于公安机关办理经济犯罪案件的若干规定》第 11 条第 1 款的规定，几个公安机关都有权管辖的经济犯罪案件，由最初受理的公安机关管辖。必要时，可以由主要犯罪地的公安机关管辖。对管辖不明确或者有争议的，应当协商管辖；协商不成的，由共同的上级公安机关指定管辖。例如，我们曾经办理一个案件，上海公安机关有管辖权，银川公安机关也有管辖权，最终只能上报公安部指定管辖。

5. 选择最有利于控告人的地方进行控告

一般情况下，企业要尽量选择便于公安机关展开侦查和取证的地方进行控告，以提高控告立案的成功率。例如，职务侵占罪、非国家工作人员受贿罪等，一般在企业实际经营地进行控告较为合适，因为该地适合公安机关进行证据收集，同时一般企业实际经营地与当地政府、当地公安机关联系较多，当地政府也有保护企业合法权益的义务。

企业要选择对自己有利的罪名进行控告，要学会变通，企业的首要目的是将案件成功立案。例如，如果经侦部门较难控告，可以选择适合刑侦部门的罪名进行控告。我们团队曾经处理过一个企业被合同诈骗的案件，但是从经侦的角度来看证据不足，难以立案。我们经过分析，结合当时正在严打“套路贷”的刑事政策，以“套路贷”的案件向扫黑办进行控告，最终取得了较好的处理效果。

如果常规的管辖地对于企业不利，那么企业应该选择其他地方进行管辖，甚至应该创造条件，使案件在对自己有利的管辖地进行。我们在处理某个企业合同诈骗控告案件时，最初发现双方签署的合同中写明“合同签订地是 A 地”，正常情况下，刑事控告应该在 A 地进行。但是，我们希望能够在 B 地进行控告，因为控告企业实际经营所在地在 B 地。因此，我们与控告企业进行沟通，了解该合同签署的过程。受新冠肺炎疫情影响，双方并没有到 A 地签署合同，而是通过电子邮件、电子签章的方式签订了合同，而该合同是被控告企业提供的模板合同，合同上的合同签署地直接使用了以往的模板。因此，我们解决了控告企业 B 地也具有管辖权的问题，成功进行了控告。

（二）证据问题：如何收集证据？

企业刑事控告需要解决的第二个问题就是证据问题。企业刑事控告在实务中会面临这样一种悖论：企业希望公安机关立案去收集证据，而公安机关希望企业自身把证据收集完整再立案。企业没有侦查机关的权力和专业的水平，即使发现了犯罪线索，也很难收集完整的证据。所以，企业希望通过控告，让公安机关立案，然后展开刑事调查，企业认为只要公安机关立案后对涉案人员进行刑事调查，案件事实一定会水落石出，犯罪分子一定会得到应有惩罚，企业的合法权益也会得到保护。但是，从公安机关的角度而言，因为案多人少，或者顾忌不能插手民事纠纷等因素，往往希望企业在进行刑事控告时能够自行把证据收集完整，把事实论证清楚，公安机关收到企业的刑事控告材料时，对案件的性质就能够清楚地进行判断。因此，企业希望公安机关花大力气去进行调查，甚至“先抓人再查证”的想法，在实务中很难实现。因此，律师在帮助企业进行刑事控告时，收集证据就显得非常重要。

1. 证据的类型及注意事项

《刑事诉讼法》规定的证据种类一共有 8 类，分别是物证，书证，证人证言，被害人陈述，犯罪嫌疑人、被告人供述和辩解，鉴定意见，勘验、检查、辨认、侦查实验等笔录，视听资料、电子数据。对于不同的证据种类，《刑事诉讼法》的要求也不一样，律师在收集时所应注意的事项也不一样。

例如，书证包括涉案的合同、资金流水、审批材料等，律师收集时需要注意书证真实性的问题，审核相关书证是否是原件，是否有虚假伪造材料的问题，特别要注意材料上的印章、签名、照片等。

又如，证人证言属于主观证据，其优点在于表达生动、具体，便于理解证据内容，而缺点在于受证人主观因素影响较大，容易偏离案件事实，在表述中出现偏差。证人证言与事实的偏离有多种原因，可能是案发环境、时间久远等客观因素导致的证人记忆不准，也可能是因为证人出于私人关系、询问人引导、第三人威胁等干扰而有意为之。律师在收集证人证言时，首先要对证人的作证资格进行审查，即其是否具有辨别和表达的能力、是否对案件事实有所感知。在证人具备作证资格的情况下，则要进一步审查其证言的真实性、关联性。最后，在收集时应该注意相关程序的合法性，需要由两个人进行取证，全程录音录像，最好再由其本人提供自书证据一份。

再如，电子数据证据上，律师可以对涉案人员工作电脑、移动硬盘等电子设备中的数据进行收集和取证。任何电子数据的修改都会留下痕迹，可以通过技术手段进行还原与呈现。必要的时候，可以采取公证方式进行取证。

2. 证据的组织形式

证据收集后，一般需要制作证据清单，作为附件连同刑事控告书一起向公安机关递交。那么，证据一般应以什么形式向公安机关提交？一般包括如下四种形式：第一，根据涉案事实发生的时间顺序提交；第二，根据所涉罪名的构成要件提交；第三，根据案件法定证据种类提交；第四，在涉及多起犯罪事实、多个罪名的案件中，按照一事一组或一罪一组对证据进行分组罗列。

证据的组织形式实际上决定刑事控告书的撰写结构，一份好的刑事控告书能帮助公安机关清楚了解案件事实，明确案件的法律性质，因此应该根据案件类型采取最有利的方式。

3. 典型罪名的证据材料

我们列出如下几个典型罪名一般所需要收集的证据材料，供大家参考。

（1）合同诈骗罪。

根据《刑法》第 224 条的规定，以非法占有为目的，在签订、履行合同过程中，骗取对方当事人财物数额较大的行为，属于合同诈骗罪。具体行为可以包括：以虚构的单位或者冒用他人名义签订合同的；以伪造、变造、作废的票据或者其他虚假的产权证明作担保的；没有实际履行能力，以先履行小额合同或者部分履行合同的方法，诱骗对方当事人继续签订和履行合同的；收受对方当事人给付的货物、货款、预付款或者担保财产后逃匿的等。

合同诈骗罪的入罪标准是，在签订、履行合同过程中，骗取对方当事人财物，数额在 2 万元以上。

对于合同诈骗罪的案件，在进行刑事控告时，需要收集的证据材料一般包括：

①控告单位的主体材料，包括工商材料、法人身份证明等；

②犯罪嫌疑人的主体材料，如果是个人则需要身份信息，如果是单位则需要相关的工商材料、法人身份证明等；

③涉案合同，如果控告担保公司，则需要主合同和担保合同；

④支付、担保、抵押产生的银行凭条、收付单据、对账单据等资金往来凭证；

⑤与涉案合同相关的标的物，动产可考虑提供原物，不动产提供权属证明；

⑥控告单位资金、物品进出的会计资料、发货资料；

⑦向犯罪嫌疑人催告履行、犯罪嫌疑人逃匿的证明材料。

（2）假冒注册商标罪。

根据《刑法》第 213 条的规定，未经注册商标所有人许可，在同一种商品、服务上使用与其注册商标相同的商标，情节严重的行为，属于假冒注册商标罪。

对于假冒注册商标罪的案件，在进行刑事控告时，需要收集的证据材料一般包括：

①控告单位的主体材料，包括工商材料、法人身份证明等；

②犯罪嫌疑人的主体材料，如果是个人则需要身份信息，如果是单位则需要相关的工商材料、法人身份证明等；

③商标权属及有效性的证明材料；

④真实的注册商标商品样品或照片；

⑤假冒的注册商标商品样品或照片；

⑥犯罪嫌疑人/单位假冒注册商标商品的数量、数额的证明材料；

⑦尽可能提供假冒注册商标的鉴定意见。

（3）职务侵占罪。

根据《刑法》第 271 条的规定，公司、企业或者其他单位的工作人员，利用职务上的便利，将本单位财物非法占为己有，数额较大的，构成职务侵占罪。

职务侵占罪的追诉标准是 3 万元。

对于职务侵占罪的案件，在进行刑事控告时，需要收集的证据材料一般包括：

①控告单位的主体材料，包括工商材料、法人身份证明等；

②犯罪嫌疑人的任职证明材料，以及其与犯罪有关的职务、职责证明材料；

③犯罪嫌疑人用于侵占单位资金的相关发票、收据、银行凭证、用款凭证、销售凭证等材料；

④犯罪嫌疑人在侵占过程中产生的签名（伪造签名）或使用印章的书面材料；

⑤其他知晓职务侵占罪事情的人员的证词。

（4）非国家工作人员受贿罪。

根据《刑法》第163条的规定，非国家工作人员受贿罪，是指公司、企业或者其他单位的工作人员利用职务上的便利，索取他人财物或者非法收受他人财物，为他人谋取利益，数额较大的行为。

非国家工作人员受贿罪的追诉标准是3万元。

对于非国家工作人员受贿罪的案件，在进行刑事控告时，需要收集的证据材料一般包括：

①控告单位的主体材料，包括工商材料、法人身份证明等；

②犯罪嫌疑人的任职证明材料，以及其与犯罪有关的职务、职责证明材料；

③犯罪嫌疑人受贿行为及受贿数额的证明材料；

④犯罪嫌疑人受贿后为他人谋取利益、给公司造成影响的证明材料。

4. 制作证据线索和建议，帮助侦查机关调查取证

企业与律师均不具备侦查机关调查取证的权力，如无法到银行调取被控告人的银行流水，或者即使调取部分银行流水，也无法完整还原资金的流向，因为被控告人往往有多张银行卡，或者存在用他人的银行卡进行转账的情况。律师可以通过自己的调查，向公安机关提供相关的证据线索和收集建议，如果这种线索对于查清案件有帮助，那么公安机关应依职权进行调取。例如，在拒不执行判决、裁定罪中，被控告人往往已经将财产进行转移，如果律师让公安机关直接调查被控告人转移了哪些财产，公安机关一般不会采纳。但是，如果律师发现了被控告人将自己资产转移至他人名下，并且有充分的线

索（如通过实地走访、内部访谈等方式获得），那么我们相信公安机关会更容易明确调查方向，并会采取相应的调查措施。

（三）法律问题：说理不清？

企业刑事控告需要解决的第三个问题就是法律问题，企业需要向公安机关解释为什么所控告的事情涉嫌犯罪，涉嫌什么罪。但是，因为经济犯罪的法律问题往往比较复杂，将事实梳理清楚就实属不易，在进行说理的时候更会存在意见不统一的情况，甚至有些罪名当地公安机关也没承办过，要说服公安机关进行立案确实困难。律师在法律问题上需要注意以下问题。

1. 注意实务问题

律师在帮助企业进行刑事控告时，需要注意司法实务的一些做法。有些行为可能在理论上构成犯罪，但是在司法实务中却很难认定为犯罪。

例如，被控告人在国外无法及时到案，针对这种情况公安机关通常认为无法查证案件事实而不予立案，虽然没有明确的法律规定，但是司法实务往往就是这么操作，所以如果被控告人在国外，企业应该谨慎立案，避免打草惊蛇，等被控告人回国后再进行控告。又如，职务侵占案中立案前已经赔偿损失了，虽然按照法律的规定，其已经构成犯罪，非法占有的主观要件也具备，只是因为企业开展反舞弊调查发现了犯罪问题，舞弊人员迫于压力把企业的损失予以退赔，但是在司法实务中公安机关一般会认为赔偿损失后没有再进行立案的必要。再如，经济犯罪中的未遂案件一般不会被立案。刑法中的未遂指的是已经着手实行犯罪行为，因为犯罪分子意志以外的原因而未得逞。犯罪未遂属于犯罪的停止形态，也属于犯罪行为，但是在司法实务特别是经济犯罪领域，如果仅仅是犯罪未遂，公安机关往往会认为危害不大，一般不会予以立案。

2. 讲好故事很重要

很多企业或者律师进行刑事控告时，往往着重强调法律问题，但是这样的效果并不好。相比专业术语，办案人员更在意控告人是否确实因为犯罪嫌疑人的行为受到侵害，并达到需要对犯罪嫌疑人采取刑事手段的程度。而且，一般情况下律师会陪同企业去公安机关报案，在提交相应控告材料时，往往需要向公安机关阐述犯罪事实，讲解法律意见，这种时候讲好故事显得非常重要。刑事控告书往往多为法言法语，以书面语为主，强调逻辑的严谨，但是，当面汇报的时候，需要注意口头表达的艺术，让承办人员能够第一时间听得进、听得懂。这和律师发表法庭辩护意见与庭后提交书面辩护意见需要进行区别是一样的。要把故事讲好，可以借助相关的图表，如用可视化、流程图的方式将复杂的故事讲清楚，将复杂的法律问题提炼出来，让承办人员清晰地了解案件的核心问题。

3. 分清主次

有些案件涉及的犯罪事实复杂，可能涉嫌多个罪名、多个犯罪嫌疑人。但是，在刑事控告时，并不是内容越多越好，而需要有所选择。控告的罪名应该进行区分，避免多而全，“一锅端”，这会导致主次不分，甚至为了控告而“拔高”案件性质，会让公安机关认为企业是“瞎控告”“乱控告”，可能有相应的法律风险。刑事控告首先要解决的是立案的问题，先把最容易立案的罪名弄清楚，立案后再去分清罪责，追究其他罪名。

我们在帮助一个企业办理刑事控告案件时，企业负责人一开始提出要对被控告人以串通投标罪、故意伤害罪、敲诈勒索罪等好几个罪名一起控告，有些行为是被控告人针对他人的，有些行为是道听途说、并无证据的，而我们经过梳理认为，证据最充分的只有一个虚假诉讼罪，在目前进行的民事诉讼中，被控告人明显虚构了证据，以虚假诉讼罪进行控告才是案件的核心，而其他行为即使存在，也只能在案件立案成功后，向公安机关提交相应的线索。因此，控告的工作重心就转移到虚假诉讼罪中。

（四）程序问题：有去无回？

企业刑事控告需要解决的第四个问题就是程序方面的问题。如果碰到有案不立、立而不侦、侦而不拘、拘而不捕、捕而不诉等问题如何处理呢？企业刑事控告是全流程的法律服务，律师从介入调查，到最终进行控告，绝不是简单地到公安机关递交相关的刑事控告材料，而是需要全程跟进、全面分析处理各种程序的问题。

1. 刑事控告的三种结果

根据《刑事诉讼法》第112条的规定，人民法院、人民检察院或者公安机关对于报案、控告、举报和自首的材料，应当按照管辖范围，迅速进行审查，认为有犯罪事实需要追究刑事责任的时候，应当立案；认为没有犯罪事实，或者犯罪事实显著轻微，不需要追究刑事责任的时候，不予立案，并且将不立案的原因通知控告人。控告人如果不服，可以申请复议。

因此，对于企业的刑事控告案件，公安机关一般有三种处理方式：第一种是予以立案，第二种是不予立案，第三种是移送有管辖权的公安机关进行处理。公安机关接到控告材料时，一般情况下会先收下材料，并且进行审查受理。公安机关应该对企业递交的材料提供签收单，并且出具受理通知书。审查受理不是法律概念，而是公安机关内部的处理方式。需要注意的是，受理并不等于立案，审查也不是调查。审查受理阶段，公安机关并不能对被控告人采取限制人身权利、财产权利的刑事措施，但是可以依照有关规定采取询问、查询、勘验、鉴定和调取证据材料等措施。律师不能忽视这个阶段的工作，应该及时与公安机关保持联系，提供相关的线索，同时被控告人在初查阶段有可能与控告人进行谈判，也有可能开展反控告的措施，律师也要及时跟进分析、提供建议。初查期间公安机关调取的证据，企业也可作为民事诉讼的证据使用。

按照最高人民检察院、公安部《关于公安机关办理经济犯罪案件的若干规定》第15条，公安机关接受涉嫌经济犯罪线索的报案、控告、举报、自动投案后，应当立即进行审查，并在7日以内决定是否立案；重大、疑难、复杂的线索，经县级以上公安机关负责人批准，立案审查期限可以延长至30日；特别重大、疑难、复杂或者跨区域的线索，经上一级公安机关负责人批准，立案审查期限可以再延长30日。

因此，公安机关的初查受理时间应该是“7（30）+30”，最多60日的时间就应该决定是否立案。无论是立案还是不立案，公安机关都应该出具相关的法律文书。

2. 如何对公安机关不予立案进行监督?

如果公安机关不予立案，应该如何处理呢?

第一，可以向同级公安机关申请复议，不服的可以向上一级公安机关申请复核。根据《公安机关办理刑事案件程序规定》第179条第1款、第2款，控告人对不予立案决定不服的，可以在收到不予立案通知书后7日内向作出决定的公安机关申请复议；公安机关应当在收到复议申请后30日以内作出决定，并将决定书送达控告人。控告人对不予立案的复议决定不服的，可以在收到复议决定书后7日内向上一级公安机关申请复核；上一级公安机关应当在收到复核申请后30日以内作出决定。对上级公安机关撤销不予立案决定的，下级公安机关应当执行。

第二，可以申请人民检察院立案监督。根据《刑事诉讼法》第113条，被害人认为公安机关对应当立案侦查的案件而不立案侦查，向人民检察院提出的，人民检察院应当要求公安机关说明不立案的理由。人民检察院认为公安机关不立案的理由不能成立的，应当通知公安机关立案，公安机关接到通知后应当立案。

第三，可以对公安机关违法违规的行为进行投诉举报。公安部《关于改革完善受案立案制度的意见》专门对强化受案立案监督管理和责任追究作出规定。各级公安法制部门承担公安机关受案立案工作的监督管理责任，上级公安机关业务主管部门加强检查指导，公安机关指挥中心、纪检监察、督察、信访等部门结合自身职能，共同做好受案立案监督管理工作。对于报案不接、接报案后不登记不受案不立案、受案立案后不查处、越权管辖、违法受案立案、插手经济纠纷，以及虚报接报案和受案立案统计数据等违法违纪行为，依照有关规定追究相关领导和直接责任人员的责任。另外，对于不受理明显违法的，可以向公安机关内部督查部门投诉，也可以拨打“110”。“110”是必须记录并转办且接受处理结果查询的。此外，还可以拨打“12388”向纪委控告，纪委管辖的范围非常广，而且要求每案必结，或者拨打“12345”市长热线，热线由信访局负责，网上流转快，办案单位必须在一定期限内作出答复。若涉及组织部门，可拨打“12380”向组织部反映，按要求7日内必须结案。另外，向公安机关的纪委、信访部门以及通过公安机关的局长信箱反映违法行为，也会有一定帮助。

3. 刑事控告流程图

整个刑事控告的流程如图 3－1 所示，可以予以对照处理。

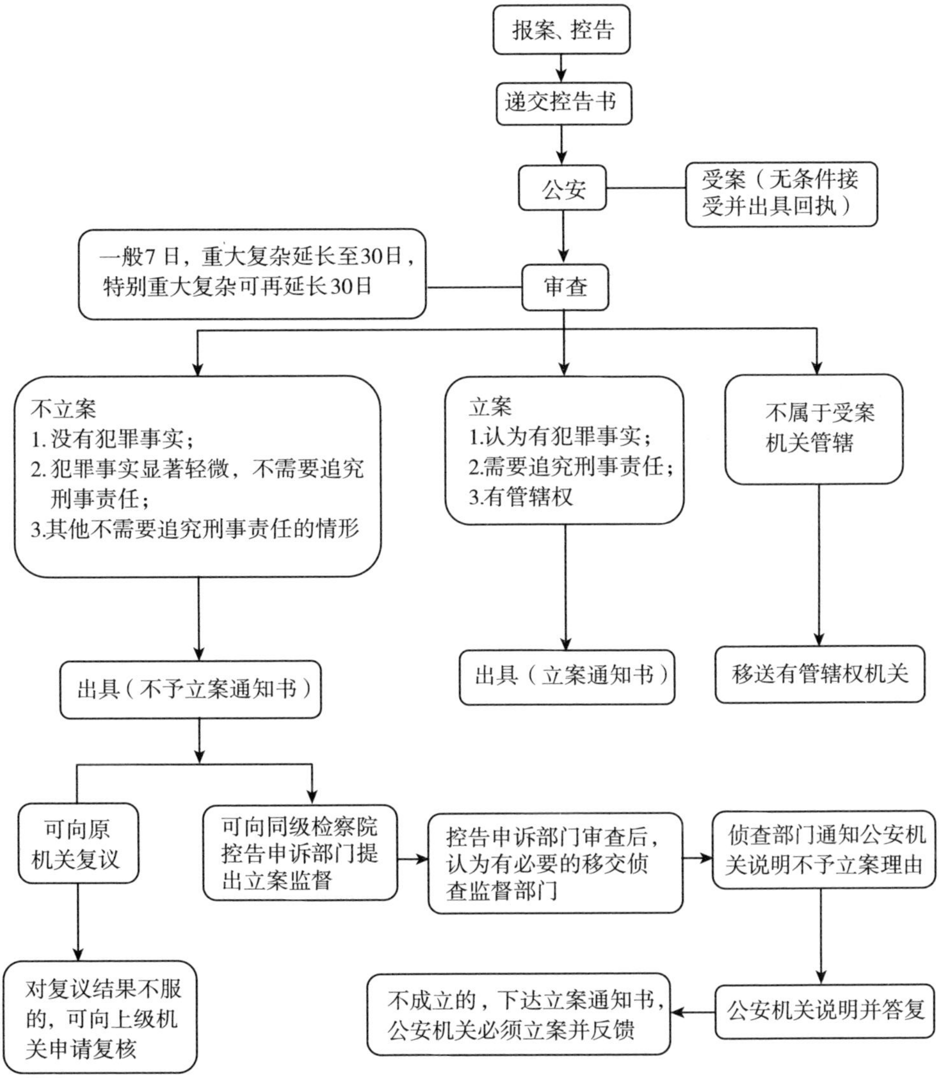

图 3－1　刑事控告流程

三、律师办理企业刑事控告业务的一般流程

律师帮助企业进行刑事控告的案件，一般是定性存在争议的案件，或者是证据收集困难或者刑民交叉的案件。因此，进行控告往往存在一定的难度。律师在办理刑事控告业务时应该客观分析，有理有据；同时，在与办案机关沟通时要理性对待，保持克制；与客户应保持良性沟通，信息通畅。具体我们认为可以采取以下七个步骤。

（一）接待客户，对案件进行初步判断

首先，律师应该了解案件事实，查阅相关证据，判断案件是否构成犯罪。许多控告案件，企业客户基于各种原因并没有将真实情况告诉律师，因此律师应该不断询问客户，确认案件事实，排除合理怀疑。毕竟，刑事控告并不是简单的法律咨询，如果警方发现控告人没有真实控告，律师也将承担一定的法律风险。

其次，律师应了解企业进行刑事控告的目的，看企业是侧重于挽回损失，还是侧重于惩罚犯罪。企业的需求决定律师在控告中采取的策略。如果是挽回损失，律师要积极与被控告人谈判，尽量“边打边谈”，促成和解。

最后，律师应告知企业刑事控告可能带来的风险。第一，刑事控告一旦启动就是不可逆的，不像民事诉讼可以撤案。我们曾经处理过一起刑事控告案件，公安机关立案后，经过调查发现是一起内外勾结的案件，而企业内的犯罪分子是董事长的亲属，这个时候董事长想撤案已经不可能了。第二，刑事案件对公司声誉也会带来一定的影响，如果是上市公司，对于某些案件可能还需要进行信息披露。第三，企业应该对自己的陈述负责，对提供的相关证据负责，如果是虚假证据、虚假控告可能会涉嫌诬告陷害罪等其他法律风险。

（二）收集证据，确保控告案件具有完整的证据链

律师协助企业对与案件相关的证据进行准备、固定，在证据链的内容、合法的证据形式等层面给予企业指导。对于聊天记录、网站等各类电子数据等证据，若条件允许，可以尽量通过公证的形式对证据进行保存与固定，以免电子证据被篡改或者灭失；对关键证人的证言，企业不应急于自行和证人谈话，而应当和律师先就案情和其他证据进行研究，确定证人证言中应当具备哪些关键内容，再与律师一起和证人谈话，制作谈话笔录。这样方能在确保不给企业带来法律风险的情况下，获得可以被用于指控嫌疑人犯罪的真实可靠的证人证言。

律师获取有用的客观证据材料复印件，应嘱咐企业留存并保管好相应原件。对于证据材料有缺失或证据形式有瑕疵的，律师应指导企业进行补充或补强。

（三）向企业出具法律意见书，提供详细解决方案

律师在正式启动刑事控告前，一般应向客户出具相应的法律意见书，提供详细的法律分析、解决方案，并且向客户告知所需要补强的证据材料、接下来的工作计划等。法律意见书与刑事控告书是不一样的，其对象是企业客户，出具法律意见书是律师的工作内容之一。

法律意见书一般可以包括以下内容：

（1）案件背景事实。一般应尽量根据案件证据或客户陈述，对案件事实进行客观描述，律师已查证的其他事实也可以添加，同时对于案件事实存在的疑点也应一并提出。

（2）详细的法律分析。一般应包括罪与非罪、可能涉嫌的罪名、相关构成要件、可能存在的管辖地、类似的案例、犯罪嫌疑人身份地位等。法律分析需要客观公正、有理有据。

（3）需求向企业提供完整的解决方案。该部分与第 2 部分的区别在于，该部分是律师与企业沟通协商后按照企业的需求提出的相应解决方案。其包含罪名选择、控告机关选择的原因及利弊，根据客户需求提供报案及谈判等

整体方案。企业的需求有些是合理的，有些是不合理甚至无法做到的，律师应客观作出答复。如果做不到，又没有其他替代解决方案的，应一并予以提出。

（4）需补强的证据材料。根据案件的情况，需要向企业说明需补强的证据材料。有些材料由律师自行收集，有些材料需要企业进行补充，有些材料则是律师提供相关的线索让公安机关收集。

（5）后续工作计划。律师应该让企业清楚自己下一步的工作安排，让企业对整个控告的流程有一个基本预期。一般应包括补强证据阶段、撰写控告书阶段、进行控告阶段等。

（6）告知相关风险。在法律意见书中，同样应再次向企业告知刑事控告可能带来的相应风险，包括刑事案件可能对企业产生的影响，也包括虚假控告可能带来的法律责任等。

（7）其余内容可以根据不同案件进行有针对性的调整。不同案件可能存在不同的问题，法律意见书也可以进行相应调整。

（四）准备控告材料

在证据材料准备充分后，承办律师应该开始准备控告材料。从某种程度而言，刑事控告材料决定能否说服侦查机关，能否启动侦查程序。我们碰到很多企业自行控告失败，很大原因就在于其控告材料准备得不够充分。

律师准备控告材料应注意以下内容：

（1）根据客户的陈述、证据撰写刑事控告书。刑事控告书是对案件的整理和归纳，与给企业客户的法律意见书是不一样的，刑事控告书是与企业站在一起、一致对外，义正词严地控告不法分子的犯罪行为。

（2）整理、分析已有证据材料，编制证据目录。律师需要对已有的证据进行整理、分析，并不是所有证据材料都要作为证据提供给公安机关。

我们在办理一起合同诈骗控告案件中，客户曾提供一份犯罪嫌疑人的还款计划，我们认为这份证据对于指控犯罪嫌疑人具有合同诈骗没有任何帮助，反而会让公安机关认为犯罪嫌疑人有还款意愿，因此认定本案属于民事纠纷。实际上，这份还款计划书是犯罪嫌疑人为了欺骗控告人而出具的，至今没有任何履行，因此我们并没有将该份证据放进控告材料中。但是，我们未忽略该份证据的存在，做好了应对被控告人拿出该份证据的相关预案。律师应对已有的证据材料编制相应的证据目录，结合刑事控告书，有体系有逻辑地形成一份控告材料。

（3）与企业客户确认控告所提供的证据的来源。律师对于所提供的证据材料应确保其真实性，一般情况下应以笔录的形式向客户确认证据的来源，如该材料是客户提供或者是客户从他人处获得的。

（4）揣摩承办人员的定罪逻辑。律师准备控告材料时，应该揣摩承办人员的定罪逻辑。一般而言，公安机关收到相应控告材料，决定是否立案时，主要会从管辖地、追诉标准、主要犯罪行为、公司是否有损失等因素进行考虑。我们以合同诈骗罪为例，承办人员一般会考虑如下问题：

①是否属于我单位管辖。

②是否达到追诉标准（如合同诈骗罪是 2 万元以上）。

③是否超过追诉时效。

④合同主体是否虚构或者冒用；主体是公司的，公司是否是新成立的；是否是第一次交易；该公司与他人有无实际交易。

⑤合同内容是否存在，有无履行的可能。

⑥被控告人签订合同时的财务状态，有无履约能力；是否存在以履行小额合同或部分履行合同诱骗当事人继续签订、履行合同的情况。

⑦签订合同后有无履行合同的实际行为。

⑧签订、履行合同过程中，有无虚构、隐瞒等行为；有无进行虚假担保；交易价格是否明显高于市场价格；交易标的是否具有基础功能和使用价值。

⑨取得财物的处置情况，是否有挥霍、挪用及携款潜逃等行为。

实际上，揣摩承办人员的定罪思路，与辩护人揣摩公诉人的指控思路是一个道理，律师只有清楚承办人员的定罪思路，按照这个思路收集材料，撰写刑事控告书，才能与承办人员在同一个“频道”，在进行沟通交涉时才更容易成功。

（5）向企业客户对控告材料进行最终确认。一般情况下，应以笔录或电子邮件形式向企业客户确认最终版本的控告材料，包括刑事控告书与相关的证据材料，注意提示企业客户对控告材料中的事实陈述进行再次确认。控告材料经客户确认后，向企业发送控告材料清单，对控告所需的材料进行准备、用印。

（6）最后再次向企业客户进行风险提示。律师在正式向公安机关递交控告材料之前，应再次以书面方式对本案风险、不确定因素、刑事案件可能对企业造成的影响等作出风险提示。

（五）联系有管辖权的公安机关，进行刑事控告

万事俱备，接下来就是到有管辖权的公安机关进行刑事控告。现场进行刑事控告需要注意如下问题：

（1）管辖权的问题。确定有管辖权的公安机关，这是刑事控告的前提。关于刑事案件管辖权的具体规定，前文已经进行分析。在多个有管辖权的公安机关之间，律师应该选择对企业有利的公安机关进行控告。所谓对企业有利，主要是指更有利于案件的办理，包括企业或者律师与哪个地方的公安机关沟通更顺畅、更方便，哪个地方的法治环境更好，办案效率更高等。

（2）可以与办案单位预沟通，对材料查缺补漏。律师把握不准的情况下，可以在准备好材料后，提前到公安机关的报案窗口进行预报案，向窗口民警请教材料是否符合条件。如果民警认为材料欠缺的，应虚心请教，予以补充。

（3）企业人员陪同，便于阐述案件经过。一般情况下，律师应建议企业法定代表人或者案件相关的负责人共同作为案件的委托代理人，在律师陪同下一起前往公安机关递交材料，完成笔录，进行控告。因为在控告现场，承办的公安人员会针对案件的具体事实向控告人进行反复询问，有些事实由企业负责人进行沟通更为方便。同时，企业负责人对于案件所造成的损失更有感受，现场的反馈也会让承办人员更具有同理心。

（4）沟通时应客观真实，不夸大事实。律师在与承办人员沟通时，应注意沟通的语气。有些企业可能会认为把被控告人说得十恶不赦会更好立案。实际上，过于夸大案件事实会让承办人员觉得控告人不诚实，对案件的真实性会存在疑问。作为专业的律师，我们应该客观真实地分析案件，从法律人

的角度向承办人员解释为什么这个案件构成犯罪。

在办理一个合同诈骗罪的案件中，我们客观地进行说明，该企业一开始在签订合同时可能并不想进行合同诈骗，但是根据我们掌握的证据，其在签订合同后出现资金亏损的情况，因此产生了以履行小合同骗取大合同的方式进行诈骗的意图，其非法占有的主观故意是在实施合同的过程中产生的。承办人员对我们这种较为客观的说法表示认可。

（5）注意预留承办人员电话，方便沟通。许多案件的刑事控告不是一次就能成功的，后续可能会需要律师补充证据，加强论证。因此，律师应该预留承办人员电话，与承办人保持联系，及时关注案件的走向。

（6）注意向承办人员索取案件受理通知书。对于刑事控告案件，承办人员一般都不会当场给出答复，而是收下相关的材料予以初查，按照《刑事诉讼法》的规定，即为调查受理。该阶段一般情况下是 7 日，但是如果碰到重大、疑难、复杂线索，可以延长至 30 日，再碰到特别重大、疑难、复杂或者跨区域的线索，经上一级公安机关负责人批准，可以再延长 30 日。律师应注意向承办人员索取案件受理通知书，方便计算案件时间。

（六）跟进案件进展，调整工作进程

向公安机关递交刑事控告材料后，律师的工作并不是就结束了，而是进入了关键结点。这个时候，律师应该关注案件的进展，根据需要及时调整工作进程。

1. 根据客户的要求，调整案件的工作进程

如果客户的需要主要是挽回损失，律师应及时与被控告人进行谈判，及时挽回损失，必要时可出具谅解书，如假冒注册商标类犯罪，合同诈骗类犯罪等案件，谅解书对被控告人的定罪量刑都能起到重要的作用。如果企业的需求主要是追究被控告人的刑事责任，则要及时与承办人员进行沟通联系，补强证据，推进案件的进程。

需要注意的是，刑事谅解协议中只能写明客户不再追究被控告人的刑事责任，或者对被控告人获得从轻、减轻、免除处罚不持异议，不能改变之前

的控告事实，否则可能会涉嫌敲诈勒索、诬告陷害等刑事法律风险。同时，该协议也不能约定确保被控告人不再承担刑事责任，因为被控告人最终是否可以免责，是由公安机关、检察院、法院决定的，控告人并没有该权利。

当然，还存在一种情况，即企业开展刑事控告后，被控告方也采取反制措施，提出反控告等措施。例如，在职务侵占罪案件中，被控告方因为系公司核心人员，向公安机关提出企业存在的其他犯罪行为。因此，律师也需要帮助企业提前做好“防守”准备，关注被控告方的行动，以及后续公安机关的处理方式。

2. 根据案件的走向，调整案件的工作进程

如果案件被公安机关拒绝立案，则应该分析是什么原因被拒绝立案。第一，如果是因为证据原因，律师可以在补足证据、线索后，重新进行控告。当然，这里的新证据是确实能够证明被控告人涉嫌犯罪的新证据、新材料，而不是任何新证据都可以。第二，如果是因为案件的性质存在争议，律师可以按照相应程序进行复议复核，或者向检察院提请刑事监督，对于符合刑事自诉标准的案件也可以向法院提起刑事自诉。第三，如果是因为司法机关故意刁难，甚至存在违法违纪的情况，根据公安部《关于改革完善受案立案制度的意见》，可以向各级公安部门内部督察部门进行投诉，也可以向纪检监察、信访部门进行投诉。

如果案件被公安机关立案，则应跟踪案件进展，动态分析和调整工作内容，配合和协助公安机关查清案件事实。例如：是否已对犯罪嫌疑人采取强制措施？是否已向人民检察院提请逮捕？人民检察院是否已经批准逮捕？如果案件进入检察院、法院程序，那么律师应积极与检察院、法院沟通，跟进案件发展，及时补充对犯罪嫌疑人进行指控所需要的证据。并且，根据客户的委托，律师作为被害人的诉讼代理人介入案件，在审查起诉阶段可以要求查阅案件材料，在一审阶段可以代表企业出庭参与诉讼、发表代理意见。

（七）刑事控告过程中，及时向企业进行汇报

律师办理刑事控告业务，应该建立向企业客户进行及时汇报的制度，定

期向企业汇报工作情况，包括案件的进展、需要补强的证据材料、与承办人员沟通的内容、分析的案件走向、下一步的工作计划等。同时，汇报应通过电子邮件的形式，方便律师进行留存和检索。

企业刑事控告业务对于律师而言并不是新类型的法律业务，许多律师也有自己专门的办案流程，以上只是我们办理刑事控告业务的一般流程。律师根据案件的大小、性质、地域等方面的不同，在开展刑事控告业务时可能有不同的做法，我们认为，只要有利于维护企业的合法权益，有利于案件控告成功，采取合法合规的方式开展都是可行的。

四、典型案例

（一）Y 公司控告李某合同诈骗案

1. 案情简介

黄某与李某经朋友介绍认识。黄某了解李某手上有一家 B 公司，B 公司拥有一座矿场，尚未开发，可能存在丰富的矿产资源，黄某打算进行收购开发。经双方多次协商后，黄某与李某最终达成协议，黄某用自己控股的 Y 公司收购李某的 A 公司（A 公司包含 B 公司，因为 A 公司还有员工、债务等，所以李某不打算直接将 B 公司卖给黄某，而是提出如果要收购 B 公司，需要以收购 A 公司全体资产的方式进行）。双方签署股权转让协议，股权转让费用 1 亿元。但是，在黄某支付了相应的股权转让款后，李某告知黄某，B 公司名下的矿场并不属于 A 公司，如果黄某还要 B 公司名下的矿场，需要再支付 5000 万元，并且拿出一份股权代持协议，证明 B 公司名义上是 A 公司的，但是实际上是李某的，A 公司只是帮助李某代持的。后黄某被迫再次支付相应费用 5000 万元。而后黄某觉得不对劲，自行委托审计机构进行调查，通过审计发现 A 公司投资 B 公司的款项都是 A 公司的资金，与李某无关，《股权代持协议》也是假的，因此进行刑事控告。

2. 承办思路

该案是一起比较复杂的合同诈骗案，虽然案情简介写得比较简单，但是具体承办过程非常曲折。首先，案件的材料非常多，双方签署的股权转让协议书就有多份，资金流水也非常复杂；其次，该案持续多年，双方在这期间反复沟通协商，也签署了不少备忘录，有些备忘录之间存在矛盾的地方，需要理清其中的真实意思；再次，本案涉及股权纠纷与犯罪之间的区别，是典型的刑民交叉的案件，而刑民交叉案件是公安机关最不想插手的案件之一；最后，本案涉案的金额非常大，牵扯的人员也很多，双方都存在巨大的利益，因此所投入的精力都很大。

首先，在承办这起案件过程中，我们明确 Y 公司和黄某刑事控告的主要目的实际上就是取得 B 公司的矿场，认为多支付的 5000 万元是被骗了，应该返还，并且应该将 B 公司的矿场进行转让。其次，我们梳理案件的事实，收集案件的材料，对于存在疑惑、矛盾的地方反复与当事人进行核对，也排除了一些干扰的信息。例如，我们确认只有最后一份备忘录才能够作为双方真实意思的表示，其他存在矛盾的备忘录都被最后一份覆盖了。再次，我们确定本案工作的核心就是要证明李某提供的《股权代持协议》是伪造的，并且基于这一份《股权代持协议》黄某继续支付给李某 5000 万元，因此，这部分金额属于合同诈骗罪的数额。围绕这一核心观点，我们展开证据的收集工作。最后，我们在办案过程中发现本案李某可能还涉嫌职务侵占罪的情况，但是我们认为对于职务侵占罪上海并没有管辖权，而我们希望在上海进行控告，因此我们在进行控告的时候并没有将职务侵占罪同时进行控告。

3. 承办过程

首先，通过审计部门的帮助，我们确认了 B 公司的投资金额都是出自 A 公司，并没有李某出资的痕迹，因此李某提出的所谓 B 公司是自己出资的说法并不成立。同时，通过对相关人员的调查，我们发现《股权代持协议》是虚假的可能性非常大。

其次，我们希望这个案件在上海进行控告，因为李某与 A 公司都在外地，如果在 A 公司所在地进行控告，属于“客场作战”，对于这么复杂的刑事案件，对控告人非常不利。以合同诈骗罪进行控告最为合适，因为可以在犯罪地进行控告。而此案如果按照职务侵占罪进行控告，则可能要到 A 公司所在地进行，而这是我们不希望看到的。

最后，在启动控告时我们与承办人员进行充分沟通，并且因为案件比较复杂，我们直接向分局的经侦大队进行控告，在其指导下补强证据，同时也提供相关的犯罪线索。最终公安机关成功受理立案，之后也对李某采取了刑事强制措施。

4. 总结经验

本案给我们启示是：首先，如何将复杂的案件进行剖析，将复杂的问题简单化，使案件更容易被承办机关理解、接受。刑事控告往往应该以立案受理为第一要务，对于复杂的案件没有必要面面俱到，而是抓住核心，让承办机关更好理解，立案后展开调查可能会还原更多的事实。其次，在选择控告罪名时，需要进行充分的思考。本案如果选择职务侵占罪进行控告，那么上海可能没有管辖权，因为涉案的 A 公司在外地，而到外地控告是我们不希望的。因此，从合同诈骗罪的角度入手，上海就有管辖权，案件也能更好地得到处理。

（二）L 公司高管陈某职务侵占案

1. 案情简介

陈某是 L 公司的总经理，陈某在 L 公司任职期间，L 公司给予陈某较好的待遇，包括租房报销、差旅报销等福利。陈某在任职期间，凭租房合同、发票等凭证从 L 公司报销租房款、差旅费 70 多万元。后陈某从 L 公司离任，在离任审计期间，L 公司通过调查发现，该租房合同上的签字与终止协议上的签字不一致。于是，公司找到外部律师办理本案。

2. 承办经过

团队律师通过进一步调查、核实发现：陈某以公司支出为名，通过伪造租房合同、虚开发票等方式，隐瞒租房款为 30 多万元的真相，骗取公司会计的信任，非法占有公司资产 30 多万元；以公司差旅费支出为名，将自己及家人旅游支出的 10 余万元发票拿到公司报销，非法占有公司资产 10 余万元。在发现上述犯罪事实后，我们通过收集、调取证据，撰写控告书，并在此期间与陈某结清劳动报酬，成功促使本案立案侦查。

3. 总结经验

该案最终能够控告成功的关键在于，在事后内部调查过程中与犯罪嫌疑人主动结清工资报酬，从而排除经济纠纷的可能性。因此，可以看出，对于职务侵占罪案件，除了收集犯罪嫌疑人任职的材料、公司损失、犯罪嫌疑人非法获利等证据材料外，犯罪嫌疑人与公司没有经济纠纷是公司控告职工职务侵占罪成功的关键。因此，在办理职务侵占罪的刑事控告案件中，应尽量争取与员工通过书面形式解决劳动争议等经济纠纷，如果无法解决，也要通过调查、分析论证经济纠纷款项与职务侵占款项不属于同一笔款项，或者后者的金额远远超过前者。

4

第四章

企业刑事风险识别与评估

本章内容 企业刑事风险识别与评估，是企业应对刑事危机、建立刑事合规管理体系等一系列措施的前提。本章主要从企业刑事风险的来源、特点，以及产生的常见罪名、企业家对刑事风险的误解来对企业刑事风险进行系统的梳理。同时，本章阐述律师办理企业刑事风险识别与评估业务的一般流程，其中包括企业专项业务的刑事风险识别与评估的流程，也包括企业整体运行的刑事风险识别与评估的流程。最后，本章通过典型案例分析律师如何帮助企业对刑事风险进行识别与评估。

- 企业刑事风险识别与评估
  - 企业刑事风险概况
    - 什么是企业刑事风险
    - 企业刑事风险的特点
    - 企业常见罪名识别
    - 企业家对于刑事风险的常见误区
  - 企业刑事风险识别与评估的一般流程
    - 企业专项业务刑事风险识别与评估
    - 企业整体运行刑事风险识别与评估
  - 典型案例
    - 银行刑事风险的识别
    - 银行刑事犯罪的典型特征
    - 重点罪名的分析——违法发放贷款罪
    - 关注及控制要点

一、企业刑事风险概况

企业对刑事风险预防的前提是需要对企业存在的刑事风险进行识别与评估，继而制定相应的合规机制，预防相应刑事风险的发生。而识别与评估的前提就是了解企业的刑事风险。

（一）什么是企业刑事风险

企业刑事风险，是指企业在生产经营过程中可能会碰到刑事犯罪的法律风险，这里面包括企业构成犯罪，也包括企业被动卷入犯罪事件。我们可以将企业刑事风险分为外部刑事风险与内部刑事风险、主动型刑事风险与被动型刑事风险。

1. 外部刑事风险与内部刑事风险

按照刑事风险的来源，可以分为外部的刑事风险和内部的刑事风险。外部的刑事风险，指的是企业遭受的刑事风险来自企业外部，如企业对外经营涉嫌合同诈骗罪，企业融资行为涉嫌非法吸收公众存款罪；内部的刑事风险，主要指企业遭受的风险来自企业内部，如内部高管、员工实施侵犯企业利益的行为，如职务侵占罪、非国家工作人员受贿罪。企业分清外部与内部的刑事风险，有利于建立相应的风险识别机制，更好地进行风险防控。

2. 主动型刑事风险与被动型刑事风险

按照企业是不是刑事风险的制造者，可以分为主动型刑事风险与被动型刑事风险。主动型刑事风险，指的是企业是涉嫌犯罪的主体，对外实施了相应的犯罪行为；被动型刑事风险，指的是企业作为被害人，因外部或者内部员工实施相应的犯罪行为而遭受的刑事风险。分清企业在刑事风险中的角色，有利于企业在刑事风险发生后采取相应的应对措施。

（二）企业刑事风险的特点

识别企业刑事风险是为了更好地预防、控制企业的刑事风险。企业的刑事风险具有致命性、隐蔽性、复杂性、多变性的特点。

1. 致命性

企业在生产经营过程中面临各种风险，诸如经营风险、生产风险、投资风险、财务风险、法律风险。但是，最为严重的是法律风险中的刑事法律风险。其他风险给企业带来最严重的后果就是关门倒闭或停业整顿。但是，刑事风险带来的后果是对企业与企业家的双重打击，一方面对企业处以罚金、没收财产的处罚，另一方面对企业家判处有期徒刑、无期徒刑甚至死刑的刑罚。

我们在承办不少企业的刑事案件后发现，企业在碰到刑事风险之前都是一帆风顺、意气风发，但是，碰到刑事风险后，大多都一蹶不振，关门倒闭。而且，我国大部分中小企业都是“大家长式”的治理模式，企业的“一把手”管内管外，对于企业的发展起到决定性的作用，一旦“一把手”涉及犯罪，该企业基本上就无法再继续运作下去。所以，刑事风险对于企业来说具有致命性的特点，企业一定要建立刑事合规高于一切的风险意识。

2. 隐蔽性

企业的刑事风险具有隐蔽性，并不容易识别。不少企业建立了所谓的合规制度，形式上看企业属于合法经营，并没有刑事风险，但是实质上企业执行的却是另外一种制度。刑法采取的是实质性审查，并不因为企业有相关的合规制度，就认为企业是合法经营。

我们曾办理一起私募基金企业涉嫌非法吸收公众存款罪的案件。该企业在所销售的私募基金产品说明书上写明不保本保息，而且提示投资有风险。但是，在实际操作中，企业的业务员在销售产品时却向投资者承诺保本保息，并且产品每个月所支付的利息都是一样的。因此，就实质性审查的角度而言，认定该私募基金项目存在利诱性，并结合其他因素认定该企业构成非法吸收公众存款罪。刑事风险的隐蔽性要求企业在建立相应制度和构建合规体系时，一定要坚持以有效性为优先评价原则，杜绝纸面制度、纸面合规。

3. 复杂性

法律是一门解释学，刑事法律也不例外。刑事法律的条文在司法实务中经常需要进行解释，特别是当出现新的犯罪行为时，现有的《刑法》条文是否能够对其进行规制，往往就会产生不同的看法。尽管解释需要遵循一定的原则，但是仍然会产生不同的理解。司法实务中，也经常会出现同案不同判的现象。因此，企业的刑事法律风险识别并不那么容易。

我们在办理一起企业涉嫌外汇刑事风险的案件时就碰到这样的问题。该企业是一家外资公司，在中国境内以建筑业务为主。因某段时间需要大量资金进行投资，该企业实施了向地下钱庄购汇的行为。具体操作方式就是，在我国香港地区支付给地下钱庄境外公司美元，在境内由地下钱庄支付给该企业人民币。这种换汇行为是否可行呢？是否会被认定为非法经营罪？我们查找了相关的案例和法条，非法经营外汇，是指既买又卖的行为，所谓的经营应该是以营利为目的的行为，单纯买或者单纯卖可能不构成此罪。但同时我们查找了两个典型案例，都属于私自买卖外汇的行为，一个是刘某案①，另一个是黄某裕案②，二者的判决结果是完全相反的，前者判决无罪，后者判决有罪。这种司法实务中认定结果的不同案例确实会给企业识别刑事风险带来很大的困惑。

4. 多变性

刑事法律根据社会需要不断进行调整，会调整犯罪行为的追诉标准，也会产生新的罪名。因此，企业的刑事风险随之不断变化。有些刑事法律修改后，企业的经营方式已变成犯罪行为，如果不调整就存在很大的刑事风险。

---

① 被告人刘某被指控，于2001年12月至2010年6月，为归还境外赌债，通过汉龙集团及其控制的相关公司，将资金转入另案处理的范某彰控制的公司账户，范某彰通过地下钱庄将5亿多元人民币兑换成港币为刘某还债。对于上述行为，一审法院判决认定刘某构成非法经营罪。被告人刘某提出上诉。湖北省高级人民法院审理后认为，不属于经营行为，不构成非法经营罪，故而二审改判为无罪。

② 被告人黄某裕于2007年9月至11月，在国家外汇管理局规定的交易场所以外，将人民币8亿元直接或通过恒益祥公司转入盛丰源公司和深圳迈健凯电子科技有限公司等单位账户，经由郑某微等人控制的地下钱庄，私自兑购并在收取港币8.22亿余元（折合1.05亿余美元）。黄某裕因此被指控构成非法经营罪。北京市第二中级人民法院审理后认为，本案中，黄某裕在境外赌博欠下巨额应付港币的债务后，将境内人民币汇往深圳相关账户用于归还赌债，并对汇往深圳相关账户的人民币的用途是明知的，其以人民币偿还港币债务的行为，系变相买卖外汇，属于非法买卖外汇的行为，且数额特别巨大，破坏了国家金融市场秩序，故判处黄某裕犯非法经营罪，判处有期徒刑8年，并处没收个人部分财产人民币2亿元。

例如，侵犯公民个人信息罪是《刑法修正案（七）》新增的，在此之前，并无此罪。有些企业并没有注意法律的调整，仍然通过非法渠道获取公民个人信息，或者将企业在履行职责、提供服务过程中获得的公民个人信息出售或者非法提供给他人。在我们承办的一起刑事案件中，某企业以出具咨询报告为主营业务，在咨询报告中会夹杂大量的公民个人信息，包括姓名、电话号码、收入情况等，而这些公民个人信息都是通过非法渠道获得的。但是，该企业并没有注意法律的修改，在《刑法修正案（七）》生效后，仍继续经营相应的业务，后被公安机关查处，企业与相关负责人都被认定为犯罪。2017年，侵犯公民个人信息罪的内容又进行修改，根据最高人民法院、最高人民检察院《关于办理侵犯公民个人信息刑事案件适用法律若干问题的解释》，将“未经被收集者同意，将合法收集的公民个人信息向他人提供的”认定为侵犯公民个人信息罪的犯罪行为。在此之后，我们又办理了一起案件，某企业以线上发放小额贷款为主营业务。其通过客户同意合法获取了贷款人的个人信息，但是，为了催收使用，其将客户个人信息提供给催收公司，后被认定为“未经被收集者同意，将合法收集的公民个人信息向他人提供的”行为，涉嫌侵犯公民个人信息罪。所以，法律的多变性也导致企业刑事风险的识别并不容易。

（三）企业常见罪名识别

《刑法》中有400多个罪名，其中单位犯罪有100多个罪名。企业从设立到破产，从融资到销售，从内部管理到对外经营，都面临相应的刑事法律风险。我们简单归纳如下：

1. 企业设立环节的刑事罪名：虚报注册资本罪、虚假出资罪、抽逃出资罪。

2. 企业破产环节的刑事罪名：妨害清算罪，虚假破产罪，虚假诉讼罪，隐匿、故意销毁会计凭证、会计账簿、财务会计报告罪。

3. 企业生产销售环节的刑事罪名：生产、销售伪劣产品罪，生产、销售不符合安全标准的食品罪等。

4. 企业财务管理环节的刑事罪名：逃税罪，抗税罪，骗取出口退税罪，虚开增值税专用发票、用于骗取出口退税、抵扣税款发票罪，虚开发票罪等。

5. 企业内部管理环节的刑事罪名：贪污罪、职务侵占罪、挪用公款罪、挪用资金罪、非国家工作人员受贿罪、对非国家工作人员行贿罪等。

6. 企业对外经营环节的刑事罪名：合同诈骗罪、非法经营罪、串通投标罪、走私类犯罪等。

7. 企业融资环节的刑事罪名：非法吸收公众存款罪、集资诈骗罪、贷款诈骗罪、骗取贷款罪等。

8. 企业知识产权处理环节的刑事罪名：假冒注册商标罪、销售假冒注册商标的商品罪、侵犯商业秘密罪等。

9. 其他方面的刑事罪名：污染环境罪，拒不支付劳动报酬罪，重大责任事故罪，拒不执行判决、裁定罪等。

（四）企业家对于刑事风险的常见误区

尽管刑事风险对企业有致命的影响，但是不少企业家对于刑事风险实际上并不了解，认为自己的企业与刑事风险离得很远。对于刑事风险，企业家经常会陷入以下几个误区。

1. “我的企业合法经营，刑事风险离我很远，我并不需要了解。”

很多企业家认为，自己合法经营，刑事风险与自己的企业没有任何关系，因此也不需要关心企业刑事风险的问题。

这个想法从逻辑上没有任何问题，但是实践中却存在很多问题。首先，如何确保自己的企业真的合法经营？所谓合法经营，即表示企业家知道法律的边界在哪，特别是刑事风险在哪，如此才能合法经营。但是，实际上并非如此。我国的刑事法网严密，特别是很多经济犯罪都属于法定犯，而非自然犯。也就是说，这些罪名都是法律将其规定为刑事犯罪才属于刑事犯罪，而非自古以来就认定为犯罪的行为（如杀人、放火、抢劫这些罪名属于法定犯，常人一听就知道是犯罪）。因此，如何判断企业的行为是否越界，这是很关键的。其次，企业面临的刑事风险不一定是自己犯罪所产生的，有时候自己确实想合法经营，但是交易对手或者合作伙伴犯罪了，将自己带入“坑”中，有时是企业的员工犯罪，产生了相应的刑事风险，那么就必须进行预防、控制。所以，企业家不能简单认为自己的企业合法经营，就不需要关注刑事风险的问题。

2. “这是公司管理层的决策，与我无关。”

我们在办理案件中经常会碰到企业员工、高管甚至股东提出，自己执行的是企业的决策，如果涉嫌犯罪应该是单位犯罪，自己没有责任。

例如，在我们办理的一起虚开发票罪的案件中，公司的股东之一就认为这是公司的决策，财务人员向他汇报需要一些发票冲账，他认为这个问题只要财务人员认为合适，风险不大即可，不认为这是刑事犯罪问题。我国的单位犯罪处罚的是单位的主管人员与直接责任人员，具体参与犯罪行为的人员即直接责任人员，单位的负责人即主管人员，二者在单位犯罪中都是不可能逃脱干系的。即使不构成单位犯罪，我国还有共同犯罪原理，即两人以上共同故意犯罪，同样可以进行追责。因此，认为自己听从上级、认真办事就不构成犯罪的想法是不正确的。

3. “这是行业习惯，大家做我也做。”

有些企业家认为，如同闯红灯一样，别人都闯，为什么只抓我。这种理由在刑法中无法成为抗辩理由，最多只能成为犯罪嫌疑人“鸣不公”的借口。

在我们办理的一起医药企业的行贿案件中，该企业的负责人到案后，认为向医生行贿是行业的“潜规则”，如果不这样做，医生就不会销售自己企业的药品，因此，其认为如果要抓他，其他药企也要一起抓。企业家的这种想法在很多犯罪中具有普遍性，但是却不能成为无罪的理由，甚至连罪轻的理由都不能成立。犯罪存在“黑数”，即不可能查清所有的犯罪行为，因此不能够以行业习惯为开脱。如果明知是犯罪行为，就应该坚决不去做。

4. “这是官方默许、怂恿的，我可以大胆去做。”

在一些犯罪中，确实可能存在当时企业的不法行为是当地政府某些工作人员或官员默许甚至怂恿的，但是后来却被“秋后算账”的情况。

在笔者办理的一起贪污案中，A 企业最早被招商引资进入当地建厂房，后来该地块要进行拆迁，当地政府因部分住户不肯配合拆迁，需要一些流动资金，故提出让A企业帮忙多报拆迁的面积，以此套出相应的资金作为政府的流动资金。A企业能得到的好处就是，自己也可以多报一些拆迁面积以弥补自己因拆迁费过低的损失。A企业配合当地政府这样做了，后续政府官员因其他事情案发，牵扯出本案，涉案官员被认定为贪污罪、滥用职权罪，该企业家也被认定为贪污罪的共犯。企业家认为自己非常冤枉，他完全是按照当地政府的意思去做的，何罪之有？实际上，从承办人员的角度而言，其之所以认定政府官员是滥用职权，理由就在于私自承诺给企业家多报拆迁厂房的面积，并以此认定企业家涉嫌共同贪污罪。所以，在刑事案件中，不存在政府承诺就一定无罪，企业家需要明确自己行为所产生的风险，如果确有犯罪风险，谁承诺都不要做。

5. “我并不知道这是犯罪。”

“不知法不免责”，这是刑法中的谚语，但是却不被大众所熟知。大部分企业家案发后，仍然会提出“我不知道这是犯罪”来进行抗辩，结果当然是无效的。

在我们办理的大量P2P非法集资案件中，有大部分的成员都是刚毕业的大学生，其当然不清楚什么是非法吸收公众存款罪，什么是集资诈骗罪。他们接收到的信息就是企业合法经营，甚至很多“爆雷”的公司规模都很大，总负责人的形象也很好，上过电视，接受过采访，完全看不出企业在进行犯罪。但是，这些员工都对外销售公司的P2P产品，在朋友圈或者其他场合公开进行宣传，向投资者承诺高额利息，也拿了相当可观的工资和佣金。这些因素相加，就足以认定为刑法中的非法吸收公众存款罪了。刑法中的明知犯罪，并不是要求行为人明知其实施的行为是犯罪行为，而是要求行为人明知其实施的行为，至于是不是犯罪，那是法律来评价的。因此，不知道这是犯罪行为，在大部分案件中确实不能负责。

企业家诸如此类的法律误区还有很多，在此不一一列举。刑事风险对于企业来说是无处不在的，企业家不一定要有刑事法律的知识，但是一定要有刑事风险的常识，哪些事情有风险应该立即停止，哪些事情存在疑问一定要多向律师咨询。企业应树立刑事合规高于业务的风险意识，毕竟刑事风险存在致命性，这也是企业刑事风险识别的意义所在。

二、企业刑事风险识别与评估的一般流程

企业刑事风险的识别与评估，是指律师根据企业客户的需求，对企业可能面临的刑事风险进行核查、分析、评估，进而提出相应的法律意见。如上所述，企业刑事风险识别与评估并不容易，既有法网密集、法规变更的客观因素，也有企业家忽视刑事风险的主观因素。律师帮助企业进行刑事风险的识别与评估，一般针对两种类型：一种是企业专项业务刑事风险识别与评估，另一种是企业整体运行中刑事风险识别与评估。

（一）企业专项业务刑事风险识别与评估

企业专项业务刑事风险识别与评估，是指企业准备启动某个新项目或者准备实施某项新决策，要求律师帮助其识别相应的刑事风险，并且做好相应的防控工作。对于该业务，一般情况下律师可以采取如下步骤。

1. 听取客户陈述，了解客户需求

在办理企业专项业务刑事风险识别与评估时，一般情况下需要先了解客户的需求。有的企业是为了完成某种新项目，或者调整某种经营决策，需要律师进行相应的刑事法律分析；有的企业是需要律师对其交易对手或者关联方进行尽职调查。律师应根据企业不同的需求，制订不同的方案。有些项目，实际上不符合相关的法律规定，律师应该明确提出刑事风险，建议企业停止相关项目。

例如，在P2P盛行的年代，曾经有家公司找到我们对其正在进行的项目做风险评估。这家公司以实业经营为主，但是公司总负责人看到有些P2P平台在进行融资，也想利用这样的平台为自己的企业融资。于是，这家公司新设立一家公司，并且设计了一款P2P产品，准备对外推广。总负责人希望我们刑事律师针对这个产品提出相应的法律意见，并且能够担任产品的合规顾

问，对产品的合规提出相应的建议。我们发现这个产品采用的是 P2P 的运作模式。根据相关法律的规定，P2P 产品只能做信息撮合业务，不能做融资业务，不能有资金池，不能自融，这些都是基本的底线。所以，这位总负责人希望通过这个 P2P 平台进行融资的目的从本质上就是不可行的，甚至是涉嫌犯罪的，因此，我们明确地提出这么做可能产生的刑事法律后果，自然也没办法做他所谓的合规顾问。这位总负责人采纳了我们的建议，通过其他渠道融资。后来，在 P2P“爆雷”的大浪潮中，这位总负责人庆幸地跟我们说，幸好当时接受了我们的专业建议，否则现在可能跟大部分 P2P 公司的总负责人一样锒铛入狱了。因此，了解企业的需求很重要，企业的每一次动作都有其目的，如果目的无法达到，那么就需要明确指出，避免走弯路。同时，刑法中存在以合法形式掩盖非法目的的情形，如果目的是非法的，即使在形式上合规，也具有刑事风险。

2. 查阅企业的相关资料，了解企业的经营模式

企业刑事风险的识别与评估与企业的行业类型、经营模式、专项业务等密切相关。律师不可能把《刑法》400 多个罪名从头到尾给企业的专项业务梳理一遍，看是否涉及相关刑事风险。一般情况下，律师应针对该专项业务最常见、最高发的刑事风险进行梳理，排查相应的风险点，最终向企业告知开展该业务时应注意的事项。

例如，如果某企业准备做 App 业务，可能涉及的最重要的刑事风险就是数据合规，那么该企业如何识别和防控数据方面的刑事风险呢？律师需要从企业的经营模式入手。企业在数据的来源、储存、处理、出境等环节都有可能涉及刑事风险，重点需搞清以下问题：（1）是否通过非法渠道向他人购买信息；（2）是否有不正当使用网络“爬虫”的行为；（3）是否在提供服务过程中违规储存、收集个人信息；（4）是否在提供服务过程中加入自动收集、发送用户信息的软件开发工具；（5）是否使用第三方机构提供的数据技术；（6）是否采用非技术手段等外力干扰数据采集；（7）作为网络服务提供者是否未履行网络安全管理义务。诸如此类问题涉及的经营风险都需要律师在了解企业的经营模式后进行判断。

3. 整理法律法规、收集典型案例

律师帮助企业进行刑事风险识别与评估，需要收集相应的法律法规，不仅需要刑事法律，还需要行政法律，对于罪名的演变及司法解释需要做细致研究。如上文所述，对刑事法律条文实际上经常会有不同理解，但是对于企业合规而言，则不能出差错。

例如，虚开增值税专用发票中，对于环开、对开的行为，在没有给国家税收造成损失时是否构成虚开增值税专用发票罪？很多企业为了虚增经营业绩，或者为了上市需要、融资授信、地方财政返还等，经常会采用这种方式，即A公司开票给B公司，B公司开票给C公司，C公司开票给A公司，或者A公司与B公司之间互相开票。双方之间实际上并没有真实业务往来，资金流水走了一圈，发票也走了一圈，而且每一个开票主体都会申报缴纳增值税，并没有给国家造成税收损失，这种方式是否构成犯罪？

对于这种行为，实践中存在争议。理论上认为虚开增值税专用发票罪主观上需要有骗取抵扣税款的故意，客观上造成国家税款的损失，否则不宜构成此罪。2020年7月22日，最高人民检察院印发的《关于充分发挥检察职能服务保障“六稳”“六保”的意见》提到：“依法慎重处理企业涉税案件。注意把握一般涉税违法行为与以骗取国家税款为目的的涉税犯罪的界限，对于有实际生产经营活动的企业为虚增业绩、融资、贷款等非骗税目的且没有造成税款损失的虚开增值税专用发票行为，不以虚开增值税专用发票罪定性处理，依法作出不起诉决定的，移送税务机关给予行政处罚。”因此，我们认为这种行为并不构成犯罪。但是否就没有其他风险呢？

《发票管理办法》第22条规定，开具发票应当按照规定的时限、顺序、栏目，全部联次一次性如实开具，并加盖发票专用章。任何单位和个人不得有下列虚开发票行为：（1）为他人、为自己开具与实际经营业务情况不符的发票；（2）让他人为自己开具与实际经营业务情况不符的发票；（3）介绍他人开具与实际经营业务情况不符的发票。从上述规定可以看出，对开和环开，已经触犯行政法规。《发票管理办法》第37条第1款规定：“违反本办法第二十二条第二款的规定虚开发票的，由税务机关没收违法所得；虚开金额在

1 万元以下的，可以并处 5 万元以下的罚款；虚开金额超过 1 万元的，并处 5 万元以上 50 万元以下的罚款；构成犯罪的，依法追究刑事责任。”因此，虚开增值税专用发票具有受到行政处罚的风险。而被税务机关行政处罚后，不仅要支付行政罚款，还将面临纳税信用评价降低的风险，后者将给企业在贷款融资等方面带来各种限制。

因此，在给企业的专项业务进行分析时，除了告知其刑事法律风险外，对于潜在的行政风险及后续商业风险也应一并告知。

4. 评估专项业务的刑事风险，出具法律意见书

在对企业的专项业务进行识别与评估后，律师最终需要给企业出具一份法律意见书，针对该专项业务是否具有刑事风险出具专业意见。一般而言，这份法律意见书应该严谨、完整、规范。有的律师给企业出具的法律意见书，对于企业的刑事风险并未指明，只是提出一些形式方面的修改建议。有家企业在其业务中会涉及大量的公民个人信息，在《刑法修正案（七）》颁布后，曾向律师咨询该业务是否具有相应的刑事风险。该律师给出的建议是修改合同的名字以及合同内的敏感的字眼，并未提出业务继续做下去的刑事风险。导致企业后来因涉嫌犯罪被查处，据了解，企业负责人在庭审中仍提出是按照律师的要求进行业务整改的，引起现场唏嘘。

还有一种情况，律师出具的法律意见书只是简单地否定企业业务，但是没有相应的建议或者解决思路。企业准备进行的专项业务一定是经过考虑的，即使具有刑事风险，那么是否具有可以规避风险的地方，或者可以替代的方案，律师应结合经验给出相应的建议。即使该业务确实不能做，那么律师也应了解企业为什么做该业务，提出其他的解决方案。

我们以一份法律意见书模板为例，希望能给各位读者提供参考。

某集团专项法律服务

法律意见书

致某集团：

根据某律师事务所与某集团订立的《专项法律服务合同》，本所接受贵集团的委托，指派某律师对贵公司××事项进行调查，并出具本法律意见书。

本所是在中国注册、获得执业许可的律师事务所，有资格根据调查结果出具本法律意见书。

本所律师基于对有关事实的了解和对中国现行的法律、法规的理解以及有关政府部门的政策发表有关意见。

本法律意见书仅为某集团专项法律服务项目而出具，未经本所书面同意，本法律意见书不得为其他人的利益或其他目的而使用，法律法规另有规定的除外。

本所仅就某集团所涉的有关法律事实发表意见，而不对有关会计、审计及资产评估等专业事项发表意见。在本法律意见书中，对有关会计报告、审计报告和资产评估报告书中某些数据和结论的引述，并不意味着本所对这些数据、结论的真实性和准确性作出任何明示或默示保证。本所并不具备核查和评价该等数据等专业事项的适当资格，对此，本所依赖具备资质的专业机构的意见对于该等专业问题作出判断。

为出具本法律意见书，本所律师进行了必要的调查工作，包括但不限于与贵公司首席执行官，财务部、行政部员工等人进行谈话。

在出具本法律意见书时，本所假设：

所有某集团提交给本所律师的文件均是真实的，所有提交文件的复印件与其原件均是一致的；

所有某集团提交给本所律师的文件均由相关当事方合法授权、签署和递交；

所有某集团提交给本所律师的文件上的签字、印章均是真实的；

所有某集团对本所律师作出的有关事实的阐述、声明、保证（无论是书面作出的还是口头作出的）均为真实、准确和可靠的；

所有某集团提交给本所律师的文件当中若明确表示其受中国法律以外其他法律管辖的，则其在该管辖法律下有效并被约束。

在此基础上，以截至本法律意见书出具之日所适用的中国法律及收集到的文件资料为依据，本所出具本法律意见书。

某律师事务所

××××年×月××日

第一章　　基本事实

××××年×月××日，贵集团首席×××，集团首席资深行政助理×××至我所，就贵司×××一事进行法律咨询。当日下午贵司员工×××、财务人员×××至律所与我就相关案件进行讨论。后于几日内，×××向我提供了涉案相关材料。通过×××提供的邮件等材料，以及与贵司员工×××、财务人员等的谈话，本所律师发现以下基本事实。

一、关于贵司违规购买外汇的情况

……

经查明，贵司采取不正当手段购买外汇主要包括以下三种情形。

（一）通过“黄牛”违规换购人民币

根据贵司提供的资料，从××××年到××××年，贵司违规向“黄牛”换购人民币……

（二）通过“黄牛”违规换购美元

根据贵司提供的资料……

（三）通过朋友违规交换外汇

根据贵司提供的资料……

综上，贵司一共通过“黄牛”违规换购人民币×××元、违规换购美金×××美元，通过×××朋友违规换购人民币×××元。贵司陈述购买外汇系因为公司运营需要，从未存在倒买倒卖非法获利行为；贵司陈述购买外汇资金来源均为公司合法经营所得，不存在为他人或自己违法犯罪转移资金。

……

第二章　相关法律问题及法律分析

问题一：贵司违规换购外汇是否涉嫌刑事犯罪？

问题二：贵司违规换购外汇是否涉嫌行政违法？

一、贵司违规换购外汇是否涉嫌刑事犯罪

违规换购外汇在中国可能会涉嫌非法经营罪或洗钱罪。

从目前调查所获得的证据来看，我们认为贵司违规换购外汇并不涉及该两个罪名。

（一）贵司违规换购外汇是否会涉嫌非法经营罪

……

（二）贵司违规换购外汇是否会涉嫌洗钱罪

……

二、贵司违规换购外汇是否涉嫌行政违法

……

第三章　对策建议

为了进一步解决该事件，同时为贵司后续合规经营着想，提出以下三项建议。

一、积极与承办公安机关进行交涉，提供证据，配合作证，尽快请求解封涉案账户

……

二、积极与外汇机关进行交涉，降低处罚金额

……

三、重视合规，适时进行风险评估，引入外部独立第三方案例警示教育

……

某律师事务所

某律师

××××年×月××日

（二）企业整体运行刑事风险识别与评估

企业整体运行刑事风险识别与评估，是指对企业自身的经营发展、运行机制是否具有刑事风险进行全面的排查，并且制定相应的识别机制与防控机制，以便当刑事风险出现后能够及时进行处理、化解，简言之可以称为企业的“刑事体检”。

企业对刑事风险的识别是基础，风险识别后的预防与控制才是关键。因此，企业需要进行“体检”了解自身业务的相关刑事风险，并且制定相应的制度，让员工能够了解企业的刑事风险在哪里，继而进行相应的规避、防范。律师为企业进行“刑事体检”大体可以分为事前审查、事中分析、事后化解

三个阶段。

1. 事前审查

在事前审查阶段，律师通过文件审阅、实地调查等方式了解企业的相关情况，识别、评估企业是否具有刑事风险。

（1）组成综合团队，了解企业的基本情况。

律师在帮助企业识别其整体经营中是否存在刑事风险时，首先应了解企业的基本情况，包括企业的股权结构、组织结构、业务情况、财务状况、合作伙伴、规章制度等。律师一般应组成综合团队进行调查，团队中以刑事律师为主导，需要擅长公司法的律师以及该企业所在领域的行业律师一起配合。擅长公司法的律师对企业的股权架构、治理模式等更为熟悉，能够提出相应的意见。而行业律师则对于企业所属行业的规则和风险更为了解。团队模式使律师开展调查时更容易了解企业的实际情况。

（2）开展调查，了解企业存在的潜在风险。

律师进行企业的刑事风险识别与评估，需要进行相应的调查。调查方法可以包括：

第一，访谈法。律师通过对企业员工进行访谈的方法，了解企业运行中可能存在的刑事风险。

第二，问卷调查法。律师通过设计相应的问卷，向企业的不同部门的人员收集问题。问卷调查法的标准化程度高、效率高，而且因为是匿名进行，反映的情况真实性也较高。

第三，案例分析法。律师通过对企业以往的违规违法案例以及同行业其他企业的违规违法案例进行整理，梳理相应的刑事风险，加以研究、分析、总结，以此来提炼企业的刑事风险点。

第四，调查回访法。律师对于企业的外部商业合作伙伴可以开展全面的尽职调查，对商业伙伴的行业特点、资金情况、违法违规情况进行充分的了解，综合判断企业与该商业伙伴合作的刑事风险。同时，通过回访调查，获得商业伙伴在一些业务上的反馈，也可以让企业识别员工是否存在串通投标、商业贿赂等刑事问题。

律师可以根据需要采用相应的方法，可以选择一种也可以全部选择，从多个角度识别评估企业经营中的刑事风险。

（3）确定企业业务的工作职责，形成“权责清单”。

律师在事前审查时，需要重点对企业内部的工作岗位与职责进行梳理。一般情况下，应根据企业业务流程制度规定和部门业务分工、岗位职责，识别对应的权力，形成“权责清单”。“权责清单”可以以关键业务流程为单位，也可以以岗位为单位。以关键业务流程为单位，需要依据业务流程制度规定的工作步骤、责任部门、责任岗位和工作任务，形成每个关键业务流程的“权责清单”。以岗位为单位则依据岗位职责说明书规定的工作任务形成每个岗位的“权责清单”。“权责清单”的确定会使员工在企业出现刑事风险后清楚地知道什么事情找谁，谁来负责，也有利于企业在追责的时候落到实处。

（4）制作企业“刑事风险地图”，方便员工了解刑事风险点。

律师应该帮助企业梳理相应的风险点，结合企业以往违规问题、同类企业常见的犯罪问题，制作相应的“刑事风险地图”。同时，根据“权责清单”，不同业务流程的员工、不同岗位的员工要有不同的内容，方便员工认识企业刑事风险。“刑事风险地图”将提高刑事风险透明度，有利于员工识别相应风险，有利于加强企业的管理。

制作“刑事风险地图”，可以以小组讨论、头脑风暴、案例启发、业务座谈等形式发挥所有员工的主观能动性，查找对应的可能触发的刑事风险类型。当然，对于一线员工、管理岗位员工、高层管理人员等应区别对待，制作不同的“刑事风险地图”。

2. 事中分析

（1）对刑事风险进行分析。

当识别出企业刑事风险后，则需要进行分析判断，及时处理。例如，刑事风险的来源是内部还是外部？企业是刑事风险的发起者还是受害者？企业应该采取哪些措施避免刑事风险演变成刑事案件？律师在帮助企业判断如何处理刑事风险时，要进行全方位的考虑。

有些刑事风险的出现是因为员工犯罪，或者其他人犯罪。对此，是采取先刑后民还是先民后刑的措施，应该进行区分。在我们处理的一起期货公司被骗案件中，该期货公司 A 与 B 公司签订了合同，约定交割某大宗货物，但是在交割日 B 公司无法提供货物给 A 公司。A 公司便申请财产保全，后被法院告知 B 公司已经被当地公安机关立案，涉嫌合同诈骗罪，因为同一批货物被卖给不同的公司。A 公司便请我们介入处理。面对该刑事风险，我们建议 A 公司放弃民事诉讼，迅速向公安机关递交相应的手续和材料，包括法律意见和证据材料。因为仓库中该批货物明确标明是卖给 A 公司的，所以 A 公司是该货物的拥有者，而其他公司才是被害方。也就是说，在一货多卖中，其他公司是 B 公司后来欺骗的公司，而 A 公司与其他公司不一样，以此我们要求公安机关应该查明事实，并且尽快解除对货物的查封扣押。

（2）评估已识别的刑事风险，确定风险等级。

根据发生可能性和潜在的后果评估企业刑事风险，确定刑事风险等级，从而形成风险排序。一般按照直接影响、间接影响和较低影响三个程度进行评估，即按照高、中、低三个风险等级进行评估。

对于高等级的刑事风险，律师应该建议企业立即解决，因为刑事风险有可能转变为刑事犯罪。对于中等级、低等级的刑事风险，如果通过后续的制度能够予以修正，则建立相应制度予以完善。

3. 事后化解

（1）改变企业经营结构。

识别与评估企业刑事风险后，如果发现企业的某种业务存在严重的刑事风险，甚至已经涉及犯罪，那么需要第一时间要求企业改变经营结构，甚至剥离该业务。我们曾经帮助一家企业做相应的“刑事合规体检”，发现其存在数据“后门”，有截留用户信息的可能性，因此，我们提出相关的业务必须停止，否则会涉嫌侵犯公民个人信息罪。

（2）建立企业的合规制度。

律师应帮助企业建立刑事风险识别与评估制度。刑事风险识别与评估制度一般应包括保障机制、分级机制、日常监测机制、举报机制、报告机制、持续改进机制、事前审查机制等内容。

保障机制，是指相关识别与防控刑事风险制度的实施需要有相应的保障内容，包括领导支持、人力资源、项目预算、必备物项工具，开展培训与交流等。制度要实施，离不开相应的人、财、物。

分级机制，是指根据企业风险发生的概率和影响的程度，对刑事合规风险进行评估和分级的机构、方法和流程。企业不同，其面临的刑事法律风险也不同，有相应的轻重缓急，确定不同的风险等级，以此确认不同等级的预案措施。一般按照直接影响、间接影响和不影响三个程度进行评估，即按照高、中、低及其对应的直接影响、间接影响、不影响确定合规风险等级，并确定企业愿意接受合规风险等级和待处理的合规风险。

日常监测机制，是指企业对日常的业务流程进行监测，排除刑事合规风险的机构、方法、措施、频率、信息来源、结果运用、操作流程等，以及明确监控重点人员、重点岗位及重点环节。

举报机制，是指对企业员工违规行为进行举报的机制，包括受理举报的机构、举报渠道、举报信息保密制度、举报人保护制度、举报处置流程以及合规疑虑与咨询等。

报告机制，是指针对企业存在的刑事风险进行报告的机制，包括报告的对象、内容、形式、周期、流程等制度以及有关合规报告真实性、客观性和全面性的要求。

持续改进机制，是指企业的刑事风险识别机制根据法律的修改、企业的需求不断进行改进。

事前审查机制，重点是落实“一把手”对企业刑事风险的重视，要提升企业家合规经营意识与诚信合规的价值观，要对企业家“一把手”进行合规培训，组织合规专家走进企业，与企业家就合规问题进行交流，提升其合规经营意识。

刑事风险识别机制隶属于刑事合规管理体系之一，后续在关于刑事合规管理制度的搭建章节中我们会再详细进行论述。

（3）紧急事件及时介入。

当刑事风险变为刑事案件时，律师需要及时介入，化解相应刑事风险。

当企业人员被刑事拘留，律师应该第一时间介入会见，了解案情。符合条件的，应及时申请取保候审，递交证据。在案件报送检察院批捕时，应该及时与承办检察官沟通案件，争取不捕。同时，对于符合条件的案件，应该申请涉案企业合规整改，争取不诉。

有些刑事案件会带来相应的舆情危机。律师应该帮助企业妥善处理舆情危机，如出具相关的声明函、律师函、公告。出具类似文件需要客观真实，注意措辞。同时，根据不同的文件类型，行文风格应该有所区别。例如，律师声明一般是公开的，目的是澄清事实、消除不良影响，也对潜在的侵权人或者正在侵权的人提出警告，起到警示作用。正因为是公开的声明，所以律师的措辞要严谨、合法，对于真实性要予以确认，即使无法明确，在相关的声明中一般也应表述为“依据某某提供的证据材料及反映情况……”以免发表不实声明造成不良影响。

有些刑事案件，单位需要与涉案人员隔开，避免“引火上身”，律师则需要配合单位收集材料，向承办机关递交相应的证据。例如，在“刑事合规第一案”雀巢案件中，雀巢公司就是递交了《雀巢公司的政策与指示》《雀巢宪章》《关于与卫生保健系统关系的图文指引》等材料，证明雀巢公司不允许员工以推销婴儿配方奶粉为目的，直接或间接地与孕妇、哺乳妈妈或者公众进行接触，不允许员工未经正当程序或未经公司批准主动收集公民个人信息，以此证明员工非法获取公民个人信息的行为与单位无关，单位不应该构成犯罪，最终被法院采纳。①

三、典型案例

我们团队帮某银行做过相应的刑事风险识别评估业务，通过梳理银行业的刑事风险，向银行出具相应刑事风险评估报告，建立员工刑事风险识别手册，帮助银行完善相应的规章制度。具体我们从以下几个步骤入手。

① 参见兰州市城关区人民法院刑事判决书，（2016）甘0102刑初605号。

（一）银行刑事风险的识别

我们梳理了涉银行类的法律法规，搜索了涉银行刑事犯罪的案例，通过整理发现涉银行犯罪的高发罪名依次是：

1. 违法发放贷款罪；

2. 挪用公款/资金罪；

3. 受贿罪/非国家工作人员受贿罪；

4. 贪污罪/职务侵占罪；

5. 非法吸收公众存款罪；

6. 违规出具金融票证罪；

7. 骗取贷款罪；

8. 集资诈骗罪；

9. 吸收客户资金不入账罪；

10. 伪造、变造金融票证罪；

11. 合同诈骗罪；

12. 伪造公司印章罪；

13. 洗钱罪。

据此，我们将相关的罪名和司法解释整理成册，并且收集相关罪名的典型案例，以此作为识别银行刑事风险的“红宝书”，也作为我们办理银行涉刑事风险事件的工具书。

（二）银行刑事犯罪的典型特征

我们通过走访调查、访谈记录、研究相关的案例等，梳理出银行犯罪的特征和常见原因。

1. 主体特征

（1）基层犯罪频率高。我们发现大部分案件都是支行行长、基层机构负责人犯罪，这些人都是银行基层的管理人员，因为手中具有一定贷款权力，又接触到一定级别的企业负责人，所以容易出现相关的犯罪。

（2）银行内外人员勾结情况普遍。在不少案件中，存在内外勾结的情况，如违法发放贷款罪中，往往就是银行内部人员与贷款方相互配合，提供虚假材料获取贷款。我们办理的电子票据诈骗第一案，就是银行内部人员与外部人员勾结，攻陷银行的电子票据系统。

（3）主观故意的情形相对复杂。涉嫌犯罪的银行从业人员一般会有两种典型的辩解：第一种是，自己的行为目的是正当的，如为消化不良贷款，才为客户编造虚假贷款资料，出发点都是为了银行；第二种是，盲目听从领导，认为是领导要求自己这样做的。这两种主观心态在刑事案件中当然都不能作为抗辩理由，但是却是大部分银行从业人员犯罪的主观心态。

2. 行为特征

经过收集整理，我们发现以下七类行为在银行涉刑案件中较为常见，因此我们也将它们编辑进相关的员工防范风险手册。

（1）利用业务知识，协助伪造、编造借款人授信材料；

（2）利用银行工作人员身份，虚构高额利息回报等信息，非法募集资金；

（3）利用职务便利，在贷款审批、发放过程中为他人谋取利益，收受他人贿赂；

（4）利用掌握的银行内部资料查询账户和密码，非法获取公民个人信息，出售给他人；

（5）冒用他人名义贷款，挪用贷出资金；

（6）收取贷款本息，吸收或代收客户存款或理财资金不入账或不及时入账，挪用该类款项归个人使用；

（7）违反业务规定，未核实抵押物真实性，未落实双人实地核保等重要要求。

3. 类型特征

大部分涉银行刑事案件都有刑民交叉的因素。刑民交叉之后，银行处理相应的刑事案件就会有多种考虑。例如，银行员工涉案后，单位是否需要承担民事责任？银行员工涉案，相关责任方是否能够免责？我们处理一些案件时就会出现银行希望从刑事角度处理，但是被害人希望从民事角度处理的情形。例如，银行在处理不良资产时，可能会追究担保人的民事责任，那么这个时候有可能会出现担保人突然报案的情形。原因在于，担保人提出银行相关人员涉嫌违法发放贷款罪，如果银行人员涉嫌犯罪，导致的结果可能是担保无效，那么担保人则可能免责，无须承担民事担保责任。类似的冲突还很多，因此，处理相应案件，刑民交叉的问题需要谨慎对待。

4. 案发原因

我们经过调查发现，涉银行业刑事犯罪的原因具有多样性，主要有以下几种：

（1）客户群体性事件引发；

（2）不良贷款处置问责引发；

（3）担保人或借款人报案；

（4）企业债务危机牵连引发；

（5）审计、巡视、各类检查发现线索；

（6）其他案件传导。

案发原因复杂给刑事风险的识别带来难度。同时，银行的创新产品因为其复杂性也带来风险识别的不确定性。

（三）重点罪名的分析——违法发放贷款罪

1. 罪名解析

《刑法》第186条第1款、第2款规定："银行或者其他金融机构的工作人员违反国家规定发放贷款，数额巨大或者造成重大损失的，处五年以下有期徒刑或者拘役，并处一万元以上十万元以下罚金；数额特别巨大或者造成特别重大损失的，处五年以上有期徒刑，并处二万元以上二十万元以下罚金。银行或者其他金融机构的工作人员违反国家规定，向关系人发放贷款的，依照前款的规定从重处罚。"

根据最高人民检察院、公安部于2022年4月发布的《关于公安机关管辖的刑事案件立案追诉标准的规定（二）》，违法发放贷款罪的立案追诉标准是：（1）违法发放贷款，数额在200万元以上的；（2）违法发放贷款，造成直接经济损失数额在50万元以上的。比之前的追诉标准提高了（原来是违法发放贷款，数额100万元以上；造成直接经济损失数额在20万元以上）。

2. 罪行特征

（1）违反《商业银行法》等规定发放授信；

（2）存在于贷前调查、贷中审批、贷后管理及不良贷款重组等各个环节；

（3）主观心态是过失，对于造成银行损失是过失，但是对于违反相关银行法律法规是明知；

（4）以违规掩盖不良贷款最为明显，以此不断用违规的贷款掩盖不良贷款，最终造成不可挽回的损失。

3. 具体行为

结合具体的案例，可以总结出银行从业人员违法发放贷款罪的主要表现形式如下：

（1）未依法对借款人身份条件进行严格审查，在明知借款人和实际用款人不一致的情况下发放冒名贷款。

（2）明知用款人提供虚假贷款资料，未按规定对借款人借款用途、还款能力等情况进行严格审查，违法发放贷款。

（3）在信贷受理、发放业务过程中未认真履行工作职责，在担保人未到场的情况下办理贷款手续，未对担保人身份进行调查核实，违规发放贷款。

（4）未严格审查抵押房产、土地、车辆权属，重复担保情况等资料，在未对担保人的担保能力、资信情况开展实质调查的情况下发放贷款。

（5）未对借款人资产情况、运营情况、财务资料、股东变更情况进行严格核查，杜撰与事实明显不符的授信报告而发放贷款。

（6）受单位领导安排或要求，不做贷前调查，违规审批发放，贷后对其贷款用途也不做检查，致使贷款逾期未收回。

（7）在发放贷款之前没有对借款人贷款信息进行实地核查、贷前调查、贷中审查和评估，没有认真履行自己的工作职责，未与借款人订立书面合同，导致贷款逾期无法收回。

（8）在办理项目按揭贷款过程中，违反《商业银行法》的相关规定，未审查贷款申请资料中收入证明真实性，违规出具贷款人信用报告，发放银行贷款，致使贷款逾期未收回。

（9）违反国家及该行流动资金贷款实施办法的相关规定，指导借款人虚构交易关系，伪造贷款合同，虚构贷款用途，违规发放贷款。

（10）为完成上级下达的收贷收息任务，通过以新贷还旧贷、以贷收息的方式为逾期还不上贷款本息的客户办理贷款，由贷款人本人在贷款凭证上签字、捺手印，所贷款项不发放给贷款人本人，最终形成贷款无法收回。

（11）在保理贷款业务中未严格调查核实卖方的生产经营情况、行业经营、过往贸易记录、买卖双方之间的真实贸易往来情况及相关资料真实性；应收账款数额未达到保理贷款要求，伪造应收账款转让询证函，虚构应收账款数额，违规发放贷款。

（12）不认真审查借款人资格、贷款用途、还款能力，未入户调查，代替第二调查人签字，向虚假联保、编造贷款理由、改变贷款用途的借款户发放贷款，致使贷款逾期不能归还。

（13）对交易关系及背景不核实，利用职务便利，擅自更改银行信贷系统内借款人承兑汇票的保证金数额，虚增借款人授信额度，导致银行以承兑方式发放的贷款无法收回。

整理出违法发放贷款的主要犯罪行为，实际上就是为员工建立相应的“刑事风险地图”。

4. 风险防范

（1）不断提高素质。

银行需要不断加强客户经理、信贷人员对于业务知识、法律知识的学习。要求员工严格按照相关规定办理业务，尤其是拒绝上级领导要求放宽条件和放松审查要求的口头授意。银行需要严格履行培训义务，合规部门要及时收集相关案例，通过剖析向客户经理、信贷人员等传达违法发放贷款的刑事风险。

（2）严守合规底线。

认真做好尽职调查，无论是自然人还是公司企业的金融借款、信用卡业务等，不管是否有抵押，只要规定需要出示相关资产状况证明，均要进行实质性审查，包括真实性、合法性以及保障贷款偿债能力方面的审查。

银行办理借贷业务的程序包括申请、贷款调查、贷款审批、签订贷款合同、发放贷款、贷后检查、贷款归还。银行在办理贷款业务时最重要的是在贷款调查、贷款审批、签订贷款合同、贷后检查四个环节上依法办事，严格把关，以保证贷款的合法性及安全性，因此这些环节上应严格依法办事。

对客户经理手里有带空白章的文书的，或者发放贷款时没有给企业原合同，帮助客户伪造一些重要证明材料，明知材料是伪造的仍给予贷款，合同中的要素是错误的、不全的等行为，要督促客户经理加以改正。

（3）落实制度更新。

银行针对违法发放贷款行为，需要制定相应的规章制度，让员工有章可循，知道如何请示汇报。同时，银行应该确定层级以及相应的责任，以便倒查相应责任。相关的制度应该及时更新，向全体员工及时公布。

（四）关注及控制要点

帮助银行搭建刑事风险识别系统，制作相应的员工风险识别手册，在处理相应的刑事风险事件时，应该注意以下三方面的内容。

1. 防范个人犯罪向单位犯罪转化

银行是大型金融机构，如果是业务经理或者信贷员等单位员工犯罪，处理的是个人，但是，如果是单位犯罪，势必造成社会恐慌，甚至挤兑的风险。对于银行而言，稳定往往是第一要务。因此，在出现刑事风险时，应该分析个人与单位的责任，做好应急预案，防范个人犯罪变为单位犯罪。同时，个人犯罪时常见的抗辩的理由就是其是为了单位的利益，是单位的行为，以此来减轻个人的责任。因此，单位需要完善相关的公司规章制度、员工手册，对于员工可能涉及的犯罪风险行为要加以规制，严厉杜绝。雀巢案件给单位的启发就是，如果单位做好相应的制度建设，员工要将个人犯罪行为引向单位犯罪是不切实际的。

2. 注意民事案件延伸引发刑事案件的可能性

银行经常会涉及民事案件，如起诉贷款违约者、连带起诉担保人，这些民事案件有可能延伸出相应的刑事风险。如上所述，有些担保人为了逃避相应的担保义务，知道当时银行工作人员放贷存在违反法律的规定，因此采取报案方式使民事案件变为刑事案件。银行在处理相关民事诉讼案件时，应该做好相应的排查，防止民事案件转化为刑事案件。如果确实在风险排查时能够证明员工涉嫌犯罪的情况，应主动报案或者以谈判协商为主，避免陷入被动。

3. 关注员工行为由违规向犯罪转变

银行应关注员工平时的违规行为，对于违规行为就应该严格制止，防止转向犯罪行为。因为涉银行犯罪中，大部分案件都属于行政犯，即违反相应的行政法规，达到一定程度才会上升为刑事犯罪。相应的罪名都有对应的行政违法行为，如违法发放贷款罪，其违反的就是《商业银行法》中关于发放贷款的相关规定。因此，银行处理相关的违规行为要及时，查处要果断。

第五章

企业刑事危机应对

本章内容 企业刑事危机，是指企业在生产经营过程中，遭受可能面临刑事调查的危机事件。本章内容主要介绍企业刑事危机的概念、刑事危机产生的主要原因、刑事危机产生后直接面临的结果，律师帮助企业应对刑事危机的一般流程，并且通过三个案例具体阐述律师帮助企业应对刑事危机的主要方法。

- 企业刑事危机应对
  - 企业刑事危机概况
    - 企业刑事危机的概念
    - 企业刑事危机产生的原因
    - 企业刑事危机产生的结果
  - 应对刑事危机的一般流程
    - 识别企业刑事危机的原因
    - 正确应对舆论危机
    - 协助企业应对刑事调查
    - 迅速介入，开展刑事辩护
    - 帮助企业设立刑事危机的预警机制
  - 典型案例分析
    - 代理商引发的刑事危机
    - 非法换汇引发的刑事危机
    - P公司破产和解引发的刑事危机

一、企业刑事危机概况

（一）企业刑事危机的概念

企业刑事危机，是指企业或者企业员工因某些因素可能或者正在接受刑事调查，并且可能变成刑事案件的危机。刑事危机并不一定导致企业构成刑事犯罪，但企业一旦发生刑事危机，往往非常紧迫，如果处理不好，就有可能变成刑事案件，因此需要律师迅速介入予以帮助。

（二）企业刑事危机产生的原因

企业刑事危机产生的原因很多，笔者总结了以下六种类型。

1. 舆论引发的刑事危机

互联网时代舆论对企业行为的监督越来越方便。新闻、自媒体或者其他舆论报道往往容易引发企业的刑事危机。

例如，每年“3·15”晚会都会让很多企业“备受关注”，产生刑事危机，甚至被立案侦查。例如，2021年的“3·15”晚会曝光广东开盛钢铁实业有限公司（查实为“广东中泰钢铁实业有限公司”）利用废旧钢筋生产“瘦身”钢筋。随后广东省揭阳市成立专案组对此事展开刑事调查，共抓获各类涉案人员114人，其中刑事拘留34人（逮捕11人），冻结涉案资金2924万元。2022年的“3·15”晚会曝光了哈尔滨市两家公司的直播打赏骗局。随后公安机关对哈尔滨聚享互娱文化传媒公司相关负责人、主播和运营人员以诈骗罪采取刑事强制措施。“3·15”晚会往往也成为查处某行业的风向标，被“3·15”曝光了违法违规行为的行业，要特别注意其经营中的刑事法律风险问题。[①]

---

① 参见《315“瘦身钢筋”后续：15人被控制，3个月前刚获合格证书》，载腾讯网，https://new.qq.com/omn/20210318/20210318A09EDA00.html。

2. 法律变更导致的刑事危机

法律的变更也可能导致企业陷入刑事危机。法律的变更，特别是刑事法律的调整，往往是为了打击某类严重危害社会的行为，增加了新的罪名，使某些行为变为犯罪行为，而企业如果不注意，可能引发刑事危机。

例如，《数据安全法》实施之后，就出现了首例涉案数据被鉴定为情报案件，也是我国首例涉及高铁运行安全的危害国家安全类案件。2020 年年底，上海某信息科技公司（以下简称上海公司）通过微信群与一家境外公司接洽，该境外公司自称其客户从事铁路运输的技术支撑服务，为进入中国市场需要对中国的铁路网络进行调研，但是受新冠肺炎疫情的影响，准备委托境内公司采集中国铁路信号数据，包括物联网、蜂窝和 GSM－R 也就是轨道使用的频谱等数据。上海公司销售总监王某向公司法务人员咨询了该项目的法律风险。法务人员明确提出数据的流出是不可控的，也无法查明数据的最终用途，非常有可能危害到国家安全，建议公司谨慎考虑。因项目利润较为丰厚，上海公司明知存在法律风险仍然接下了该项目。经有关部门勘验，涉案公司采集的相关数据被鉴定为情报，该公司的行为违反了《数据安全法》等法律法规。2021 年 12 月 31 日，上海公司法定代表人、销售总监等人被上海市国家安全局以涉嫌为境外刺探、非法提供情报罪进行逮捕。①

3. 政府对特定行业的预警或专项治理行动

为了维护社会的稳定，打击相应的犯罪，公安部门每年都会开展专项治理行动。同时，企业所在行业如果面临突发的监管，也会有相应的刑事危机。

例如，2017 年 9 月 18 日，中国互联网金融协会的登记披露平台显示，62 家 P2P 网贷平台 2016 年总共赚得 5.85 亿元，而其余的大部分都处于亏损状态。投资者仔细想一想，亏损的企业会一直亏损吗？“跑路”或者倒闭的概率有多大？投资风险有多大？这就是对 P2P 行业的投资预警。当这种针对特定行业的预警出现的时候，也预示该行业的危机可能出现了。因此，公安机关后续开展对 P2P 行业的全面整治，也引发了无数平台“爆雷”，导致许

---

① 参见《上海一公司向境外出售高铁数据：一个月采集信号数据达 500 个 G》，载腾讯网，https://new.qq.com/omn/20220417/20220417A02ETO00.html。

多经营者锒铛入狱。又如，疫情期间对于违反防疫政策的企业，如哄抬物价的企业的专项打击。2022 年 4 月 15 日，上海市公安局发布严厉打击疫情期间哄抬价格违法犯罪行为的通告。这份通告称，本轮疫情以来，上海公安机关紧密会同市场监管部门，广泛收集线索、强化行刑衔接，针对利用疫情捏造、散布涨价信息，恶意囤积，哄抬价格等违法犯罪行为开展联合打击整治。在专项行动中，如果企业没有领会相关精神，继续顶风作案，往往就会引来刑事危机。

4. 民事诉讼引发的刑事危机

企业进行民事诉讼，如果处理不当，也会引发相应的刑事危机。民事诉讼中，企业如果使用虚假证据，进行虚假诉讼，则可能会产生相应刑事危机。例如，企业在债权债务纠纷中，在证据方面把握不严，使用了虚假证据，结果被被告方发现，向法院提出本案涉及虚假诉讼，要求法院移送公安机关处理，继而产生刑事危机。

5. 行政调查引发的刑事危机

行政违法与刑事犯罪的行为往往是重合的，只不过是量上的不同。因此，企业在面临行政机关对违法行为的调查时，如果没有妥善处理，有可能也会引发相关的刑事危机。行政机关询问一般是调查行动的开始，如果企业涉案，行政机关会将涉案线索移送相关的调查机关，最终导致调查的启动。而在上述调查方式中，行政机关最常用的为询问。行政机关的询问，一般是指调查机关通过面谈、电话、信函等手段，收集所需要的信息资料。询问调查是执法人员通过提问来调查案件事实的取证方式，是行政机关常用的调查手段，询问内容将直接影响案件调查的进展。因此，涉案企业应高度重视调查机关的询问，及时做好应对方案，避免错过应对的时机。同样，证监局、上交所等监管部门对上市公司的调查，也必须予以重视，避免上述机关认为情节严重直接移送经侦部门处理。

6. 企业的重要合作伙伴被调查引发的刑事危机

在以往的案例中，调查机关一旦对某区域、某行业的一家企业采取执法行动，随后往往会对该区域同类型企业及其合作伙伴发起类似调查。同时，如果公安机关对企业上下游的合作伙伴展开调查，则也有可能因为业务联系引发相应的刑事危机。

（三）企业刑事危机产生的结果

企业刑事危机可能产生的直接后果就是使企业面临刑事调查。刑事调查并非准确规范的刑法或刑事诉讼法概念，指的是公安机关收到公民或单位的刑事控告线索后，在刑事案件立案前，进行事实分析、线索甄别、证据摸排、一般性走访或针对性取证等一系列刑事调查、审查工作。《公安机关办理刑事案件程序规定》第174条第1款规定："对接受的案件，或者发现的犯罪线索，公安机关应当迅速进行审查。发现案件事实或者线索不明的，必要时，经办案部门负责人批准，可以进行调查核实。"

刑事调查有以下特点：

第一，刑事调查发生于公安机关立案之前。刑事调查是公安机关立案之前进行的，刑事调查的结果也将决定公安机关是否对相关事件进行立案。

第二，刑事调查过程中尚不能对被调查人采取强制措施。刑事调查中，公安机关会进行线索甄别、证据摸排、一般性走访或针对性取证，但不能对涉案人员采取刑事强制措施。

第三，被调查人有相对多的时间应对。正因为刑事调查发生于立案之前，尚未对被调查人采取刑事强制措施，所以涉案企业和被调查人有较多时间应对，包括收集证据、递交材料、沟通化解等。这段时间对被调查方非常关键，很多案件最终被成功化解就是因为在这个阶段向承办机关提供证据，反馈事实。

二、应对刑事危机的一般流程

（一）识别企业刑事危机的原因

律师需要分析企业产生刑事危机的原因是什么？目前所面临的危机类型

是什么？不同的刑事危机类型，需要不同的应对方式。例如，企业的刑事危机是由舆论产生的，那么就需要正视舆论，有则改正，无则声明，决不能拖延了事。如果是第三方犯罪引发的刑事危机，则需要梳理与第三方的关系是否会牵扯到企业，收集有利证据，做好应对调查的准备。如果是内部员工的行为引发企业刑事危机，则需要判断员工行为是个人行为还是企业行为，是否会牵扯到其他人员，或者上升为单位犯罪。不同原因引发的企业刑事危机，所需要采取的策略是不一样的，需要对症下药，因地制宜。

（二）正确应对舆论危机

任何企业都有可能面对舆论危机。在舆论危机中，有些舆论是真实的，有些舆论是虚假的，但是不管准确与否，如果企业不正确处理，都会陷入极其被动的局面。

我们这里主要探讨那些针对企业违法违规行为的舆论。对于这些舆论，如果企业没有正确处理，可能会迅速引起外界关注，甚至被相关部门调查，真正演变成刑事案件。面对舆论引起的刑事危机，企业最需要做的就是正视舆论产生的原因，真诚、及时解决舆论问题。

我们举两个例子来探讨企业面对舆论型刑事危机应该如何处理。

1. 三鹿奶粉事件①

第一个例子是三鹿奶粉事件，该案件最早就是由舆论发酵而来的。以下是整个事件的始末。

2008 年 3 月，三鹿集团开始陆续接到患泌尿系统结石病的投诉。

2008 年 9 月 8 日，甘肃《兰州晨报》等媒体以“某奶粉品牌”为名披露“毒奶粉”事件。

2008 年 9 月 9 日，原国家质检总局根据通过新闻报道获悉的内容，开始组织展开调查，对三鹿奶粉进行抽样检验。

2008 年 9 月 11 日 3 时，7 名患儿家属联名上书甘肃省卫生厅，要求彻查

① 参见《三鹿奶粉事件的前前后后——三鹿毒奶粉事件全记录》，载《北方牧业》2008 年第 18 期。

病因。

2008 年 9 月 11 日 10 时，三鹿集团通过“人民网”进行公开回应，明确否认三鹿奶粉存在安全问题，并委托甘肃权威质检部门，表明奶粉质量合格。

2008 年 9 月 11 日 19 时，三鹿集团传媒部部长再次公开否认三鹿奶粉存在安全问题。

2008 年 9 月 11 日 20 时 50 分，原卫生部发布消息称，高度怀疑三鹿奶粉受到三聚氰胺污染。

2008 年 9 月 11 日 21 时 30 分，三鹿集团发布产品召回声明，称经公司自检发现部分批次奶粉含有三聚氰胺，市场上大约有 700 吨。

2008 年 9 月 17 日，公安机关对三鹿奶粉董事长田某华进行刑事拘留。

从上述事件的发展我们可以发现，三鹿集团在应对舆论危机时犯了以下三个错误：

第一，缺乏风险意识。早在 2008 年 3 月，三鹿集团就陆续收到患儿家属的投诉，但三鹿集团缺乏风险意识，并未对问题进行深入调查，一再拖延、瞒报甚至采取封口等手段，掩盖事实真相，最终导致媒体披露，有关部门介入。

第二，应对不及时。经媒体曝光后，三鹿集团一直未正面给予消费者、媒体合理解释。直到原国家质检总局介入后，三鹿集团才公开进行回应。

第三，消极面对、逃避责任。三鹿集团回避问题，隐瞒真相，并对外一致称“我们所有的产品都是没有问题的”，也没有积极配合有关部门的检查，甚至在事实面前将责任推给不法奶农。

实际上，三鹿集团处理该舆论危机的最佳时机是 2008 年 3 月接到患儿家属投诉时，如果当时能够妥善处理，并且严格进行产品质量检测，实施召回，那么就有可能在第一时间将事情平息。等到国家有关部门介入，因为本案已经涉及犯罪，即使三鹿集团再予以承认，赔礼道歉等，都已经由舆论危机转为刑事案件，为时晚矣！

2. “海底捞老鼠门”事件[①]

我们再举一个正面的例子，即“海底捞老鼠门”事件。

2017 年 8 月 25 日 10 时 23 分，《法制晚报》曝光海底捞北京劲松店和太阳宫店后厨老鼠乱窜、打扫卫生的簸箕和餐具同池混洗、用顾客使用的火锅漏勺掏下水道，然后放到装餐具的锅中一起清洗等一系列食品安全问题，引发社会广泛关注。

当天 14 时，海底捞官方微博就“老鼠门事件”发表致歉信。首先，海底捞承认了曝光内容属实，公司确实存在食品安全问题。其次，提供海底捞过往处理类似事件的查询通道。再次，海底捞感谢媒体和群众的监督，表示愿意承担相关的法律责任。最后，海底捞承诺已经开始就所有门店进行整改，后续将公开发出整改方案。

当天 17 时，海底捞在其官方微博发布处理通报：第一，对事件门店停业整改处理，所有门店开启卫生排查，接受公众、媒体的监督，处理涉事事件的员工，董事会主动揽责。第二，海底捞在其官方微博发布《关于积极落实整改，主动接受社会监督的声明》称，将加强员工培训、落实整改措施。第三，其承诺将在全国门店实现后厨操作可视化。

通过对比我们可以发现，海底捞在此次舆论危机中处理得非常到位。

第一，回应速度快。从此次事件的时间轴来看，海底捞对舆论的回应速度非常快。在《法制晚报》曝光“老鼠门事件”3 个多小时后，海底捞的公关部门就发表了致歉信，承认企业内部管理不当，并且提出了相关整改措施等，迅速挽回颓势。

第二，及时与政府主管部门沟通，配合调查。事件曝光后，海底捞主动向政府主管部门汇报事情调查处理经过及处理意见。同时，海底捞积极配合有关部门的监管工作，开展阳光餐饮工作，做到明厨亮灶，信息化，可视化。对现有监控设备进行硬件升级，实现网络化监控。

第三，进行合规整改。事件曝光后，海底捞有针对性地开展了一系列合

---

① 参见《海底捞连发两封信回应后厨有老鼠　道歉并立即整顿》，载央广网 2017 年 8 月 26 日，https://baijiahao.baidu.com/s?id=1576758029445601536&wfr=spider&for=pc。

规整改措施，如对涉事店面进行停业整改，对所有店面（包括海外门店）进行排查除鼠，加强员工培训、落实整改措施等。

通过一系列措施，海底捞俨然将此次舆论危机变成了一次正面的宣传。因此，面对舆论危机，企业及时、高效、真诚处理非常重要。律师在帮助企业就相关危机草拟相应的律师函、公告声明等时，同样应该把握该原则，换位思考、真诚沟通。

（三）协助企业应对刑事调查

企业刑事危机产生的直接后果可能是面临公安机关的刑事调查。如果刑事调查发生了，律师应该协助企业应对相应的调查。

1. 予以重视、制订方案

当企业的刑事危机最终演变为刑事调查后，企业的管理层需要予以重视，制订相关的应对方案。

第一，管理层重视。刑事调查不是小事，管理层要组成相关的应对小组，配合律师梳理事实、收集相应的证据，应对有关部门的调查。

第二，核查危机产生的原因。企业应该第一时间核查危机产生的原因，究竟为什么会引来相关的刑事调查，是外因还是内因，是个人行为还是单位行为？核查原因，才能制订相应方案。

第三，立即停止违法违规的行为。如果刑事调查针对的是企业的某类违法违规行为，企业应该立即停止该行为。例如，如果企业涉嫌假冒注册商标或者销售假冒注册商标商品，被商标权利人或者打假公司发现，向公安机关进行控告，公安机关以此开展刑事调查，企业应该立即停止假冒或者销售行为，并且立即制订方案，与商标权利人进行沟通，并且协商赔偿方案。

第四，及时着手收集保存证据。刑事调查时，公安机关尚不会对相关人员采取刑事强制措施，所以，企业相关人员应该及时收集相应证据，并且予以保存，必要时予以公证。有些情况下，承办机关是基于控告人的一面之词向企业展开刑事调查，但是企业如果及时向承办机关递交相应的证据材料，让承办机关了解事实的全貌，可能会转危为安。

例如，我们曾处理过一个案件，某地以A企业没有危险化学品许可证为由，对其存储危险化学品的行为以涉嫌污染环境罪开展调查。后企业反映，其在1年前有危险化学品许可证，并且储存该批危险化学品是按照区环保局的要求，企业签署了1年的协议，在协议到期后多次致函区环保局要求转移该批危险化学品，但是没有得到答复。基于此，我们将收集的证据向承办机关递交，提出本案不可罚的理由，最后得到撤案处理。

2. 积极应对、化解危机

承办律师需要第一时间与承办机关建立联系，了解案情。有些案件中，公安机关对于企业的调查是基于其证人的角色，需要企业相关人员作为证人提供相应证据；有些案件中，公安机关并不清楚企业是否构成犯罪，只是例行调查了解，如查封、冻结了相关的账户。因此，律师需要及时与承办人员进行联系，了解事实，并且反馈给企业，进行沟通，探寻解决方案。刑事调查并没有固定的时间段，因此律师应该经常与公安机关沟通联系，并且应公安机关的要求提交相关的证据材料。

3. 让客户熟悉刑事调查的程序

承办律师应该让客户熟悉刑事调查的程序，以及接下来可能面临的法律问题。

例如，要让客户了解涉嫌罪名的具体规定，类似的案例处理结果。同时，律师需要让客户知道公安机关调查的程序，可能会进行询问的内容，有条件的可以进行相关的模拟试验。

再如，要让客户了解承办机关出具的文书，如传唤证、拘留证、搜查证、调取证据通知书、扣押清单等文书的法律性质。

最为关键的是，律师要让被调查人知道其享有的权利和义务。例如，询问证人可以在证人的单位或者住所进行；做笔录应该需要2个人进行，询问笔录应该经过确认才签字，可以要求进行修改，对于与案情无关的内容可以拒绝回答；采取威胁、欺骗、刑讯逼供等方式收集的证据属于非法证据，不具有法律效力。

4. 律师应注意自身风险

刑事调查的阶段比较敏感，律师也应该注意自身风险，不能隐匿、销毁证据，不能教唆证人串供，对于提交证据的真实性应该进行核实，对企业应对调查的建议应该客观合法。

(四) 迅速介入，开展刑事辩护

当刑事调查最终演变为刑事诉讼，律师应该迅速介入，开展刑事辩护工作。

第一，公安机关立案阶段。公安机关立案后，就不再只是采取刑事调查的措施，而是可以对涉案人员进行刑事强制措施，如刑事拘留。刑事拘留一般是3 日，最长可以延长到30 日。律师应第一时间到看守所会见涉案人员，并且通过交流了解承办人员讯问的内容，了解刑事侦查的方向，并且在合适时间向承办人员申请取保候审。

第二，公安机关报捕阶段。刑事拘留后，如果公安机关认为构成犯罪，并且有逮捕必要的，会向对应的人民检察院申请批准逮捕，律师应该迅速介入，与批捕检察官进行沟通，递交不予批捕意见书。一般情况下，批捕时间只有7 天，因此律师应该及时掌握公安机关的报捕时间，第一时间介入沟通。

第三，检察院审查起诉阶段。在检察院审查起诉阶段，承办律师仍然可以申请取保候审，或者申请羁押必要性审查。同时，鉴于案件已经到了检察院审查起诉阶段，承办律师可以进行阅卷，了解案件事实，并且根据案件情况申请相对不起诉或者绝对不起诉。如果案件符合涉案企业合规机制，律师也可以申请企业进行合规整改，争取做到合规不起诉。

第四，法院开庭阶段。案件走到法院开庭阶段，则需要确定最终的辩护策略。中国法院判处无罪的概率接近3‰，因此是做无罪辩护还是罪轻辩护，应该予以权衡。如何将企业损失降到最小，是这个阶段最应该考虑的问题。

(五) 帮助企业设立刑事危机的预警机制

丘吉尔说，不要浪费每一次危机。实际上，对于企业也是如此，企业应对刑事危机，不管是否成功化解，都应该总结经验教训，并且以此建立相应的刑事危机预警机制，防范下次危机。律师可以帮助企业设立相应的预警机制，大体框架应包括如下内容。

1. 帮助企业识别其刑事法律风险

律师帮助企业搭建刑事危机预警机制，应该先识别企业的刑事法律风险。不同企业的刑事法律风险是不一样的，因此需要先帮助企业梳理其自身可能存在的刑事法律风险。如果该企业已经产生了刑事危机，则要重点对该领域的刑事法律风险进行梳理。例如，企业的销售人员因为商业贿赂给企业带来了刑事危机，则需要对销售环节存在的刑事法律风险进行重点梳理。

2. 帮助企业搭建企业预警组织

企业产生刑事危机，必须有相应机构、人员进行处理。一般情况下，企业应该有专门的合规人员或者法务人员负责这部分内容。其职责包括收集相应的行业信息、法律信息，第一时间识别企业可能的刑事危机。例如，新的法律的颁布，是否会对企业产生相应的影响；行业最近是否有相关的案件发生，导致企业可能受到专项打击；上下游供应商最近是否有相应的异常情况是需要企业加以注意的。如果企业的合规人员对于该领域的法律法规、刑事政策无法进行解读，则应该第一时间委托外部律师进行解读，提供相应的法律意见。

3. 帮助企业设立预警管理制度

企业应该设立相关预警管理制度，让企业员工知道哪些行为可能带来刑事危机，需要审批报备；哪些行为是绝对禁止，一旦实施就会产生刑事危机。同时，企业也应当让员工知道，出现了刑事危机应该向谁汇报，出现了行政询问、刑事调查应该如何应对等。当然，对于大部分的刑事程序内容，企业的规章制度不可能写得非常详细，但是至少要让员工知道碰到这类事情时的处理原则，如需要及时向企业寻求帮助、不能销毁证据。

4. 帮助企业运行危机处理流程

企业有了相关的组织架构和相应制度，则应该让其运转起来。具体而言，就是当刑事危机产生后，企业应该如何应对。一般而言，由员工向合规部门汇报，合规部门应该向上层进行汇报，并且立即作出相应的应急预案。企业设立的预案应该包括对舆论的应对、对调查的应对。应急预案还应包括组织机构（谁来做）、应急响应（多久做）、后期处理（怎么做）、保障措施等内容。

5. 帮助企业检验预警机制是否有效

预警机制是否有效非常关键，律师可以采取问卷调查、陌生访谈甚至模拟实验等方式检验预警机制是否真实有效。预警机制与合规机制一样，只有真正融入企业的文化中，才能真正发挥出效果。

三、典型案例分析

（一）代理商引发的刑事危机

1. 案情分析

M公司是一家美国公司，主要以生产、销售农作物肥料产品为主。在中国各地以代理商的方式销售M公司的产品。M公司将产品卖给代理商，代理商再自己寻找客户进行销售。某日，M公司了解到F地的代理商突然被公安部门调查，并且相应的负责人已经被约谈，做了相应的笔录，具体谈话内容是关于产品的问题，M公司认为事态比较严重，委托我们作为律师介入处理该刑事危机。

2. 处理过程

本案中，公安部门的调查并不是针对M公司，而是针对M公司的代理商。但是，由于调查的内容是产品存在的问题，M公司比较谨慎，认为有可能会牵扯出自己的问题。我们介入后，立即组建相关的团队，制订了相应的方案，开始工作。

（1）向代理商了解案情。

我们直接奔赴现场，与代理商见面，了解公安机关调查的内容。案件基本情况是，代理商销售的 M 公司的一款产品被当地农户投诉，并检测出 G 成分，而含有 G 成分的肥料被市场监督管理局直接认定为农药，又因为代理商销售农药而无法提供农药登记证，被认定为假农药，所以目前认定的罪名是销售伪劣农药罪。因此，市场监督管理局将该案移送给公安机关进行调查。

我们向代理商询问了市场监督管理局与公安机关所做的调查笔录，同时了解了案件的起因、当地农户使用该款产品后的情况，并且了解相关的销售记录、库存情况等。通过访谈，我们大体清楚了事件的具体情况，并且及时与 M 公司进行汇报沟通。通过开会，大家对案件存在的疑点进行了分析：

第一，M 公司销售该产品已经多年，并且该产品的定位一直是肥料产品，所以没有申请农药登记证，现在该产品为什么被认定为农药？根据相关法律的规定，生产假农药的，以生产伪劣农药罪定罪处罚。所以，问题的关键在于，该产品为什么被认定为假农药？据了解，原因在于产品检测出 G 成分，而根据相关规定，肥料中含有 G 成分，就可以认定为农药，而只要销售农药，就需要申请农药登记证，如果没有的，就可以被认定为销售假农药。

第二，按照这个逻辑，该产品是否真含有 G 成分，我们要求 M 公司提供该产品的检测报告，同时，也建议 M 公司立刻停止在中国地区销售该产品，并且在中国仓库抽样对该产品重新进行检测。

第三，相关的法律法规如何规定？根据我们与 M 公司的沟通，肥料中检测出农药成分，在肥料公司较为常见，但是以往并没有涉及刑事方面的问题。我们因此也进行相应的法律检索，发现农业农村部办公厅在 2020 年 8 月 18 日刚出台相应的文件。农业农村部办公厅《关于肥料产品检测出农药成分适用法律问题的复函》规定，根据《农药管理条例》第 2 条之规定，肥料与农药的混合物，包括肥料产品中含有农药成分的，应该作为农药进行管理。根据《农药管理条例》第 44 条第 2 款之规定，未取得农药登记证生产的农药，按照假农药处理。因此，当地市场监督管理局就是依据该文件将案件移送给公安机关。

对于该文件，M 公司并不了解。同时，依据销售记录，M 公司向代理商销售涉案产品大部分是在该文件出台前，那么，对于这部分产品是否应该承担相应责任？带着相关问题，我们决定与承办机关进行沟通，了解承办人员的态度。

（2）与承办机关沟通。

因为本案被调查的是代理公司，我们是 M 公司的律师，承办人员原则上并不需要与我们进行沟通。但是，我们真诚地表明了态度，同时也抱着解决问题的心态与承办人员进行了沟通。我们向承办人员反映，M 公司是一家世界比较知名的公司，其中国公司也有一定规模的纳税，并且一向遵纪守法，在中国发展也一直很稳定，因此我们向承办机关表明希望妥善处理此事，我们也愿意尽量配合处理。

承办机关告知我们，该案是当地市场监督管理局移送的案件，所以他们必须立案，但是对于如何处理，仍然在研究之中。

我们向承办机关提出了三点意见：

第一，在 M 公司销售该产品的检测记录中，从未检测出 G 成分，并且我们向承办人员出具了原始的检测报告，因此不排除当地市场监督管理局在检测过程中检测样品、检测程序等出现了问题。

第二，相关的文件是新颁布的，M 公司并不知情，并且销售给当地的产品大部分是在文件颁布前生产、销售的，法并不能溯及既往，即使计算犯罪金额，也应该按照文件出台后的金额计算，而这部分金额远远达不到入罪标准。

第三，M 公司销售的该产品，产品的标签与广告说明等都是按照肥料宣传，一直未申请农药登记证，并且销售多年，销售情况良好，农户反映也很好，没有不良的记录。

承办人员认真听取了我们的意见，也一一进行解答，表示对我们的意见会予以考虑，并且尽快进行处理。

（3）及时处理，补强证据。

与承办机关见面后，我们与 M 公司又进行电话会议沟通。我们建议 M 公司尽快就中国区的库存产品进行检测，观察与原始检测报告是否一致；同时整理出上述文件颁布后 M 公司销售给当地代理商的具体金额。后续 M 公司按照我们的建议进行了操作。首先，中国区的库存产品进行了相应的检测，同样没有发现含有G成分；其次，上述文件颁布后销售给当地的产品金额未超过5万元,[①] 并未达到犯罪的标准。

（4）再次与承办机关沟通，递交律师意见书。

我们带着新的检测报告与销售数据，以及撰写的律师意见书，再次到当地与承办公安机关进行沟通。最终，当地公安机关听取了我们的意见，对该案进行了撤案处理。

（5）建立合规机制，启动内部调查。

案件被撤后，M公司继续开展内部调查，为什么当地的产品会检测出G成分，与M公司的检测出现不一样的情况？同时，通过走访，M公司了解到当地代理商销售时存在虚假宣传的问题。基于此，M公司展开了新一轮的内部调查，清查代理商存在的问题，建立新的销售渠道。同时，对于生产、销售的风险，我们进行了相关的合规建设，提出了相应的意见和建议。

3. 案件启发

本案涉嫌的罪名对于我们而言实际上是比较罕见的，因此我们在帮助M公司应对该刑事危机时做了充分的前期准备工作，查找了大量的法律法规、相关案例、司法解释等。

本案中，M公司第一时间委托律师进行处理，对于危机的成功化解非常重要。尽管公安机关调查的是代理商的销售行为，但是因为是产品的问题，如果代理商涉嫌犯罪，那么M公司作为生产商也会受到牵连。因此，M公司第一时间介入，提供相应的证据，并且从源头进行处理，对于案件的成功化解起到非常重要的作用。

M公司通过该案梳理了销售渠道存在的问题，排查了代理商的风险，并且对产品做了相关的检测，重新进行产品风险梳理，对于可能涉及农药与肥料混合的产品申请相应资质证件，防患于未然，建立了相关的刑事风险识别机制。

---

① 此处以案发时的规定为准。——编者注

（二）非法换汇引发的刑事危机

1. 案件情况

N公司是一家外资公司，以酒店经营为主营业务，某日公司财务人员在进行网上银行转账时被告知公司账户已被冻结。公司财务人员至开户行了解情况，银行工作人员告知该账号系被公安机关查封。N公司因此委托律师介入处理。

2. 处理过程

（1）了解案情，判断走向。

N公司的账户被冻结，所有的经营活动都无法正常开展，因此我们迅速与承办公安机关进行沟通。经了解，N公司的账户因与某一地下钱庄有交易行为而被冻结。换言之，因为公安机关查处了某特大地下钱庄洗钱案，发现N公司的账号与地下钱庄的账号有往来，所以予以冻结，至于为什么交易，是否涉嫌犯罪，公安机关正在进行调查。

我们迅速与公司主要负责人开会沟通。经了解，N公司确实因为业务需要与该地下钱庄进行交易。具体过程是，N公司经他人介绍认识“黄牛”，其称可不通过外汇管理局在很短的时间内兑换美元。N公司因为现金流问题需要兑换美元，因此作出不正当的兑换外汇行为。N公司通过“黄牛”不正当换汇，包括兑换人民币与美元。采取的方式是“跨境汇兑、两地平衡”，即我国内地支付人民币，在香港特别行政区或其他地区用美元平衡。经查明，N公司采取不正当手段购买外汇主要包括以下三种情形：第一，通过“黄牛”违规换购人民币；第二，通过“黄牛”违规换购美元；第三，通过朋友违规交换外汇。N公司通过三种方式违规换汇，涉案金额超过千万元。N公司陈述购买外汇是因为公司运营的需要，从未存在倒买倒卖非法获利行为，并且购买外汇资金来源均为公司合法经营所得，不存在为他人或自己违法犯罪转移资金。

因此，我们经过判断认为，本案系一起违规换汇案件，因为N公司换汇的地下钱庄被打击，所以牵扯到N公司，故公安机关将其账户进行冻结。至于N公司是否构成犯罪，则要进行分析判断。

（2）收集证据，分析案件。

了解了基础事实后，我们要求N公司提供相关的证据材料，包括银行流水，与介绍人、“黄牛”等人的聊天记录，换汇资金的来源、资金的用处等。同时，我们收集了相应的法律法规、相关案例、司法解释，对本案进行了分析。

本案主要涉及两个法律问题：

第一个法律问题是，N公司违规换购外汇是否涉嫌刑事犯罪。

违规换购外汇在中国可能涉嫌非法经营罪或洗钱罪。

从调查所获得的证据来看，我们认为N公司违规换购外汇并不涉及该两项罪名。

首先，本案行为不构成非法经营罪。根据《刑法》第225条的规定：违反国家规定，有下列非法经营行为之一，扰乱市场秩序，情节严重的，处5年以下有期徒刑或者拘役，并处或者单处违法所得1倍以上5倍以下罚金；情节特别严重的，处5年以上有期徒刑，并处违法所得1倍以上5倍以下罚金或者没收财产：①未经许可经营法律、行政法规规定的专营、专卖物品或者其他限制买卖的物品的；②买卖进出口许可证、进出口原产地证明以及其他法律、行政法规规定的经营许可证或者批准文件的；③未经国家有关主管部门批准非法经营证券、期货或者保险业务的，或者非法从事资金支付结算业务的；④其他严重扰乱市场秩序的非法经营行为。

根据1998年8月28日最高人民法院《关于审理骗购外汇、非法买卖外汇刑事案件具体应用法律若干问题的解释》第3条的规定，在外汇指定银行和中国外汇交易中心及其分中心以外买卖外汇，扰乱金融市场秩序，具有下列情形之一的，按照《刑法》第225条第3项定罪处罚：①非法买卖外汇20万美元以上的；②违法所得5万元人民币以上的。

非法买卖外汇构成非法经营罪，主要打击的是以营利为目的，从事倒买倒卖外汇业务的经营行为。在司法实践中，该罪需要符合两个基本要素：①以营利为目的；②从事的是一种倒买倒卖外汇业务的经营行为。

现有证据无法证明N公司购买外汇具有营利的目的（存在倒买倒卖的行

为)，而只是单纯的换汇行为，因此不能指控 N 公司构成非法经营罪。

其次，本案行为不构成洗钱罪。根据《刑法》第 191 条的规定，为掩饰、隐瞒毒品犯罪、黑社会性质的组织犯罪、恐怖活动犯罪、走私犯罪、贪污贿赂犯罪、破坏金融管理秩序犯罪、金融诈骗犯罪的所得及其产生的收益的来源和性质，有下列行为之一的，没收实施以上犯罪的所得及其产生的收益，处 5 年以下有期徒刑或者拘役，并处或者单处罚金；情节严重的，处 5 年以上 10 年以下有期徒刑，并处罚金：①提供资金账户的；②将财产转换为现金、金融票据、有价证券的；③通过转账或者其他支付结算方式协助资金转移的；④跨境转移资产的；⑤以其他方法掩饰、隐瞒犯罪的违法所得及其收益的来源和性质的。单位犯前款罪的，对单位判处罚金，并对其直接负责的主管人员和其他直接责任人员，依照前款的规定处罚。

根据 N 公司提供的证据及陈述，N 公司所违规换购的资金均为自有资金，并且均属于合法经营所得，并不涉及将涉嫌犯罪金额通过地下钱庄转移出去的行为，因此不能被指控为洗钱罪。倘若 N 公司转移资金系他人涉嫌犯罪资金，或者该资金为 N 公司违法所得，则可能涉嫌该罪。

第二个法律问题是，N 公司违规换购外汇即使不构成刑事犯罪，是否涉嫌行政违法。

根据国务院 2008 年颁布的《外汇管理条例》第 45 条的规定，私自买卖外汇、变相买卖外汇、倒买倒卖外汇或者非法介绍买卖外汇数额较大的，由外汇管理机关给予警告，没收违法所得，处违法金额 30% 以下的罚款；情节严重的，处违法金额 30% 以上等值以下的罚款；构成犯罪的，依法追究刑事责任。

N 公司行为已经违反上述法规，属于私自买卖外汇，在不构成犯罪的情况下，会被处以违法换汇金额 30% 以下，或者 30% 以上等值以下的罚款。

因此，我们认为，根据所收集的证据，N 公司违规换购外汇并不构成刑事犯罪，但违反了行政法规。

（3）主动沟通，化解危机。

基于上述分析，我们协助 N 公司做了如下工作：

第一，积极与承办公安机关交涉，提供证据，配合作证，请求尽快解封涉案账户。根据现有证据，N 公司涉案账户被查封，应该系牵连地下钱庄非法经营案，N 公司涉案账户与该案某犯罪嫌疑人账户存在关联，因此被强制冻结。但 N 公司并不涉嫌犯罪，并且主动提供证据，配合作证，为了 N 公司的经营发展，希望公安机关将涉案账户解封。

第二，积极与外汇管理机关交涉，降低处罚金额。对于 N 公司违法购买外汇的行为，根据相关法律的规定，会被处以罚款。但是，罚款金额为违法换汇金额 30% 以下，或者 30% 以上等值以下，相差悬殊。因此，协助 N 公司积极与外汇管理机关进行交涉，准备并提供相关材料，力求降低处罚金额。

最终承办公安机关接受我们的建议，对 N 公司的相关人员取证后，解封了相关账户。

3. 案件启发

本案同样是一起非常紧急的刑事危机事件，从案发到解决，历时 2 周左右。实际上，N 公司一开始认为此案属于犯罪行为，但是根据分析判断，我们认为本案可以做无罪辩解，并且积极与承办公安机关进行沟通，积极作证，最终得到良好的解决。

虽然本案最终做无罪处理，但是类似的违规换汇对于公司的影响还是巨大的。因此，我们建议公司重视合规，加强内外监督。同时，可以针对公司的现状，适时进行风险评估，可以聘请律师就公司及其高管容易违规违法甚至是犯罪的情况进行沟通，多利用已经发生的案例给员工进行警示教育，增强高风险岗位员工的风险意识。N 公司也聘请了刑事律师作为常年法律顾问律师，定期给公司员工做案例警示教育，并建立员工风险档案。

（三）P 公司破产和解引发的刑事危机

1. 基本案情

P 公司因不能清偿到期债务，以资产不足以清偿全部债务为由，向法院申请破产清算。后法院受理该案。在破产案件审理过程中，P 公司与债权人均有和解意向，向法院申请和解并提交了《和解协议草案》，后法院裁定和解。在法院主持下召开第二次债权人会议，债权人审议表决《和解协议草案》，债权人 Y 公司投了反对票，但是《和解协议草案》经债权人会议表决已经达到法定票数，最终予以通过。后法院裁定认可《和解协议草案》，终止破产程序，和解协议生效。后 Y 公司主动向 P 公司提供了银行账户，并且接收了首期的清偿款。随后，Y 公司向公安机关报案，指控 P 公司不向管理人提供财务账册涉嫌隐匿、故意销毁会计凭证、会计账簿、财务会计报告罪，后当地公安机关受理调查。P 公司委托我们作为案件的律师进行处理。

2. 处理过程

（1）了解背景。

介入案件后，我们首先了解案件背景。因为本案是在破产案件办理中衍生出来的刑事危机，所以我们将破产案件的材料包括 P 公司的破产情况、债权人会议的材料、法院的裁定书等进行梳理。我们了解到，破产过程中，P 公司向管理人提交了公章、财务章、合同章、营业执照正本及副本、组织机构代码证、对外贸易经营者备案登记表、开户许可证等材料。但是，管理人要求 P 公司提交的债权债务清册、电子文档、电子印章等，P 公司无法提交。P 公司当时告知管理人，因为公司土地厂房、办公场所于 5 年前就被法院执行拍卖，当时法院要求清场，所以财务账册等资料被搬回 P 公司法定代表人的老家保存，这次再要寻找时发现遗失，可能是被农村的家人当作废品卖掉了。管理人也如实记录在案，在债权人会议中予以说明。

（2）收集证据。

我们前往 P 公司所在地，以及 P 公司法定代表人的老家进行走访取证，也向其家人了解情况。P 公司法定代表人老家的房子是自建的 4 层楼房，1 楼就有 1 间房屋用于堆放杂物，当时清场的公司材料就堆放在此，家人平时确实也有将杂物作为废品处理的习惯，出售给村里收废品的人员，但是什么时候卖掉了家人也确实想不起来。

（3）专家论证。

为了慎重起见，对于本案涉及的隐匿、故意销毁会计凭证、会计账簿、财务会计报告罪，我们召集法学专家和财务专家进行论证，得出的结论是，根据现有证据无法证明 P 公司构成此罪。

首先，在客观方面，无法证明P公司具有隐匿、故意销毁会计凭证、会计账簿、财务会计报告的客观行为。该罪的客观行为应该表现为隐匿与销毁。隐匿，是指妨害他人依法发现会计凭证、会计账簿、财务会计报告的行为，表现为有意、积极地藏匿。销毁，是指破坏、损害会计凭证、会计账簿、财务会计报告的行为。本案中，虽然P公司未能向破产管理人提交财务账册，但是现有证据表明财务账册系意外灭失，财务账册的实际保管人员已就无法提供账册向管理人作出合乎常情常理的解释。

其次，在主观方面，现有证据也不能认定P公司具有犯罪的主观故意。隐匿、故意销毁会计凭证、会计账簿、财务会计报告罪的主观要求是故意。在本案中，现有证据无法证明P公司具有主观故意。第一，P公司的土地厂房、办公场所5年前被法院拍卖时被要求清场，财务账册等资料被搬回法定代表人老家保存是一种正常转移安置的公司治理行为，存在必要性、合理性。因此，P公司当时主观上不可能存在故意隐匿这些资料，逃避交出义务，从而对抗国家机关检查的目的。第二，纸质财务资料被实际居住的P公司法定代表人的家人当作废品卖掉是完全有可能的，但P公司的法定代表人既没有授意家人这样做，也没有参与其中，甚至因为平时都不住在老家，因而对于家人什么时间如何处理这些资料完全不知情，纯属意外，符合常理。

最后，从P公司破产和解的顺利进程看，此案没有犯罪的动机。隐匿、故意销毁会计凭证、会计账簿、财务会计报告罪中，公司的犯罪动机一般是使公司的财产不明，而P公司破产程序进程顺利。调查笔录表明，管理人是在P公司的经营和资产、负债情况、银行流水等财务状况已调查清楚的基础上形成《关于财产状况报告》的。P公司在破产清算过程中主动向法院申请和解，提交《和解协议草案》。《和解协议草案》经债权人表决通过，并经法院裁定认可。由此可见，P公司及相关人员不存在以隐匿、销毁财务账册的方式使公司的财务状况不明的意图或目的。

同时，破产和解是一种非常积极的偿债方法，一方面，它有可能运用债务人的有限资产最大限度清偿债务；另一方面，它缓解了债务积淀的负担和压力，减少社会资源的损失与浪费。破产和解创造了债务人复苏的机会，有利于地区经济的恢复和稳定，有利于创造就业，增加国家税收。P公司采取破产和解的方式解决公司的破产问题，即表明其希望妥善处理此事，并无犯罪动机。基于此，我们认为本案不构成犯罪。

（4）主动沟通。

我们积极与承办机关进行沟通，一方面，向公安机关递交律师意见书；另一方面，向承办破产案件的法院表示，如果本案涉及犯罪，是否意味着法院的裁定书是无效的，是否意味着P公司的破产和解协议是无效的，对于第二批的和解费用是否需要继续支付？因为债权人不止一个，其他人对于和解的方案并未提出异议。与此同时，我们也了解该案是当地政府力推的破产清算转和解案件，我们向当地政府提交书面意见，表达我们的看法。P公司之前完全可以走破产清算程序，其选择破产和解程序，付出更多的资产却被认定为涉嫌犯罪，不利于当地破产公司的和解道路。

（5）圆满解决。

后来公安机关并没有再进行立案侦查。P公司的刑事危机得以化解。

3. 案件启发

本案是企业在破产期间遇到的刑事危机。笔者作为上海市破产管理人协会涉刑专委会的委员发现，破产案件中，不少企业确实会涉嫌刑事犯罪，包括虚假破产、虚假诉讼、妨害清算，以及本案涉及的隐匿、故意销毁会计凭证、会计账簿、财务会计报告罪。破产企业在处理类似的刑事危机时，一定要注意相关证据材料的收集，特别是梳理与管理人、法院汇报的材料以证明自己尽到了合理注意的义务，以及主观不存在犯罪故意。同时，当危机出现后，应及时与专业律师进行沟通，并且尽可能与管理人、法官汇报、协商（如果管理人不是控告人），如果企业本身能按照相关的程序进行，并不会有太多的刑事法律风险。

6

第六章

企业刑事合规管理体系的搭建

本章内容 企业刑事合规管理体系属于企业合规管理体系的一部分。律师帮助企业搭建刑事合规管理体系，应该参照企业合规管理体系的一般原则和主要内容。本章主要介绍企业刑事合规管理体系搭建的概念、前提条件、一般原则和主要内容，并且通过相关的案例介绍律师如何帮助企业搭建刑事合规管理体系。

- 企业刑事合规管理体系的搭建
  - 企业刑事合规管理体系概况
    - 企业刑事合规管理体系的概念和内涵
    - 企业刑事合规管理体系搭建的前提条件
    - 企业刑事合规管理体系搭建的一般原则
  - 搭建企业刑事合规管理体系的主要内容
    - 企业刑事合规管理体系搭建的一般原理
    - 企业刑事合规管理体系包含的一般内容
    - 企业刑事合规管理体系的评估和改进
  - 典型案例
    - 中兴公司反商业贿赂的合规体系
    - P 公司搭建数据安全刑事合规体系

一、企业刑事合规管理体系概况

企业合规管理体系是包含企业合规管理组织架构、合规管理制度、合规管理运行与保障机制、合规文化的树立与宣传等在内的一系列制度的组合，同时企业合规管理体系是一个不断改进、完善的动态循环过程。企业刑事合规管理体系属于企业合规管理体系的一部分，主要从刑事角度帮助企业搭建合规管理体系。

（一）企业刑事合规管理体系的概念和内涵

企业刑事合规管理体系与企业合规管理体系不一样，其是针对企业刑事风险点的专项合规计划。随着涉案企业合规制度的开展，越来越多的企业开始进行合规体系的搭建，而刑事律师参与企业合规体系搭建，主要应该从刑事专项计划入手，帮助企业搭建刑事合规体系。我们可以从以下三个维度了解企业刑事合规体系的内涵。

1. 企业刑事合规管理体系不等于企业合规管理体系

刑事合规管理体系的目的侧重于预防刑事法律风险，而合规管理体系从范畴上讲更为广泛，理论上应包含刑事合规管理体系，但实践中合规管理体系更侧重于防范行政法律风险，政府、行业协会监管风险等。于企业而言，比较理想的是，企业合规管理体系应把刑事法律风险与合规考虑在内。企业搭建刑事合规管理体系时，亦应考量前置法律法规的内容。总体而言，刑事合规管理体系中的很多内容也是需要借鉴企业合规管理体系的内容，在其基础上增加预防刑事风险的元素。

2. 企业刑事合规管理体系不等于涉案企业合规整改的体系

企业刑事合规管理体系区别于涉案企业合规整改时搭建的合规管理体系，其一般是企业涉案之前为了避免刑事法律风险主动建立或完善的合规管理体系。企业刑事合规管理体系搭建与涉案企业合规整改的侧重点不同。前者侧重于预防企业可能面临的刑事法律风险；后者侧重于对企业已经发生的具体涉罪事项进行整改，并预防类似的犯罪再次发生。我们可以将企业刑事合规管理体系称为“事前合规体系”，而将涉案企业合规整改建设称为“事后合规体系”。

3. 企业刑事合规管理体系不等于企业刑事合规管理制度

企业刑事合规管理体系区别于刑事合规管理制度，它是以防范刑事法律风险为目的，包括企业合规管理制度、合规管理组织架构、合规管理运行与保障机制的建立，合规文化的树立与宣传等在内的一系列措施的组合。它是有组织、有计划的管理活动，也是不断改进、完善的动态循环过程。简单来说，企业刑事合规管理体系应该包含合理的企业刑事合规管理制度，但是，只有企业刑事合规管理制度远远称不上企业刑事合规管理体系。

（二）企业刑事合规管理体系搭建的前提条件

企业刑事合规管理体系不具有普适性，也不是一劳永逸的，而是应与企业自身刑事法律风险相匹配的，并随着企业的发展而不断变化。因此，企业在搭建刑事合规管理体系之前，要充分了解自身生产经营过程中的法律风险。换言之，企业刑事法律风险识别是企业合规管理体系搭建的前提条件。

企业的刑事风险与其所属行业、企业性质、规模、组织架构、经营模式、是否涉及行政和行业协会监管等息息相关。

从纵向来看，企业从设立、生产经营到融资再到清算注销等整个生命周期都面临不同的刑事法律风险。

从横向来看，企业在生产经营过程中可能面临的风险领域包括商业贿赂、内部舞弊、垄断、财务与税务、数据安全、劳动用工、贸易与出口管制、环境保护、内幕交易、知识产权、洗钱等。

我们在企业刑事风险识别与评估一章中也强调了识别刑事风险的重要性与具体方法，在此不再进行论述。

（三）企业刑事合规管理体系搭建的一般原则

1. 针对性原则

企业刑事合规管理体系的搭建需要有针对性，而不是追求大而全的合规管理体系。例如，如果企业侧重于反腐败问题，那么就应该针对商业贿赂领域的刑事风险建立相应的刑事合规管理体系。如果企业侧重于数据风险问题，则应针对数据安全领域的刑事风险建立相应的刑事合规管理体系。针对性是建立在识别企业刑事合规风险的基础上的，刑事合规管理体系的搭建一定要因地制宜，以便发挥相应的作用。

2. 差异性原则

差异性原则，是指企业刑事合规管理体系，应该根据企业的规模、类型、行业等进行差异性的搭建。大型企业与中小型企业在刑事合规管理体系的搭建上肯定存在不一样的地方。例如，在合规组织架构的设置上，大型企业往往会设立四级组织架构，即合规管理委员会、合规部、合规负责人、合规专员，但是，对于中小企业，显然不需要建立这么烦冗的组织建构，一般情况下只需要有合规部或者合规专员即可。

3. 自愿性原则

企业刑事合规体系的搭建，并不是给企业增加的治理义务，是否搭建完全属于企业自愿。目前我国推行的涉案企业合规整改机制，针对的是“事后刑事合规体系”的搭建，因此其属于强制性的。但是，针对“事前刑事合规体系”的搭建，目前法律并没有设立相关的“事前合规从宽制度”。因此，搭建企业刑事合规管理体系完全是从企业自身的主观意愿出发。但是，就某种角度而言，企业的发展理念应该从注重效益向注重合规的方向转变，刑事合规是合规的重中之重，刑事风险对企业所带来的影响是致命的，因此，提前搭建刑事合规管理体系，对企业的发展而言是非常重要的。

二、搭建企业刑事合规管理体系的主要内容

律师帮助企业搭建刑事合规管理体系，既要参照企业合规管理体系的原则，也要满足刑事合规的一般原理，具体应该注意如下内容。

（一）企业刑事合规管理体系搭建的一般原理

1. 制度层面——聚焦专项合规计划

律师在帮助企业搭建刑事合规管理体系时，应在充分了解企业自身的法律风险后，聚焦专项合规计划或者多项专项合规计划，即要有针对性。例如，中兴公司在建立合规管理体系时，针对其专项合规计划，非常明确地制订了出口管制合规专项计划、反贿赂合规专项计划、数据保护合规专项计划，其并不是大而全、面面俱到地制订各种合规专项计划。当我们在帮助企业搭建刑事合规管理体系时，就需要明确制订一个或者几个专项合规计划，而合规体系的搭建就是要解决这些合规计划所针对的内容。

2. 内容层面——全面覆盖

合规不能停留在制度层面，进行纸面合规，而应该结合企业的治理方式，将合规融合进企业的生产经营过程中，使其指导企业的运行，这才是合规的真正意义。因此，从合规的层面而言，企业应该将合规要求覆盖业务领域、各部门、各级子企业和分支机构、全体员工，贯穿决策、执行、监督全流程。从纵向角度而言，从最高层到最底层员工都应该秉持合规理念；从横向角度而言，各个部门都应有合规部门的“触角”。合规应如同末梢神经一样，贯穿整个企业的组织架构，做到全面监管、全面覆盖。

3. 组织架构层面——合规部门具有独立的履职职能

从组织架构而言，合规部门应该具有独立、权威的职能。合规部门不是法务部门，不能由法务人员兼任。从某种角度而言，公司法务部与公司合规部应该有明确的界限。有专家提出，民商事业务交由公司法务部处理，行政

刑事、国际组织制裁等内容交给公司合规部处理。这种区分方式值得借鉴。合规部门应该有独立性和权威性。独立性与权威性是指合规部门不隶属于其他业务部门，可以严格按照法律法规、公司规定对企业和员工行为进行客观评价和处理、独立履行职责，不受其他部门和人员的干涉。独立性与权威性的另一个表现在于，合规部门的汇报对象是首席执行官（CEO），能够让"一把手"直接了解企业的合规问题。许多大型公司合规部门的设置都体现这样一种精神。例如风控合规部是滴滴唯一被授权从事反舞弊、反腐败内部人员调查的专职部门，直接向滴滴 CEO 汇报工作。再如，内部合规部是京东集团唯一被授权从事腐败行为调查的专职部门，直接向京东集团 CEO 汇报。

赋予合规部门独立性与权威性，能够使企业的合规真正落实到位，使企业不合规的行为得到有效遏制。

4. 运行保障层面——最高层重视

企业合规体系能否运行顺畅，最高层的重视十分重要。公司高层是否参与企业的合规管理，是否当众表率作出合规承诺，都是企业的合规能否真正运行的关键。同时，企业应该建立全员合规责任制，明确管理人员和各岗位员工的合规责任并督促有效落实。

5. 结果层面——有效性是核心

有效合规才是真合规，有效合规才能防范企业风险，才是企业追求的目标。因此，企业在搭建合规管理体系时，必须以"有效性"为核心。为什么以往许多企业也做刑事合规，但是却难以奏效，其实就是没有抓住有效性的关键，往往出现如下两个问题：

第一，刑事合规方案与刑事实践脱节。企业搭建的刑事合规体系往往忽视刑事法律的实践问题。刑事案件中，其归责逻辑是以穿透式的实质审查为主，因此，企业在搭建刑事合规体系时只注重相应的规章制度，而忽视企业真正实行的行为，或者对于违规行为没有相应的识别机制、控制机制，甚至越往上对于下面的违规行为越不知情，往往导致违法犯罪行为得不到有效的治理，最终酿成大祸。例如，一些医药企业设定了许多规章制度，要求医药代表不能进行商业贿赂，但是对于实际医药代表的行为没有设置相应的识别机制、调查机制、报告机制等，甚至上层管理者对于下面员工的行为也是睁一只眼闭一只眼，显然无法起到刑事合规的效果。

第二，刑事合规方案与企业运行相脱节。企业搭建刑事合规体系，没有充分考虑企业的运行模式。这就导致出现两种情况：第一种情况是刑事合规方案只是罗列了相应的法律法规，并没有结合企业运行中的刑事风险，使合规部门无法真正对违法违规行为进行识别与整治；第二种情况是刑事合规方案使企业的业务无法顺利开展，使合规成了枷锁。我们说企业应该建立合规优先原则，并不是说企业只要合规，不要发展，而是合规应该融合到企业的发展中。合规不单纯是法律问题，还是公司的治理问题。例如，我们发现某个公司因为排放污水的环境问题有涉嫌污染环境罪的刑事风险，我们不是让公司不再生产，因为只要生产就会排放污水，而是要去解决排放污水的问题。这就是结合公司治理的问题。所以，有效性需要针对企业的治理结构，真正让合规融入企业的生产经营。

（二）企业刑事合规管理体系包含的一般内容

企业的刑事合规管理体系一般包括四个部分。

1. 合规管理制度

建立健全合规管理制度，是指要求企业建立全体员工普遍遵守的合规行为规范，针对重点领域制定专项合规管理制度，并根据法律法规变化和监管动态，及时将外部有关合规要求转化为内部规章制度。合规管理制度包括企业规章制度、合规培训制度、合规管理计划。

（1）企业规章制度。

企业的规章制度，即企业员工需要遵循的有关合规管理制度的所有材料。企业应该根据自身情况创建一系列的规章制度。一般情况下，从效力而言，可以包括合规政策、合规手册、管理规范、工作指引。其中，合规政策是指企业合规管理整体的目标、方针和要求。合规手册是员工开展业务应遵循的政策、规范和流程要求的通用指南。管理规范是规定各个部门职责、管理原则、要求和流程的标准文档，是政策落地执行的规范性文件。工作指引则是具体工作开展的指南，包括流程的工作指引、员工的工作指引。

从合规管理制度的内容来看，其应该包括企业预防刑事风险的所有制度。我们以京东集团为例，其设立的合规管理制度包括：《京东集团商业行为和道德规范准则》《京东集团反腐败条例》《京东集团举报人保护和奖励制度》《京东集团廉洁奖励试行办法》《京东集团主动报备奖励试行办法》《京东集团礼品管理规定》《供应商付费的差旅及商务宴请规定》《反商业贿赂协议》《廉洁奖励试行办法》《京东数据安全管理规范》《京东集团供应商安全管理规范》《京东集团用户个人信息和重要数据安全制度》《京东数据跨境保护安全管理规范》《京东业务及数据开放基本安全要求和指引》《第三方服务安全开发规范》《接入规则与安全规范》《京东集团专利管理办法》《商标管理办法》《著作权管理办法》。①

通过上述规章制度我们可以清楚地看到，企业在设立合规管理制度时是从各个角度进行的，让企业员工的行为能够有相应的制度指引。

（2）合规培训制度。

企业设立了规章制度，则必须通过合规培训让员工消化这些规章制度。

企业必须建立健全合规培训制度，结合法治宣传教育，建立制度化、常态化培训机制，以确保企业相关部门及员工理解、遵循企业合规目标和要求。

从时间安排角度，可以根据企业业务发展及合规培训开展的要求，定期开展合规培训，形成培训的周期性和习惯性。从人员和部门覆盖率角度，可以根据企业的规模即企业人员及部门的数量安排培训，建议对企业核心及风险较大的业务部门及其相应管理人员进行培训。具体培训人员可以是合规管理组织成员，也可以是委托的第三方专业机构人员，建议以内外结合的方式多角度进行培训。

培训的方式应该多样化，除常规的讲座分享，还应多分享合规案例，特别是企业内部或者行业内部新出现或者常见的案例。同时，应多以互动方式进行，如进行访谈、问卷测试、场景模拟，让培训内容真正被企业员工所吸收，达到培训的目的。

---

① 参见京东官网：https://jdwp.jd.com/511-3026.html。

（3）合规管理计划。

合规管理计划，是指根据合规管理目标实现的时间长短，合规管理执行负责人员或组织根据每年企业合规管理的具体情况，向合规管理领导人员及组织报告长期或者短期的合规管理计划，在获得前述人员或组织同意后执行的计划。

企业搭建刑事合规管理体系需要制订相应的专项合规计划，而这些计划都是以企业的潜在刑事风险点为基础，通过设立刑事合规体系予以规避，因此，在制定刑事合规制度时需要制订刑事合规计划。

2. 合规管理组织架构

（1）合规管理组织权力的来源。

企业合规管理组织架构的设置应该科学合理，同时应该考虑企业性质、规模、大小。但是，其权力的来源应该具有权威性。合规管理组织权力应该源于企业中的最高管理人员（如企业 CEO）或者组织（如由最高管理人员组建的合规委员会），或者由企业最高管理人员或者组织授权的相应部门。

（2）合规管理组织架构的组成。

合规管理组织架构应包括合规管理领导人员或组织、合规管理监督责任人员或组织、合规管理执行责任人员或组织。企业通过组织体系及架构，建立完整的、自上而下的合规管理组织架构，明确合规管理责任人员或组织，以及其具体职责。

合规管理领导人员或组织的主要职责在于领导、决定企业的合规管理方向。其具体职责应该包括：

第一，批准企业合规管理战略规划和年度报告；

第二，建立和推动完善合规管理体系；

第三，确定合规管理基本制度和合规管理流程；

第四，决定合规管理监督和执行负责人的任免；

第五，决定合规管理监督和执行部门的设置和职能；

第六，研究决定合规管理有关重大事项；

第七，按照权限决定有关违规人员的处理事项；

第八，批准合规管理具体制度；

第九，批准合规管理长期和短期计划等。

合规管理监督责任人员或组织的职责主要在于监督企业合规业务是否执行，是否有效落地。其主要职责应该包括：

第一，向合规管理领导人员或组织提出合规管理建议；

第二，对合规管理具体制度和合规管理计划等提出建议；

第三，监督合规管理制度的落实；

第四，监督合规管理执行责任人员的合规管理职责履行情况；

第五，合规管理风险评价；

第六，作为举报管理部门的常设机构，负责企业的日常举报管理事务；

第七，对引发重大合规风险的部门负责人员或者主要负责人员提出监督意见等。

合规管理执行负责人员或组织主要负责企业合规的具体执行，其应该融合在企业生产经营过程中，分散到企业的各个部门，从业务的执行层面关注合规的运行情况。其具体职责应该包括：

第一，向合规管理领导人员或组织报告合规管理年度报告；

第二，向合规管理领导人员或组织提出合规管理战略规划建议；

第三，执行合规管理领导人员或者组织确定的合规管理体系、合规管理基本制度和合规管理流程；

第四，执行合规管理具体制度和合规管理计划；

第五，定期向合规管理领导人员及组织汇报合规管理执行情况；

第六，对企业各部门开展合规检查与考核等。

企业应当在配备专业化、高素质的合规管理组织及人员，以及明确合规管理组织职责的基础上，根据企业的法律风险等配备合规管理相应的人员，持续加强合规管理业务培训，提升整体合规管理组织能力水平。

3. 合规管理的运行与保障机制

在合规管理制度、合规管理组织架构等都已经建立完善的情况下，合规管理执行人员及组织应该将其落实至日常经营管理活动中，并接受合规管理人员及组织的监督指导，及时向合规管理人员及组织报告合规管理情况，即落实合规管理。合规管理的运行与保障机制应该包括经费机制、考核机制、举报机制、调查机制、问责机制等。

（1）经费机制。

经费机制，是指企业应为合规管理体系的运行提供必要的资金、场所、人员等，并且在每年的预算中予以明确。

（2）考核机制。

考核机制，是指企业内部加强合规考核评价，把合规经营管理情况纳入对各部门和负责人的年度综合考核，细化评价指标。对所属部门和员工合规职责履行情况进行评价，并将结果作为年度考核结果、评先选优、员工个人职位升迁、部门资源调配等工作的重要依据。

（3）举报机制。

举报机制，是指为了加强内部合规管理，防止企业各种不正当行为以及违法违规等行为的产生，保障举报管理工作规范进行所建立的制度。该机制依法保护举报人的合法权益。

合规管理监督组织为举报管理部门的常设机构，负责企业的日常举报管理事务。举报部门接到相关人员举报后，应在第一时间予以立案调查，满足一定条件的，将举报事实和调查情况反馈给合规管理领导部门。

举报人可以采用电话、电子邮件、手机短信、信函、当面举报等方式，也可以委托他人代理举报。既可以选择实名也可以选择匿名。举报的方式应该公布，让所有举报人容易获取。我们发现，腾讯、中兴、滴滴等大公司都建立了自己的举报公众号，方便公布举报方式，也方便及时披露企业舞弊的结果。

向举报管理部门举报的人员，其人身权利、财产权利、工作权利、名誉权利和其他合法权益应受到保护。对于经过调查核实的举报案件，符合相关条件的，根据案件性质对举报人员给予相应的奖励。

（4）调查机制。

调查机制，是指因企业内部员工举报或者合规管理活动中发现的风险事件引发的企业内部组织进行的调查。

对于重大的或者反复出现的合规风险和部门及个人的违规问题，深入查找根源，调查事件产生原因，完善和修改具体的相关制度，弥补管理漏洞，强化合规管理流程和对合规管理过程的管控，持续修改和完善合规管理体系。

（5）问责机制。

企业建立完善的违规行为处罚机制，明晰违规责任范围，细化惩处标准。在企业畅通举报渠道，针对反映的问题和线索及时开展调查后，严肃追究违规部门及人员责任。

对于产生合规管理风险事件的部门进行合规整改，包括但不限于调配合规管理资源、降低年终考核分数等；对于引发或者疏于管理的合规管理风险事件的责任人，依照处罚机制对其进行降职、职位调换、降低年终奖等处罚措施，或者进行警告（口头或者书面）、解除劳动合同且不支付经济赔偿金等处分。

我们发现，许多企业都会制作合规年报，通报公司的舞弊事件。例如，腾讯集团反舞弊年报①通报："2021 年全年，腾讯反舞弊调查部共发现并查处触犯'腾讯高压线'案件 50 余起，近 70 人因触犯'腾讯高压线'被辞退，10 余人因涉嫌犯罪被移送公安机关处理。2021 年新增 13 家永不合作主体。"比亚迪反腐败、反舞弊年报②通报："2021 年，因违反廉洁合作相关协议被比亚迪追究违约责任的供应商共 28 家。2021 年比亚迪查处不廉洁、严重违规人员 94 人（予以辞退并录入除名查询系统）；移交公安机关侦查 7 起 22 人，依法追究刑事责任。"TCL 反舞弊年报③通报："2021 年，TCL（集团）共查处触犯'红线'案件 30 宗，其中 38 人被开除，8 人因涉嫌违法犯罪被移送司法机关，2 人已被判刑。"

---

① 参见《腾讯集团反舞弊通报》，载微信公众号"阳光腾讯"2022 年 1 月 25 日，https://mp.weixin.qq.com/s/NcQmCV3M6QvyR6IhssbSeg。

② 参见《致比亚迪合作伙伴的一封信》，载微信公众号"廉洁比亚迪"2022 年 1 月 24 日，https://mp.weixin.qq.com/s/F2MF8h__fdH7fDDW4pvStg。

③ 参见《TCL 发布 2021 年反舞弊通报：以"身边案"警示教育"身边人"》，载微信公众号"TCL 动态"2021 年 12 月 30 日，https://mp.weixin.qq.com/s/bvb1iSztnJ_02twCcAGtJA。

4. 树立与宣传合规文化

树立和宣传合规文化，一般是指通过制定、发放合规手册，签订合规承诺书，召开日常合规会议，发布合规要求公告等方式，强化企业部门及人员安全、质量、诚信、守法和廉洁等意识，树立依法合规、守法诚信的价值观，筑牢合规经营的思想基础和文化基础。

（1）合规文化形成的阶段。

合规文化对于企业合规管理体系的搭建至关重要，但是合规文化的形成也是最难的。一般而言，企业员工对于合规文化会的态度经历三个阶段：

第一阶段，服从。在合规文化培育初期，通过制度流程的管理，企业部门及人员被动接受企业的合规要求。这一阶段主要是靠制度来约束，所以合规制度的设立、搭建，以及培训、宣传，对合规行为的奖励、惩罚都非常重要，从外部对企业员工施加压力，让他们理解企业合规，服从企业合规。这个阶段，企业员工虽然知道合规，也会按照合规要求去做，但是往往会认为合规工作很碍事，费时费力，有时候还导致业务做不成，内心无法真正认同企业的合规文化。

第二阶段，认同。企业部门及人员认可企业的价值观，但对这一理念未真正理解和接受。在这一阶段，企业的部分人员已经认同企业的合规文化，在工作中碰到相关问题时知道需要按照企业制定的员工手册、规章制度处理，会主动检索、咨询，但是其并未真正理解企业合规的理念，也不会向其他人宣传企业的合规文化。

第三阶段，内化。企业部门或人员不仅能够理解合规文化的正确性，而且按照这一价值观念自觉地约束自己的思想和行为，并且予以传播。企业的合规文化能够到达这一阶段，表示企业文化真正建立了。如同企业的使命、愿景、价值观一样，如果能够得到所有员工的认同，并且内化为自己行动的纲领，实际上所有员工在开展工作时往往心怀梦想，甚至有崇高的使命。如果企业的合规文化能够得到员工的认同并且内化，那么企业员工就不会再认为合规是工作的一部分，而是自然而然地理解合规高于一切的理念，并且实际上不需要太多地了解公司的规章制度、法律法规就能够知道业务开展过程中哪些行为能做，哪些行为不能做，因为合规本身就是合乎法规与道德的，是所有行为的基本准则。

（2）树立与宣传合规文化的要求。

树立与宣传合规文化对于搭建企业的合规管理体系是重要的，虽然树立合规文化并不是一朝一夕的事，而是需要长期培养、慢慢渗透，但是企业应该在树立与宣传合规文化中开展如下工作：

第一，明确合规管理组织的合规文化建设职责。首先，合规管理领导人员及组织需要重视企业合规文化的建设；其次，合规管理监督负责人员及组织需要积极对企业合规文化建设情况进行监督；最后，合规管理负责执行人员及组织需要积极贯彻执行合规文化建设措施。

第二，通过培训、教育、会议讨论、测试等系列措施对企业各业务部门及人员进行合规文化宣传，加强部门及人员对合规文化的认同感。

（三）企业刑事合规管理体系的评估和改进

企业刑事合规管理体系不应是一成不变的，而应该根据企业的规模变化、业务结构调整、法律政策的修改等进行评估与改进。

1. 刑事合规管理体系的评估

企业应该根据经营的需要，定期或者不定期地对企业管理风险进行重新评估。

定期进行重新评估的周期可以根据企业合规管理计划确定。

一般情况下，如果企业出现如下情形，应该对企业管理风险重新评估：

第一，企业出现新的商业模式、产品、服务、流程等。

第二，企业组织架构和策略出现调整。

第三，企业外部环境如经济环境、执法环境、市场及行业风向发生重大变化。

第四，法律法规的调整导致企业需履行的合规义务发生变化。

第五，企业发生违规事件。在违规事件的调查过程中可以直观了解到业务中的实际风险及管控措施的漏洞。

企业刑事管理风险的评估，是为了更好地了解企业潜在的刑事风险，以此对现有的合规管理体系进行改进。

2. 刑事合规管理体系的改进

企业应实时跟踪内外部法律风险环境的变化，及时监督和检查合规管理的运行状况，以确保合规管理保障机制及应对计划有效执行，并根据发现的问题对合规管理工作进行持续改进。没有任何企业的合规管理体系是完美的，体系的搭建一定需要经历“设立—发现问题—改进—再发现问题—再改进”的过程，而这一不断改进的过程实际上也是企业合规文化不断树立与宣传的过程。

三、典型案例

大型企业和中小型企业在搭建刑事合规管理体系中做法不尽相同。大型企业往往治理结构复杂，涉及多项业务领域和全产业链的合规管控，甚至包括国内外员工、第三方商业合作伙伴、子公司、分公司的合规管理，还要协调公司股东会、董事会、监事会及其下设的各专业委员会，因此必须建立精密完备的合规管理体系。对于中小微企业而言，公司组织结构简单，合规风险单一，业务领域固定，因此应当将有效合规管理的最基本要素作为最低限度的标准。我们试着通过案例来对比大型企业与中小微企业在搭建刑事合规管理体系方面的不同。

（一）中兴公司反商业贿赂的合规体系

中兴公司在合规体系中，针对出口管制、数据保护、反商业贿赂设立了专门的合规管理体系，我们以反商业贿赂合规体系为例来看大型公司如何搭建合规管理体系。中兴公司的反商业贿赂合规体系一共包含 8 项要素：（1）高层重视；（2）合规组织；（3）合规资源；（4）风险评估；（5）合规政策；（6）流程管控；（7）培训沟通；（8）监督检查。我们依次观察这 8 项要素如何形成完整的合规体系，并且通过运行保证反商业贿赂机制达到效果。[①]

1. 高层重视

中兴公司的高层重视主要表现在高层对公司内部合规事项的直接参与、合规组织的汇报渠道畅通，以及合规经费、人员的充分保障。

中兴公司高层根据合规管理委员会的议事规则和流程参与合规规划，重要规范文件和重大合规事项的决策及建议。中兴公司高层直接对其所管辖业务的合规性负责。同时，在合规意识提升和文化培养方面，公司高层身体力行，直接参与下属单位的合规培训和沟通。合规管理组织有任何合规事项，可以直接向公司高层汇报，有非常通畅的沟通渠道。在资源投入方面，公司高层明确指出，公司对各部门合规运作所需的经费支持不设上限，按需求提报。

2. 合规组织

关于反商业贿赂，中兴公司一共设立了三道防线。第一道防线是各业务部门，第二道防线是中兴公司的专门合规组织，第三道防线是独立的合规稽查部。三道防线各司其职。

第一道防线，主要是公司各业务部门、职能部门在具体业务中发现合规风险，进行汇报、整改，将合规嵌入业务流程，按照相关员工手册的要求开展业务，以此来防范合规风险。

第二道防线，由公司反商业贿赂合规部、合规组织管理部、法律事务部等组成。主要工作内容是，对公司业务中的风险进行评估，制定业务的规则与流程，对合规内容进行指引、培训、宣讲，完善合规信息系统，撰写合规风险报告，与高层就合规问题进行沟通，对合规管理体系持续监督以及进行整改。

第三道防线，是公司的合规稽查部，主要职责是通过合规审计、违规调查等方式处理已经发生的违法违规事件。

基于这三道防线，中兴公司在反商业贿赂体系中搭建了四级组织架构：

---

① 参见《中兴通讯反贿赂合规手册》，载中兴网：https://res - www. zte. com. cn/mediares/zte/Files/PDF/white_book/202011121413CN. pdf? la = zh - CN。

第一，董事会下设合规管理委员会；

第二，反商业贿赂合规部，主要负责制定相应的规则；

第三，BU 合规团队，即在公司各个业务单位设立合规团队，使合规能够融入公司的具体业务运行中；

第四，合规稽查部，对公司合规业务进行稽查。

因此，在具体合规工作中坚持“合理的合规规则—有效的宣贯—坚决的落地—有利的稽查”的闭环管理，形成了合规业务和管理的双循环。

3. 合规资源

在合规资源投入方面，除了对场地、经费、人员等的投入，中兴公司主要对专家层面、合规管理系统、外部资源等内容进行持续投入。

在专家中心中，中兴公司引入了多名在风险评估、尽职调查、反贿赂体系建设、企业持续监督等方面有丰富经验的资深专家。同时，在合规管理系统和工具上，中兴公司持续进行优化完善，并且长期与外部知名律师事务所、会计师事务所和其他咨询机构保持合作。

4. 风险评估

中兴公司的反商业贿赂合规部与 BU 合规团队每年定期开展相关地区和领域的风险评估，不断更新公司的风险库，根据实际情况调整合规管理策略与措施。

由于中兴公司是大型跨国公司，其对于风险评估需站在国际的角度，对于中国的刑法、反不正当竞争法，美国的反腐败法，英国的反腐败法等，都需要不断地进行法律和案例的更新，以此来指导企业开展业务。

在风险评估的过程中，中兴公司采取文档审阅、数据分析、访谈、问卷调查、头脑风暴等方式综合考虑业务规模、商业模式、营业地、交易主体、交易类型、对商业伙伴的使用、政府关系、当地习俗等相关因素，尽可能全面、准确地评估实际的合规风险，最终形成风险评估报告，将风险评估结果与相关经营单位充分沟通，协调实施针对该地区或该领域实际情况的相应的政策、规范和流程。

5. 合规政策

合规政策，即中兴公司发布的关于反贿赂的政策以及相关的行为规范、工作指引等。中兴公司一共颁布了包括反贿赂合规手册在内的22份行为规范与工作指引，并且根据风险评估进行维护调整。

6. 流程管控

根据风险评估情况，中兴公司在合规管理规范中设置了相应的管理流程、措施和要求。在落地过程中，中兴公司通过相应系统设立合规审批流程，同时将合规审批流程嵌入公司的销售、采购、财务、雇佣和投资等业务及信息技术（IT）流程，确保合规管控实际贯穿于业务活动全过程的主要节点之中。最终确认合规审批流程不通过，相关业务不得继续进行，除非消除相关的禁止性合规事项或风险信号。

7. 培训沟通

中兴公司定期向全体员工进行反贿赂合规培训，并且向新员工、管理层、合规团队、营销、财务、采购、人力资源等重要岗位人员以及外部商业伙伴提供专项培训。同时，中兴公司也会在内外部环境变化、合规政策更新、地区的重要业务活动开展等重要环节向员工开展专题宣贯。中兴公司通过长期的培训宣讲方式，向全体员工表达公司对于内部舞弊问题“零容忍”的态度。

8. 监督检查

反商业贿赂合规部和BU合规团队对体系设计和执行的有效性开展持续监督，对缺陷和不足项进行自我整改。同时，合规稽查部将根据年度计划定期开展合规审计以发现体系缺陷和不足，并督促完成整改。对于通过举报线索或审计识别到的潜在违规行为，合规稽查部将按照相关流程和要求进行调查，并根据调查结果作出是否采取纪律处分的建议。

中兴公司通过如上8项要素搭建了反商业贿赂的合规体系，系统地为中兴公司反商业贿赂工作的有效开展提供支持，取得了良好的效果。

（二）P 公司搭建数据安全刑事合规体系

中小型企业搭建合规管理体系应该区别于大型企业。2022 年 5 月 23 日，中国中小企业协会发布《中小企业合规管理体系有效性评价》团体标准，对中小企业合规管理体系的评价方法、评价流程、评价指标等提供全面、细致的规范标准，是中小企业合规建设领域的一项创新性举措。其虽然是评价性标准，但是对于中小企业合规管理体系的搭建具有重要指导意义。

律师帮助中小型企业搭建刑事合规管理体系，应该以中小型企业合规标准为参照，我们结合 P 公司的案例进行分析。

1. 基本情况

P 公司是一家互联网企业，基于行业中其他企业存在“爬虫”问题被刑事处罚，以及《数据安全法》《个人信息保护法》等法律的出台，委托律师就公司数据安全相关问题搭建相应的刑事合规管理体系，避免数据安全犯罪行为的发生。

2. 搭建刑事合规管理体系情况

（1）设置合规管理机构及确定相应职责。

必须搭建相应的合规管理机构，并且确认相应的职责。

合规管理机构设置与职责配置即企业根据业务、规模和行业特点设置适当的合规管理机构以及配置相应的职责。合规管理机构设置和职责配置应当具有适当性、独立性和权威性。适当性，是指什么企业适合什么规模的管理机构，应该量体裁衣；独立性，是指企业合规管理机构能够独立处理合规事件；权威性，是指合规管理机构所作出的决定能代表公司“一把手”的意见。P 公司有员工 200 多人，因此设立了合规管理机构、合规部、合规专员三个层级。

第一，合规管理机构即合规领导小组，是包括企业法定代表人在内的管理机构，并且企业法定代表人是企业合规的第一责任人，监督合规管理体系的有效运行，确保合规部门的权威性。合规管理机构主要负责制定合规目标、监督体系运行、听取合规专员汇报、作出处理决定等。合规管理机构对于合规专员的工作应该予以大力支持，包括提供经费保障、物质保障、人力保障，并实施相应的绩效考核。

第二，合规部要确保独立性与权威性。独立性即该部门不隶属于任何部门，独立向合规管理机构进行汇报，并且有相应的人员配备和经费配备。权威性，是指其能够对企业业务的信息知情、参与决策，对关键岗位实现控制，对重点经营活动进行审查，对企业产品立项、发布等关乎企业经营的重要决策工作开展合规审查，并且在报告企业合规管理机构后对合规评审具有一票否决权。

第三，合规专员则是合规部的工作人员，主要负责具体合规事务，包括计划、执行、检查、整改企业的合规工作，收集、识别、转化合规义务，评估、监测、预防合规风险，开展合规培训、宣传合规文化，并且联系各个业务部门与合规部之间的工作，包括对企业合规工作的执行情况进行把控，及时向合规部报告不合规行为等。

（2）识别企业的合规风险。

P公司是互联网企业，对于数据安全问题特别看重，因此我们需要建立起企业对于数据安全风险问题的识别机制，使企业有识别数据安全合规风险的能力，设立相应的合规义务识别机制，包括能够识别与企业业务活动、产品和服务相关的内部合规义务和外部合规义务的机构、方法、制度和流程。

合规义务如同企业衡量自身生产经营行为正确性的尺子。有了尺子，才能够度量出行为过程中可能出现的合规偏差（合规风险）。

首先，我们要了解互联网企业中数据问题的核心在于数据的来源、存储、运用，可能涉及的罪名包括：

第一，非法侵入计算机信息系统罪（《刑法》第285条第1款）；

第二，非法获取计算机信息系统数据、非法控制计算机信息系统罪（《刑法》第285条第2款）；

第三，提供侵入、非法控制计算机信息系统程序、工具罪（《刑法》第285条第3款）；

第四，破坏计算机信息系统罪（《刑法》第286条）；

第五，拒不履行信息网络安全管理义务罪（《刑法》第286条之一）；

第六，非法利用信息网络罪（《刑法》第287条之一）；

第七，帮助信息网络犯罪活动罪（《刑法》第287条之二）；

第八，侵犯公民个人信息罪（《刑法》第253条之一）。

厘清上述罪名的构成要件、立案标准、犯罪主体等内容，确立企业的合规义务，以此建立相应的识别机制。

除了刑事法律之外，还需要分析其他数据法律法规等，如《数据安全法》《个人信息保护法》《移动互联网应用程序信息服务管理规定》，其对于数据安全有相应的规定。企业要对数据分类分级，依次可以分为国家秘密、国家情报、国家核心数据、重要数据、特别规定的数据、未特别规定的数据，不同数据的处理方式不一样。

合规义务识别机制的设立，包括配备人员，规定方法，落实制度，实施流程，形成识别合规义务的文件化信息。结合合规管理机构的设置，落实相应的人员，并且予以领导、人力资源、预算、必备物项工具等保障措施。

其次，我们根据风险发生概率和影响程度将P公司关于数据安全的合规风险进行评估和分级，并对常见的罪名和方法予以归类，最高等级为严格禁止，其次为经最高层审批，最后为经合规部审批。

（3）合规风险应对与管理优化。

在合规管理体系中，我们帮助P公司搭建了应对合规风险的机制，包括日常监测机制、举报机制、报告机制、持续改进机制以应对相应的刑事法律风险。

日常监测机制，主要是指P公司合规部门在P公司日常业务开展中对数据的来源、存储、运用进行相关的监测，并且定期、不定期地进行审查，如果发现业务开展违反相关的规定，则启动预警机制进行干涉，并且上报的流程。

一般情况，对于数据应该进行“采集—存储—传输—交换—处理—销毁”全流程的合规操作指引。例如，在采集方面，需要进行分类分级、密级标识等；在存储方面，需要确定存储的位置、保密的期限、是否备份等；在传输方面，需要确定知悉范围、授权审批的流程、是否加密等。相关的流程越细致越有利于日常监测机制的运作。

举报机制，主要指设立了相关的举报方式方法，让举报人针对企业违法违规的行为进行相应的举报。具体包括受理举报的机构、举报渠道、举报信息保密制度、举报人保护制度、举报处置流程以及合规疑虑与咨询等。

报告机制，主要是指合规部门对于企业业务中存在的合规问题进行汇报的制度，具体包括合规报告的对象、内容、形式、周期、流程等制度以及有关合规报告真实性、客观性和全面性的要求。最高管理层收到合规报告，因合规报告信息真实、客观、全面，其基于合规报告信息优化合规管理等。

持续改进机制，包括制定合规整改措施和违规问责制度，指定人员跟踪和评估合规风险的变化，持续调整或更新管控措施，具备相关机制以对管控措施与合规管理目标的偏离进行原因分析，采取相应措施确保合规管理与企业的实际情况相适应。持续改进机制的实施效果，包括具体不合规行为得到整改，违规事件责任人被问责，相同或类似的不合规事件得到有效防范、尽早发现或避免，系统性漏洞或责任缺失得到补救，公司员工及利益相关方认可企业在合规管理改善方面的尝试和努力。

（4）合规文化建设。

P 公司合规文化建设的内容主要包括，让 P 公司各个层级、各领域员工具备合规知识、合规意识、合规信念和合规行为。

首先，P 公司主要负责人和管理层作出合规承诺和表率。

其次，P 公司各层级员工都作出合规承诺，并对合规岗位职责进行绩效考核。

再次，P 公司合规信息的沟通与传达，包括合规知识和观念的宣传、培训、沟通。

最后，P 公司合规价值观的形成，包括对不合规行为的反应、行为习惯的改变、顾客或者客户对其合规形象的印象。

通过以上四个方面，基本能够搭建 P 公司关于数据安全的刑事合规管理体系，并且不断地进行调整，形成“有体系—碰到问题适用体系—再调整体系—再适用体系”的良性循环，最终建立真正的合规体系。

7

第七章

涉案企业合规整改

本章内容 涉案企业合规整改是这几年我国推行的针对企业的一项重要的改革，对于企业加强自身合规建设起到了重要作用。本章主要介绍涉案企业合规整改概况、涉案企业合规整改涉及的相关文件和具体内容、涉案企业合规整改的典型案例，以及律师应如何参与涉案企业合规整改业务，即律师在其中扮演的三种角色应该如何具体落实相应工作。

- 涉案企业合规整改
  - 涉案企业合规整改概况
    - 西方国家涉案企业刑事合规制度介绍
    - 我国涉案企业合规制度的演变
  - 涉案企业合规整改的具体内容
    - 涉案企业合规整改所依照的规章制度
    - 涉案企业合规整改的具体内容
  - 典型案例分析——从最高人民检察院典型案例看涉案企业合规
    - 最高人民检察院典型案例的作用
    - 最高人民检察院三批典型案例概况
    - 第一批典型案例的分析
    - 第二批典型案例的分析
    - 第三批典型案例的分析
    - 三批典型案例的差异
  - 律师如何参与涉案企业合规业务
    - 作为涉案企业的辩护律师
    - 作为涉案企业的刑事合规律师
    - 作为第三方监督评估专家

涉案企业合规整改是由我国最高人民检察院主导的，旨在落实“少补慎诉慎押”刑事司法政策，护航民营企业健康合规发展的重要举措。符合适用条件的涉案企业经过整改且评估、审查合格后，承办检察机关将对涉案企业及涉案人员作出不批捕、不起诉决定或者向人民法院提出从宽处罚的量刑建议。涉案企业合规整改制度是近几年最热门的司法改革之一，涉案企业在进行合规整改中需要律师提供相关的法律帮助。

一、涉案企业合规整改概况

涉案企业合规制度，或者叫刑事合规不起诉，最早出现在西方国家的司法制度中。我国最高人民检察院在 2020 年 3 月将涉案企业合规不起诉作为一个课题研究，在深圳市南山区、宝安区等检察院开始试点，后来逐渐推广开来。因此，对比中外的涉案企业合规整改制度，会发现不一样的地方。

（一）西方国家涉案企业刑事合规制度介绍

1. 美国的涉案企业刑事合规制度

美国检察机关主导的涉案企业合规制度分为暂缓起诉协议（DPA）和不起诉协议（NPA）。其中，暂缓起诉协议是指检察机关与涉嫌犯罪的企业通过协商达成的一种附条件不起诉的协议，其内容一般包括检察机关设置一定的考验期，企业在考验期内要缴纳高额的罚款，建立或完善合规计划，接受检察机关派驻的合规监察官，定期向检察机关报告建立完善合规计划的进展情况，检察机关在考验期结束后，对于那些认真履行协议的涉案企业，可以撤销起诉，涉案企业由此避免被定罪判刑的后果。暂缓起诉协议一般发生在检察官提起公诉之后，需要经过法官的批准。但是，是否适用暂缓起诉协议，完全由检察机关自行决定，法官对暂缓起诉协议的审查或者审批，属于形式上的审查，而不是实质性的审查。后来，美国检察机关又推行了不起诉协议，即检察机关与涉嫌犯罪的企业达成的附条件不起诉的协议，其内容与暂缓起诉协议非常相似，但达成这种不起诉协议的时间通常是检察机关提起公诉之前，检察机关享有更大的自由裁量权，可以自行决定是否签署这种协议，而无须经过法官的批准。[①]

2. 英国的涉案企业刑事合规制度

英国的涉案企业刑事合规制度，是指检察机关在对涉嫌犯罪的企业提起公诉后，在法官的监督下与该企业达成附条件的暂缓起诉的协议。其中，适用案件的类型包括刑事欺诈、贿赂及其他经济犯罪案件。同时，英国涉案企业合规制度一般只针对涉嫌犯罪的企业，不适用于涉嫌犯罪的自然人。英国企业是否能够适用暂缓起诉协议有两个标准：第一个是证据检验标准，即检察官适用暂缓起诉制度需要确信案件有足够的证据证明所指控的犯罪事实，或者基于一些可接受的证据表明对企业构成犯罪具有合理怀疑，并且有合理的理由相信通过进一步调查就可以获得可接受的证据，以使现有的证据就能够证明犯罪事实。第二个是公共利益检验标准，即检察官要考虑假如不对企业提起诉讼，而是达成暂缓起诉协议，是否有利于公共利益的实现，如涉案企业之前是否实施过类似的行为，是否制订了积极有效的合规计划，被发现不法行为之后，涉案企业是否与检察官保持合作等。[②]

3. 法国的涉案企业刑事合规制度

法国的涉案企业刑事合规制度有严格的适用条件。一般情况下，企业需要缴纳不超过过去 3 年平均营业额的 30% 的罚款，并且同意在法国反腐败局监控下，在第三方独立专家的协助下，在 3 年之内建立或者完善合规制度。在那些有明确被害人的案件中，企业还需要在一年之内按照约定方式赔偿被害人的损失。法国检察机关适用暂缓起诉协议时，需要将与企业的协议文本提交法院，经过法院听证程序加以确认之后，协议正式生效。后续检察机关将考察企业的整改情况，如果考察合格，检察机关会向法院提出申请，放弃对该企业的公诉；如果考察不合格，检察机关则向法院汇报，由法院决定是

① 参见陈瑞华：《企业合规基本理论》，法律出版社 2020 年版，第 233 ~ 250 页。
② 参见陈瑞华：《企业合规基本理论》，法律出版社 2020 年版，第 233 ~ 250 页。

否恢复公诉程序。①

（二）我国涉案企业合规制度的演变

我国涉案企业合规制度发展得相对较晚，但是依据我国国情，结合我国企业的具体开展情况，其发展势头很强劲。从2020年3月开始至今，不到3年的时间，涉案企业合规制度已经经历了三个阶段，并且已经在全国各地检察院全面铺开。

1. 摸索阶段

2020年3月，最高人民检察院率先在上海市浦东新区、金山区，江苏省张家港市，山东省郯城市，广东省深圳市南山区、宝山区6家基层检察院开展涉案企业刑事合规改革，作为第一期试点的地区。

2021年4月，最高人民检察院在第二期试点中，将试点范围扩大到北京市、辽宁省、上海市、江苏省、浙江省、福建省、山东省、湖北省、湖南省、广东省10个省（直辖市）。当时各地的做法并不一样。有以“事前合规”为主的，如张家港市检察院联合32个部门、镇（区）为成员单位成立合规监管委员会，牵头制定企业合规建设工作指引，组建专门的合规监管人队伍，指导鼓励企业事前建立合规制度，并且建立相应激励机制，即企业如果建立合规制度，政府承诺行政审批“绿色通道”、优先提供公共服务便利、降低市场交易成本等举措，同时如果企业涉嫌行政处罚、刑事追究时，可以享受从宽处理等优惠政策。

不过，大部分地区都是采取“事后合规”的方式，但是，是采取“合规不起诉”制度还是“不起诉合规”制度，各个地方并不统一。所谓“合规不起诉”，是指涉案企业做好合规整改后，检察机关可以对其进行不起诉处理，如深圳市南山区、浙江省宁波市、福建省泉州市等地区都是采取这种方式；“不起诉合规”，则是指涉案企业获得相对不起诉后，检察机关通过检察建议等方式要求涉案企业建立相应的合规制度。司法实践中，“不起诉合规”的方式确实起不到较好的合规效果，已经被判刑企业没有动力进行企业合规建

① 参见陈瑞华：《企业合规基本理论》，法律出版社2020年版，第233～250页。

设，而已经被不起诉的企业，检察院的检察建议也没有督促企业将合规制度建立起来的威慑力。因此，后续大部分地区都实施了“合规不起诉”的制度。

但是，在“合规不起诉”制度中，也存在一些争议，特别是在对企业合规建设的监管模式上。有些地方是检察机关自己作为监管人，如福建省石狮市；有些地方是检察机关与行政机关共同作为监管人，如辽宁省、浙江省永康市、福建省晋江市；有些地方是委托第三方作为监管人，如上海市金山区。在后续试点中慢慢发现，检察机关不能既做运动员，又做裁判员，为了避免“瓜田李下”的情况，委托第三方作为监管人慢慢成为主流，并且最终演变为第三方监督评估机制，成为涉案企业合规制度的重要内容之一。

2. 有法可依阶段

在经过一段时间试点后，各地摸索出一些经验，制定了一些流程。2021年6月3日，最高人民检察院、司法部、财政部、生态环境部、国资委、国家税务总局、国家市场监督管理总局、中华全国工商业联合会、中国国际贸易促进委员会九部门联合出台了《关于建立涉案企业合规第三方监督评估机制的指导意见（试行）》。该指导意见一共四章，共计20条，确立了涉案企业合规开展的办法，即采用第三方监督评估机制的方法，由第三方机制管委会选取第三方组织，再由第三方组织对涉案企业的合规整改进行监督，最终由人民检察院决定第三方评估是否合格，并基于此对涉案企业作出最终的评价，形成了一套可操作性较强的涉案企业合规整改机制。

与此同时，最高人民检察院从基层检察院收集、分析、整理了一批典型案例，先后发布三批企业合规改革试点典型案例。第一批典型案例4个，第二批典型案例6个，第三批典型案例5个，通过典型案例对司法实践中涉案企业合规制度存在的一些问题予以回应，让更多检察官、第三方组织、律师、涉案企业等明白有效的合规整改应该如何进行。

在这个阶段，涉案企业合规整改进入有法可依的时代，各地的第三方机制管委会开始选取第三方监督评估专家，形成第三方组织为涉案企业合规整改进行评估监督，更多不同类型的案例也涌现出来，但同时也暴露出一些问题：涉案企业哪些罪名可以适用？涉案企业整改时间是否过短？涉案企业整改方式是否可以简化？涉案企业如何整改才是有效的？第三方组织如何进行有效评估？这些棘手的问题都有待最高人民检察院解决。

3. 全面铺开阶段

2022年4月，最高人民检察院会同中华全国工商业联合会专门召开会议，正式宣布涉案企业合规改革试点在全国检察机关全面推开。与此同时，2022年4月19日，中华全国工商业联合会办公厅、最高人民检察院办公厅等九部门联合发布了《涉案企业合规建设、评估和审查办法（试行）》。该办法一共五章，共计23条，明晰了涉案企业的整改方案，确定了第三方组织的评估内容，也确定了第三方机制管委会和检察院的审查内容，是涉案企业合规建设的标准、第三方组织评估的标准、检察机关审查第三方组织评估结果的标准三个标准的统一。该办法的出台对于涉案企业合规整改具有跨时代的意义，也为涉案企业合规整改的全面铺开提供了制度武器。2022年6月14日，企业合规第三方监督评估工作推进会发布的《涉案企业合规第三方监督评估机制建设年度情况报告》显示，截至2022年5月底，第二批涉案企业合规改革试点地区省级管委会成员单位253家，市级管委会成员单位1163家，全国已有第三方机制专业人员6007人。全国检察机关共办理涉案企业合规案件1777件，其中，适用第三方机制的案件1197件，占全部合规案件的67.36%。

二、涉案企业合规整改的具体内容

（一）涉案企业合规整改所依照的规章制度

我国目前关于涉案企业合规整改的工作主要由最高人民检察院主导。最高人民检察院目前发布了两份文件，分别是《关于建立涉案企业合规第三方监督评估机制的指导意见（试行）》与《涉案企业合规建设、评估和审查办法（试行）》。这两份文件是涉案企业合规整改主要依据的规章制度。

《关于建立涉案企业合规第三方监督评估机制的指导意见（试行）》是2021年6月3日由最高人民检察院、司法部、财政部等九个部门共同发布，全文共有4个章节、20个条文，主要解决的是涉案企业刑事合规如何开展的问题，即引入第三方监督评估机制。同时，《关于建立涉案企业合规第三方监督评估机制的指导意见（试行）》明确了“涉案企业合规不批捕、合规不起诉”的说法，明确了第三方机制适用主体、适用条件及除外情形、启动方式、启动步骤，明确了涉案企业适用第三方机制评估后所产生的法律后果，明确了监督程序和回避机制。《关于建立涉案企业合规第三方监督评估机制的指导意见（试行）》使检察机关开展涉案企业合规整改有了明确的抓手，也加快了改革试点的进程。

《涉案企业合规建设、评估和审查办法（试行）》于2022年4月19日由最高人民检察院办公厅联合全国工商联办公厅等九部门一起发布，全文共有5个章节、23个条文，主要解决的是涉案企业如何做好合规建设、第三方组织如何做好有效评估、检察机关如何做好有效审查三个问题。《涉案企业合规建设、评估和审查办法（试行）》明确了涉案企业合规整改中各个主体的职能，即企业合规建设的主体是涉案企业本身，第三方组织的职能是评估，人民检察院与第三方监督机制管委会的职能是对第三方组织的评估过程和结论进行审核。同时，《涉案企业合规建设、评估和审查办法（试行）》强调了对涉案企业合规整改结果的宽严相济，对涉案企业合规建设经评估符合有效性标准的，可以依法作出不批捕、不起诉的决定，提出从宽处罚的量刑建议；但是，对于涉案企业没有做好合规整改，达不到相关要求的，则应该予以从严处罚。

最高人民检察院还先后公布了三批共15个典型案例，通过这些典型案例及相应的解读文件，能够对涉案企业如何开展合规整改有充分的了解，对于案例的解读我们下文会详细展开。

（二）涉案企业合规整改的具体内容

涉案企业合规整改的一般流程主要是，检察机关在办理涉企犯罪案件中，对符合企业合规改革试点的案件启动涉案企业合规整改机制，第三方监督机制管委会从已成立的第三方组织名录库中抽选第三方组织成员，成立第三方组织对涉案企业的合规整改进行监督评估，最终对涉案企业的合规建设进行调查、评估、监督和考察，并且向检察机关出具相应的评估报告，检察机关根据评估报告的考察结果对相关案件作出最终的结论。其中涉案企业合规整改的流程包括如下内容。

1. 启动阶段

（1）关于涉案企业合规机制如何启动。

涉案企业合规机制的启动有两种方式：第一种是检察机关依职权启动，检察机关主动审核，并征询涉案企业、个人、辩护律师的意见；第二种是检察机关依申请启动，涉案企业、个人、辩护人、诉讼代理人，或者其他相关单位、人员都可以向检察机关申请启动涉案企业合规整改机制，检察机关依申请后审核启动。同时，其他办案部门办理案件也可向检察机关提出建议。例如，《关于建立涉案企业合规第三方监督评估机制的指导意见（试行）》提出，“纪检监察机关认为涉嫌行贿的企业符合企业合规试点以及第三方机制适用条件，向人民检察院提出建议的，人民检察院可以参照适用本指导意见”。

检察机关认为符合适用条件的，应商请本地区第三方监督机制管委会启动第三方机制。同时，第三方监督机制管委会根据案件具体情况，以及涉案企业的类型，从专业人员名录库中分类随机抽取人员组成第三方组织，并向社会进行公示。第三方组织名单需要报送承办检察机关备案，如检察机关对第三方组织成员有异议的，第三方监督机制管委会调查核实后视情况进行调整。

（2）关于哪些类型案件适用涉案企业合规机制。

涉案企业合规机制一般适用于企业生产经营中的犯罪行为，一般情况下包括经济犯罪与职务犯罪等。前者如虚开增值税专用发票罪、串通投标罪、污染环境罪，后者如对非国家工作人员行贿罪、非国家工作人员受贿罪。不属于企业生产经营中的犯罪行为，如企业负责人涉嫌危险驾驶罪、故意伤害罪等，不能适用相应的涉案企业合规机制。

（3）关于哪些犯罪主体适用涉案企业合规机制。

涉案企业合规机制主要适用于公司、企业等单位犯罪，但是并不排斥单位实际控制人、经营管理人员、关键技术人员等个人犯罪的情况。最高人民检察院发布的典型案例中也包括个人犯罪的案例。所以，并不是只适用于单位犯罪的情况，如果单位中的自然人在单位生产经营过程中实施了犯罪行为，而没有涉嫌单位犯罪，但是符合涉案企业合规整改机制的，也可以启动该机制。

（4）关于涉案企业满足哪些条件才能启动涉案企业合规机制。

涉案企业必须满足以下三个条件才能够启动涉案企业合规机制：

第一，涉案企业、个人认罪认罚；

第二，涉案企业能够正常生产经营，承诺建立或者完善企业合规制度，具备启动第三方机制的基本条件；

第三，涉案企业自愿适用。

（5）关于涉案企业哪些情形不适用涉案企业合规机制。

根据相关规定，涉案企业符合如下情形，不能适用涉案企业合规机制：

第一，个人为进行违法犯罪活动而设立公司、企业的；

第二，公司、企业设立以后以实施犯罪为主要活动的；

第三，公司、企业人员盗用单位名义实施犯罪的；

第四，涉嫌危害国家安全犯罪、恐怖活动犯罪的；

第五，其他不宜适用的情况。

《关于建立涉案企业合规第三方监督评估机制的指导意见（试行）》只提出5种涉案企业不适用涉案企业合规机制的情况。但是，对于第五种“其他不宜适用的情况”，各地检察机关可以根据当地情况加以规定。例如，北京市大兴区人民检察院联合北京市大兴区知识产权局、北京市大兴区工商联共同发布的《侵犯知识产权犯罪涉案企业合规整改指南》明确提到，涉及食品、药品、母婴用品、化妆品等对于人体健康可能造成直接影响的知识产权犯罪案件一般不适用企业合规试点机制。

（6）关于可能判处3年以上有期徒刑的重大案件是否可以适用涉案企业合规机制。

《关于建立涉案企业合规第三方监督评估机制的指导意见（试行）》中并

没有规定可能判处3年以上有期徒刑的重大案件不能适用涉案企业合规机制。但是，由于3年以上有期徒刑的案件，即使做了合规整改，对涉案企业及其负责人也无法做到不起诉处理，很多检察院选择涉案企业合规整改的案件时，都有意选择了可能判处有期徒刑3年以下的案件。但是，随着改革的深入，越来越多有期徒刑3年以上的重大案件也被启动相应机制，因为涉案企业合规整改的效果不仅是不起诉，也包括从宽处理。另外，是否可以放过企业，只处罚企业主，即涉案企业做好合规建设，对企业不起诉，但是对相应的企业负责人、直接责任人员进行起诉处理，也存在探索的空间。

（7）关于大型企业能否适用涉案企业合规机制。

从试点阶段开始，涉案企业合规机制一直以中小微企业为主，那么，大型企业犯罪是否能适用涉案企业合规机制呢？答案是肯定的，当然，大型企业犯罪后，其进行的合规建设、合规评估、合规审查与中小微企业肯定是不一样的，这也体现涉案企业合规建设中差异性的原则，具体内容下文中我们会展开来讲，但是不变的是对合规有效性的要求，这是任何涉案企业进行合规整改的基本原则。

（8）关于二审阶段能否启动涉案企业合规机制。

有实务部门提出，如果涉案企业一审阶段没有适用涉案企业合规机制，在二审上诉阶段，涉案企业及律师提出，或者审理法官认为可以适用涉案企业合规机制，是否可以启动涉案企业合规机制，让涉案企业进行合规整改，并且合规整改通过后在裁定中对其从宽处罚。我们认为，虽然目前相关的法律文件并没有明确二审阶段是否可以适用，但是涉案企业合规机制的目的就是让值得被挽救的企业获得挽救的机会，如果涉案企业因为种种原因在一审期间没有启动涉案企业合规机制，在二审中其自愿适用该机制，并且符合相应条件，二审法院完全可以给予机会让其进行合规整改，建立起合规体系，真正让企业合规合法发展。

2. 第三方机制运行阶段

（1）第三方监督机制管委会的职责。

第三方监督机制管委会是由地方的人民检察院和国资委、财政部门、工商联等联合成立的，其主要职责是选聘、培训、监督等，具体包括：

第一，建立本地区第三方机制专业人员名录库，并根据各方意见建议和工作实际进行动态管理；

第二，负责本地区第三方组织及其成员的日常选任、培训、考核、统筹、协调等工作，确保其依法依规履行职责；

第三，对选任组成的第三方组织及其成员开展日常监督和巡回检查；

第四，对第三方组织的成员违反相关规定，或者实施其他违反社会公德、职业伦理的行为，严重损害第三方组织形象或公信力的，及时向有关主管机关、协会等提出惩戒建议，涉嫌违法犯罪的，及时向公安司法机关报案或者举报，并将其列入第三方机制专业人员名录库“黑名单”；

第五，统筹协调本地区第三方机制的其他工作。

（2）第三方组织的职责。

目前，涉案企业合规制度已经在全国各地检察院全面铺开，全国各地也依照《关于建立涉案企业合规第三方监督评估机制的指导意见（试行）》组建了第三方监督评估机制专家名录库。第三方组织是由第三方监督机制管委会从名录库中抽选出来的，为涉案企业的合规整改进行监督、评估。其工作职责主要包括以下三个方面：

第一，涉案企业合规整改前，第三方组织应当要求涉案企业提交专项或者多项合规整改计划，并明确合规计划的承诺完成期限；同时，应当对涉案企业合规计划的可行性、有效性与全面性进行审查，提出修改完善的建议意见，并根据案件具体情况和涉案企业承诺履行的期限确定合规考察的期限。

第二，涉案企业合规整改期间，第三方组织可以定期或者不定期对涉案企业合规计划履行情况进行检察和评估，可以要求涉案企业定期书面报告合规计划的执行情况，同时可以抄送负责办理案件的人民检察院。第三方组织如果发现涉案企业或者其涉案人员尚未被办案机关掌握的犯罪事实或者新实施的犯罪行为，应当中止第三方监督评估程序，并向负责办理案件的人民检察院报告。

第三，涉案企业合规整改结束后，第三方组织应当对涉案企业的合规计划完成情况进行全面检查、评估和考核，并制作合规考察书面报告，报送负责选择第三方组织的第三方监督机制管委会，以及承办该案的检察官。

（3）第三方组织的构成。

根据《关于建立涉案企业合规第三方监督评估机制的指导意见（试行)》，第三方组织组成人员系律师、注册会计师、税务师（注册税务师）等中介组织人员。司法实践中，第三方组织成员一般包括三类人：第一类是合规专家，如大学刑法、刑事诉讼法或者合规领域的专家教授，大型公司的法务人员或者合规人员；第二类是专业人员，如律师、会计师、税务师等中介组织人员；第三类是相关组织的官员或者退休官员，如有些地方的退休法官、检察官。

（4）第三方组织成员的要求。

第三方组织成员需要经过第三方监督机制管委会选任，代表第三方监督机制管委会和检察院对涉案企业的合规整改进行监督、评估。其相当于破产案件中的破产管理人，具有国家工作人员的角色。因此，其在履职过程中应该客观公正、尽职勤勉。具体而言，第三方组织成员在履行第三方监督评估职责期间，不得违反规定接受可能有利益关系的业务；在履行第三方监督评估职责结束后一年以内，第三方组织成员及其所在中介组织不得接受涉案企业、个人或者其他有利益关系的单位、人员的业务。

同时，第三方组织及其成员在履职过程中应履行下列义务：

第一，遵纪守法，勤勉尽责，客观中立；

第二，不得泄露履职过程中知悉的国家秘密、商业秘密和个人隐私；

第三，不得利用履职便利，索取、收受贿赂或者非法侵占涉案企业、个人的财物；

第四，不得利用履职便利，干扰涉案企业正常生产经营活动。

（5）关于谁来监督第三方组织。

第三方组织在涉案企业合规整改制度中作用巨大，其对涉案企业的合规整改进行监督，出具报告。检察机关一般是对第三方组织的评估报告进行考核，审查涉案企业是否通过合规整改。第三方组织在涉案企业合规整改中起到重要作用，应该对其进行监督。

第一种监督来自第三方监督机制管委会。根据《关于建立涉案企业合规第三方监督评估机制的指导意见（试行）》的规定，第三方监督机制管委会应当组建巡回检查小组，对相关组织和人员在第三方机制相关工作中的履职情况开展不预先告知的现场抽查和跟踪监督。巡回检查小组成员可以由人大代表、政协委员、人民监督员、退休法官和检察官以及会计审计等相关领域的专家学者担任。

第二种监督来自检察机关。检察机关应该审查第三方组织的合规考察书面报告等材料，如果发现，或者经对收到的反映、异议或者申诉、控告调查核实确认，第三方组织或其组成人员存在违反《关于建立涉案企业合规第三方监督评估机制的指导意见（试行）》的行为足以影响评估结论真实性、有效性的，应当重新组建第三方组织进行评估。如果涉嫌犯罪的，可以移送司法机关进行处理。

第三种监督来自涉案企业。涉案企业或其人员在第三方机制运行期间，认为第三方组织或其组成人员存在行为不当或者涉嫌违法犯罪的，可以向负责选任第三方组织的第三方监督机制管委会反映或者提出异议，或者向负责办理案件的人民检察院提出申诉、控告。

（6）关于涉案企业是否可以申请更换第三方监管人。

《关于建立涉案企业合规第三方监督评估机制的指导意见（试行）》和《涉案企业合规建设、评估和审查办法（试行）》并未提出涉案企业是否可以更换第三方组织及其成员，只规定如果第三方组织存在行为不当或者涉嫌违法犯罪行为，可以向第三方监督机制管委会反映或提出异议，或者向人民检察院提出申诉、控告。实际上，合规整改对于涉案企业而言至关重要，如果整改通过，涉案企业及其相关负责人可能会被不起诉处理，而如果整改未通过，则可能面临有罪的判决。因此，如果碰到不合适的第三方监管人，是否有权要求更改？这里的不合适并不是指第三方监管人违法犯罪的情况，而是指其不专业，对涉案领域的行业不了解。例如，针对互联网企业涉及数据方面的犯罪，需要第三方监管人对互联网行业、数据安全有所了解，但是，如果随机抽取的人员组成的第三方组织对这方面内容不清楚，基于此对于涉案企业的合规计划、合规整改方案不认可，最终导致合规整改未能通过，那么，对涉案企业而言确实影响巨大。因此，我们认为涉案企业应该有一定的建议权，如果认为第三方监管人有利益冲突、专业问题等，可以向检察机关、第三方监督机制管委会提出更换申请。

3. 涉案企业整改阶段

（1）涉案企业、第三方组织、检察机关、第三方监督机制管委会在涉案企业合规整改机制中的职责。

涉案企业的合规整改大致需要这样一个过程：涉案企业进行合规整改—第三方组织评估—承办检察机关审查—第三方监督机制管委会认可。根据《涉案企业合规建设、评估和审查办法（试行）》的规定，各方主体各司其职，分工明确。

首先，企业合规建设的主体是涉案企业本身。涉案企业需要递交合规计划、合规整改方案、相应合规制度等方案。第三方组织对涉案企业的合规整改进行评估，检察院与第三方监督机制管委会对第三方组织的评估报告进行审查。因此，各个主体并不能越俎代庖，既做运动员，又做裁判员。当然，涉案企业可以聘请专业人员为企业制订相应的合规计划，应对第三方组织的评估和考察。

其次，第三方组织的职能是监督评估，即对涉案企业专项合规整改计划和相关合规管理体系有效性进行了解、评价、监督和考察。了解、评价、监督和考察实际上贯穿整个涉案企业合规整改的过程中，第三方组织作为评估人员应该秉承客观中立的态度。第三方组织可以在监督评估过程中给出指导建议，并且责令涉案企业限期整改。

最后，检察机关与第三方监督机制管委会的职责是对第三方组织的评估过程和结论进行审核。其针对的是第三方组织的评估报告，而非涉案企业的合规计划、合规整改方案。

当然，针对小微企业的合规，可以不启动第三方监督评估机制，在没有第三方组织的情况下，由人民检察院对企业提交的合规计划和整改方案进行审查。在这里人民检察院所起到的就是第三方组织的作用。对于哪些企业属于小微企业，可以参照工业和信息化部、国家统计局、国家发展改革委、财政部于2011年6月18日联合下发的《中小企业划型标准规定》。该规定第2

条将中小企业划分为中型、小型、微型三种类型，具体标准根据企业从业人员、营业收入、资产总额等指标，结合行业特点制定。

（2）关于涉案企业如何进行合规建设。

涉案企业的合规建设，不仅要求涉案企业就涉罪的风险点进行整改，而且要求企业通过合规整改形成企业的合规体系，继而形成相应的合规文化。《涉案企业合规建设、评估和审查办法（试行）》明确了涉案企业的合规建设应包括以下 10 项内容：

第一，全面停止涉罪的违规违法行为，退缴违规违法所得，补缴税款和滞纳金并缴纳相关罚款；

第二，成立涉案企业合规领导小组；

第三，制订专项的合规计划；

第四，涉案企业实际控制人、主要负责人应作出合规承诺；

第五，设置合规管理机构或者管理人员，并且明确职责，进行考核；

第六，建立健全的合规管理制度机制；

第七，对于合规管理制度机制有效运行提供必要的人员、培训、宣传、场所、设备和经费等人力、物力保障；

第八，建立监测、举报、调查、处理机制，保证及时发现和监控合规风险，纠正和处理违规行为；

第九，建立合规绩效评价机制；

第十，建立持续整改、定期报告等机制。

《涉案企业合规建设、评估和审查办法（试行）》对于涉案企业的合规整改提出了全面且易操作的要求，其重点就是“有效性”。合规整改不是“纸面整改”，需要确实有效地对涉案的企业风险予以整改，保证今后能够合规经营。涉案企业的合规整改以专项合规为主，以全面合规为目标，即涉案企业合规建设的主要目的是针对其涉嫌犯罪的内容，降低在该领域再次犯罪的可能性。当然，如果能够以此建立健全企业的合规制度，防止其他领域犯罪行为的发生，那是再好不过的。

（3）关于第三方组织如何进行有效评估。

首先，对于第三方组织的评估方法，《涉案企业合规建设、评估和审查办法（试行）》提出，可以根据涉案企业情况和工作需要，制订具体细化、可操作的合规评估工作方案，即体现了差异性原则，针对不同类型的企业必须有不同的评估方法。

其次，第三方组织对涉案企业合规整改评估的内容主要包括：

第一，对涉案合规风险的有效识别、控制；

第二，对违规违法行为的及时处置；

第三，合规管理机构或者管理人员的合理配置；

第四，合规管理制度机制建立以及人力物力的充分保障；

第五，监测、举报、调查、处理机制及合规绩效评价机制的正常运行；

第六，持续整改机制和合规文化已经基本形成。

最后，第三方组织制定具体评估的指标，同样根据涉案企业类型、规模、业务范围、行业特点以及涉罪行为等因素设置。相信随着涉案企业合规改革的推进，接下来最高人民检察院等部门会对主要涉案罪名，如虚开增值税专用发票罪、串通投标罪、走私犯罪等规定相应的整改指标，让第三方组织能够更加公平公正地进行评估。

（4）关于第三方监督机制管委会及检察机关如何进行有效审查。

第三方监督机制管委会及人民检察院主要审查的内容包括：

第一，第三方组织制订和执行的评估方案是否适当；

第二，评估材料是否全面、客观、专业，足以支持考察报告的结论；

第三，第三方组织或其组成人员是否存在可能影响公正履职的不当行为或者涉嫌违法犯罪行为；

第四，对于审查中发现的疑点和重点问题，人民检察院可以要求第三方组织或其组成人员说明情况，也可以直接进行调查核实。

（5）涉案企业进行合规整改后的结果。

涉案企业合规整改经过评估、审查后，会存在合格、不合格的结果。最高人民检察院要求落实“严管厚爱”的政策，避免“纸面合规”的情况，真正做到合规整改的有效性。因此，《涉案企业合规建设、评估和审查办法（试行）》明确了涉案企业合规整改的结果，对于真正落实合规整改的，予以从宽处罚；但是，对于未做好合规整改的，则予以从严处罚。

首先，对于涉案企业合规建设经评估符合有效性标准的，人民检察院可以参考评估结论依法作出不批准逮捕、变更强制措施、不起诉的决定，提出从宽处罚的量刑建议，或者向有关主管机关提出从宽处罚、处分的检察意见。

这里提出的不批准逮捕，实质上就表示《涉案企业合规建设、评估和审查办法（试行)》认可了涉案企业合规可以在侦查阶段提出，如果涉案企业在侦查阶段能够提供其合规计划或者已有合规体系，证明其合规整改的效果，则可以让检察机关作出不批捕的决定。同时，变更强制措施则表示，在涉案企业的相关负责人被采取刑事强制措施之后，如果涉案企业进行了有效的合规整改，可以对其申请变更强制措施。对于检察机关可以向有关主管机关提出从宽处罚、处分的检察建议，笔者认为应该是针对行政处罚的检察建议，即该案最终不涉及刑事犯罪，但需要作出行政处罚，在涉案企业合规整改达到要求后，检察机关可以向行政机关提出对涉案企业从宽处罚的建议。

其次，对于涉案企业没有做好合规整改，达不到相关要求的，《涉案企业合规建设、评估和审查办法（试行)》明确了应该予以从严处罚。《涉案企业合规建设、评估和审查办法（试行)》第2条第2款提出，对于涉案企业合规建设经评估未达到有效性标准或者采用弄虚作假手段骗取评估结论的，人民检察院可以依法作出批准逮捕、起诉的决定，提出从严处罚的量刑建议，或者向有关主管机关提出从严处罚、处分的检察意见。

从严处罚的量刑建议，司法实践中曾表现为涉案企业合规整改未达到效果，对于原本取保候审的涉案企业负责人，量刑建议为实刑，最终也被法院采纳。从法理上讲，涉案企业的合规整改未通过可以认定为犯罪主体的悔罪程度不高，主观恶性较大，因此从严处罚具有一定的法律依据。但是，是否需要区分不同情况？例如，涉案企业确实想要整改，但是实力不行或者现实存在困难，因此未能通过第三方组织的评估。对于这种情况是否仍然需要从严处罚，笔者认为值得商榷。同时，从严处罚并不是加重处罚，否则就违背了罪刑法定的原则。

三、典型案例分析——从最高人民检察院典型案例看涉案企业合规

（一）最高人民检察院典型案例的作用

典型案例在具体工作中发挥着举足轻重的作用，截至目前，最高人民检察院共发布三批合规改革试点典型案例，这些案例是从全国各地众多的案件中精心挑选的，具备典型性的同时也具有指导性和权威性。在明确司法理念、确定司法政策后，案例就是最直接、最有效的指导方式。合规改革的典型案例不仅可以指导一线检察官办案，也为律师、第三方组织成员办理涉案企业合规提供了借鉴，同时也是给企业和个人的法治宣传教育。重视典型案例，加强对典型案例的学习适用，可以助力企业合规改革工作的全面有效开展。

（二）最高人民检察院三批典型案例概况

1. 典型案例的地域分布

最高人民检察院发布的三批合规改革试点典型案例共 15 件，涉及 9 个省（自治区、直辖市），分别是上海市（3 个），江苏省（3 个），广东省（2 个），山东省（2 个），湖北省（1 个），海南省（1 个），广西壮族自治区（1 个），北京市（1 个），福建省（1 个）。其中，大部分地区都属于试点地区，海南省、广西壮族自治区作为非试点地区各有 1 个案例入选。而上海市、江苏省各有 3 个案例入选，可见上海市与江苏省在涉案企业合规整改中走在改革前列，一些先进做法也获得最高人民检察院的认可。

2. 典型案例中涉案企业的类型

3 批典型案例中的涉案企业的类型广泛，包含科技类，电器加工/销售类，食品/水果类，五交化贸易类，工程建筑类，房地产评估类，矿业类。其中，食品类企业有 2 个，科技类企业有 8 个，其余企业类则各有 1 个。这说明，在涉案企业合规整改中，检察机关对于科技类企业有一定的偏爱。因此，类似“专精特新”的企业在进行涉案企业合规整改中有一定优势。

3. 典型案例的罪名分布

三批典型案例共涉及 13 个罪名，分别是：

分则第二章第 134 条：重大责任事故罪（1 个）；

分则第三章第二节第 153 条：走私普通货物罪（1 个）；

分则第三章第三节第 164 条：对非国家工作人员行贿罪（1 个）；

分则第三章第四节第 180 条：泄露内幕信息罪、内幕交易罪（1 个）；

分则第三章第六节第 205 条：虚开增值税专用发票罪（1 个）；

分则第三章第七节第 213 条：假冒注册商标罪（1 个）；

分则第三章第七节第 214 条：销售假冒注册商标的商品罪（1 个）；

分则第三章第八节第 223 条：串通投标罪（3 个）；

分则第三章第八节第 229 条：提供虚假证明文件罪（1 个）；

分则第六章第一节第 285 条：非法获取计算机信息系统数据罪（1 个）；

分则第六章第二节第 312 条：掩饰、隐瞒犯罪所得、犯罪所得收益罪（1 个）；

分则第六章第六节第 338 条：污染环境罪（1 个）；

分则第六章第六节第 343 条：非法采矿罪（1 个）。

如果以企业的经济犯罪与职务犯罪对比，一共有 7 件属于经济犯罪，① 只有 1 件属于企业职务犯罪，剩余 7 件属于企业的其他领域的犯罪。同时，串通投标罪一共出现了 3 次，可见该罪对于企业而言是高危犯罪，同时也是检察机关最愿意启动涉案企业合规整改的罪名。

4. 典型案例的处理结果

15 个典型案例中，涉案企业有 10 个获得了不起诉处理，有 4 个获得从宽处理（对相关负责人均判了缓刑），有 1 个获得撤案处理。这体现了涉案企业做好合规整改后均能够获得从宽处理，但是并不是每个涉案企业都能够获得不起诉的结果，同样也不是必须 3 年以下有期徒刑的案件才能启动涉案企业合规整改。

---

① 笔者将《刑法》分则第三章破坏社会主义市场经济秩序罪中的罪名认定为企业的经济犯罪，典型罪名有走私普通货物罪、假冒注册商标罪、销售假冒注册商标的商品罪、串通投标罪。

（三）第一批典型案例的分析

1. 张家港市L公司、张某甲等人污染环境案

（1）基本案情。

江苏省张家港市L化机有限公司（以下简称L公司）系从事不锈钢产品研发和生产的省级高科技民营企业，张某甲、张某乙、陆某某分别系该公司的总经理、副总经理、行政主管。

2018年下半年，L公司在未取得生态环境部门环境评价的情况下建设酸洗池，并于2019年2月私设暗管，将含有镍、铬等重金属的酸洗废水排放至生活污水管，造成严重环境污染。苏州市张家港生态环境局现场检测，L公司排放井内积存水样中总镍浓度为29.4mg/L、总铬浓度为29.2mg/L，分别超过《污水综合排放标准》的29.4倍和19.5倍。2020年6月，张某甲、张某乙、陆某某主动向张家港市公安局投案，如实供述犯罪事实，自愿认罪认罚。

（2）为什么选择L公司做涉案企业合规？

第一，L公司及张某甲虽涉嫌污染环境罪，但排放污水量较小，尚未造成实质性危害后果。

第二，L公司系省级高科技民营企业，年均纳税400余万元，企业员工90余名，专利20余件，部分产品突破国外垄断。

第三，L公司第一时间提交书面合规承诺及行业地位、科研力量、纳税贡献等证明材料。

（3）L公司如何进行合规整改？

第一，L公司聘请律师对合规建设进行初评，全面排查企业合规风险，制订详细整改计划。

第二，检察机关委托税务、生态环境、应急管理等部门对合规计划进行专业评估，L公司每月向检察机关书面报告合规计划实施情况。

第三，检察机关组建以生态环境部门专业人员为组长的评估小组，对L公司整改情况及合规建设进行评估。

第四，检察机关邀请人民监督员、相关行政主管部门、工商联等各界代表，召开公开听证会。

（4）案件处理结果。

第一，检察机关对L公司作出不起诉决定；

第二，苏州市生态环境局对L公司作出行政处罚决定。

（5）案件启发。

第一，涉案企业资质很重要。为什么选择L公司启动涉案企业合规机制，主要是因为L公司的资质很好，是一家具有潜力的企业。L公司及张某甲等人虽涉嫌污染环境罪，但排放污水量较小，尚未造成实质性危害后果；L公司系省级高科技民营企业，年均纳税400余万元、企业员工90余名、拥有专利20余件，部分产品突破国外垄断，若L公司及管理人员被判刑，将会对国内相关技术领域造成较大影响；L公司第一时间提交了书面合规承诺以及行业地位、科研力量、纳税贡献、承担社会责任等证明材料。

第二，涉案企业主动很重要。L公司第一时间向检察机关提出合规承诺，聘请律师对合规建设进行初评，全面排查企业合规风险，制订详细的合规计划，每月向检察机关书面汇报合规计划实施情况。

第三，涉案企业合规整改后效果很重要。通过开展合规建设，L公司实现了快速转型发展，逐步建立起完备的生产经营、财务管理、合规内控管理体系，企业抵御和防控经济风险的能力得到进一步增强。2021年L公司一季度销售收入同比增长275%，缴纳税款同比增长333%，成为所在地区增幅最大的企业。

2. 上海市A公司、B公司、关某某虚开增值税专用发票案

（1）基本案情。

被告单位上海A医疗科技股份有限公司（以下简称A公司）、上海B科技有限公司（以下简称B公司），被告人关某某系A、B两家公司实际控制人。

2016年至2018年，关某某在经营A公司、B公司业务期间，在无真实货物交易的情况下，通过他人介绍采用支付开票费的方式，让他人为两家公

司虚开增值税专用发票共219份，价税合计2887余万元，其中税款419余万元已申报抵扣。2019年10月，关某某到案后如实供述上述犯罪事实并补缴涉案税款。

2020年6月，公安机关以A公司、B公司、关某某涉嫌虚开增值税专用发票罪将其移送检察机关审查起诉。

（2）为什么选择该公司做涉案企业合规？

第一，涉案企业系我国技术领域的领军企业，上海市高新技术企业，科研实力雄厚，对地方经济发展和增加就业有很大贡献。

第二，企业合规具有可行性，公司管理人员及员工学历普遍较高，对合规管理的接受度高、执行力强。

第三，涉案企业已补缴税额，关某某具有立功情节。

（3）处理结果。

上海市宝山区人民法院以虚开增值税专用发票罪判处A公司罚金15万元，判处B公司罚金6万元，判处关某某有期徒刑3年，缓刑5年。

（4）案件启发。

第一，涉案企业涉嫌的犯罪金额较大，价税合计2887万元，其中税款419万元已经被抵扣，依照法律规定，税款超过250万元，法定刑就是10年以上，因此本案属于重罪案件，但是依然可以适用涉案企业合规整改制度，并不是只有法定刑3年以下的轻罪案件才能适用。

第二，本案的涉案企业及相关实控人最终并不是被认定为不起诉，而是通过认罪认罚达成缓刑的量刑建议。也就是说，涉案企业合规整改并不等于合规不起诉，只有不起诉的案件才能适用该机制，或者说适用了该机制一定要进行不起诉的处理。当然，本案最终适用缓刑也体现了对涉案企业从宽处罚的精神。

第三，本案是宣判后检察机关才督促涉案企业去做合规建设的，可以看出效果并不好，因此检察机关最终还通过检察建议要求涉案企业进一步加强合规建设。这属于涉案企业合规整改试点的一个过程，也即上文提到的“不起诉合规”的试点（不一定是不起诉，宣判后也可以要求涉案企业做合规）。目前，涉案企业合规整改制度一般都是要求涉案企业先进行合规整改，检察机关根据其合规整改的情况再出具相应的量刑建议，这使涉案企业合规整改更能得到监督和审查。

3. 王某某、林某某、刘某乙对非国家工作人员行贿案

（1）基本案情。

深圳Y科技股份有限公司（以下简称Y公司）系深圳H智能技术有限公司（以下简称H公司）的音响设备供货商。Y公司业务员王某某为了在H公司音响设备选型中获得照顾，向H公司采购员刘某甲陆续支付“好处费”共计25万元，并在刘某甲的暗示下向H公司技术总监陈某行贿24万余元。由王某某通过公司采购流程与深圳市A数码科技有限公司（以下简称A公司）签订采购合同，将资金转入A公司账户，A公司将相关费用扣除后，将剩余的资金转入陈某指定的账户中。

Y公司副总裁刘某乙、财务总监林某某对相关款项进行审核后，王某某从公司领取行贿款项实施行贿。

（2）为什么选择Y公司做涉案企业合规？

Y公司属于深圳市南山区拟上市的重点企业，该公司在专业音响领域处于国内领先地位，已经在开展上市前辅导。本案暴露出Y公司在制度建设和日常管理中存在较大的漏洞，如果对其进行涉案企业合规整改，对其今后经营发展会有很大帮助。

（3）Y公司如何进行合规整改？

第一，Y公司制定可行的合规管理规范，着手制定企业内部反舞弊和防止商业贿赂指引等一系列规章制度。

第二，Y公司构建有效的合规组织体系，增加企业合规的专门人员。

第三，Y公司健全合规风险防范报告机制。

第四，Y公司弥补企业制度建设和监督管理漏洞，对内部结构和人员进行重整。

第五，检察机关回访Y公司合规建设情况，针对Y公司可能涉及的知识产权等合规问题进一步给出指导意见。

（4）处理结果。

检察机关对王某某作出不予起诉决定（犯罪情节轻微）。

检察机关对刘某乙、林某某作出不予起诉决定（情节显著轻微、危害不大，不认为是犯罪的）。

（5）案件启发。

第一，本案并不是一起单位犯罪，而是单位的副总裁、财务总监、业务员的个人犯罪，但是同样适用了涉案企业合规整改制度。所以，并不一定是单位犯罪才能启动相关制度。如果单位中的个人实施了与单位生产经营有关的经济犯罪或职务犯罪，表示单位在合规建设中存在漏洞，也可以启动涉案企业合规制度。

第二，本案同样是一起法院判决后检察院对涉案企业合规建设进行监督的案件。在法院判决后，检察机关与Y公司签署合规监管协议，协助企业开展合规建设。当然，本案中Y公司的合规建设做得很好，后续Y公司重启了上市申报程序。但是，这种判决后再进行监管的程序已渐渐被后续的司法实践淘汰，而是通过引入第三方监督评估机制的方式对涉案企业合规建设进行评估。

4. 新泰市J公司等6家建筑企业串通投标系列案

（1）基本案情。

2013年以来，山东省新泰市J工程有限公司（以下简称J公司）等6家建筑企业，迫于张某黑社会性质组织的影响力，被要挟参与该涉黑组织骨干成员李某某（新城建筑工程公司经理，犯串通投标罪被判处有期徒刑1年6个月）组织的串通投标。李某某暗箱操作统一制作标书、统一控制报价，导致新泰市管道节能改造、道路维修、楼房建设等全市13个建设工程项目被新城建筑工程公司中标。由张某黑社会性质组织案带出的5起串通投标案件，涉及该市1家民营企业、2家国有企业、3家集体企业，均为当地建筑业龙头企业，牵扯面大，社会关注度高。

（2）为什么选择J公司等6家企业进行涉案企业合规整改？

第一，J公司等6家企业案发时均受到涉黑组织骨干成员李某某的要挟，处于张某黑社会性质组织控制范围内，被迫出借建筑资质参与陪标，且没有获得任何非法利益。

第二，6 家企业常年承接全市重点工程项目，年创税均达 1000 万元以上，其中 1 家企业年创税 1 亿余元，在繁荣地方经济、城乡建设、劳动力就业等方面作出了突出贡献。

第三，如果被判决有罪，6 家企业 3 年内将无法参加任何招投标工程，并被列入银行贷款“黑名单”，将对企业发展、劳动力就业和全市经济社会稳定造成一定的影响。

（3）涉案企业如何进行合规建设？

第一，涉案企业对公司的监事会作出人事调整，完善公司重大法务风险控制机制等。

第二，缴纳了行政处罚罚款。

（4）涉案企业不起诉后，检察机关的做法。

第一，向住建部门提出对 6 家企业予以行政处罚的检察建议。

第二，建议对近年来建筑行业的招投标情况进行全面细致的摸排自查。

第三，召开专题座谈会，宣讲企业合规知识。

第四，要求企业围绕所涉罪名及相关领域开展合规建设。

第五，对合规建设情况进行跟踪监督。

第六，举办检察建议落实公开回复会，对合规建设进行验收。

（5）处理结果。

第一，检察机关对 J 公司等 6 家企业作出不起诉决定。

第二，6 家涉案企业缴纳 171 万余元行政罚款。

（6）案件启发。

第一，本案同样是一起“不起诉合规”案件，即检察院作出不起诉决定后，监督涉案企业进行合规建设。第一批试点案例，4 个案例中有 3 个案例属于“不起诉合规”类型，这也是之前争议最多的地方。“不起诉合规”最大的障碍就是企业在已经得到处理后（无论是不起诉还是法院判决缓刑后），其合规建设的积极性都会存在问题，需要检察机关进行监管，随着第三方监督评估机制的开展，“不起诉合规”模式已基本被“合规不起诉”模式取代。

第二，本案是一起系列案件，涉案企业共有 6 个，同时，串通投标案件在建筑行业内属于典型类的犯罪案件，因此启动涉案企业合规制度能够实现

“办理一案、教育一片、治理社会面”的目的。这也是检察机关在启动涉案企业合规时希望做到的，如果这个企业具有代表性，能够给行业内的其他企业敲响警钟，那么这个涉案企业就具有做合规整改的价值。

（四）第二批典型案例的分析

第二批典型案例共6件，该批典型案例以适用第三方监督评估机制为重点，着力反映企业合规流程、第三方机制的启动与运行、合规整改效果、检察机关的主导作用等，体现检察机关对涉案合规企业的“真严管、真厚爱”。该批典型案例特点突出，在普遍适用认罪认罚从宽制度的前提下，有的是对涉案企业异地适用第三方监督评估机制，有的是与“挂案”清理相结合，有的是行刑衔接推动行业治理，有的是非试点地区在法律框架内积极开展合规试点。整体而言，该批典型案例内容更加全面，涉及面也更广泛。此批典型案例的发布对各地合规工作起到进一步的指导作用。

1. 上海J公司、朱某某假冒注册商标案

（1）基本案情。

上海J公司是一家住所地位于浙江省嘉兴市秀洲区的智能电器公司，拥有专利及注册商标，先后被评为浙江省科技型中小企业、国家高新技术企业，有员工2000余人，年纳税1亿余元。朱某某系该公司股东及实际控制人。

2018年8月，上海T智能科技有限公司（以下简称T公司）与J公司洽谈委托代加工事宜，约定由J公司为T公司代为加工智能垃圾桶，后因试产样品未达质量标准等原因双方终止合作。为了挽回前期投资损失，朱某某在未获得商标权利人T公司许可的情况下，组织公司员工生产假冒T公司注册商标的智能垃圾桶、垃圾盒，并对外销售获利，涉案金额达560万余元。朱某某主动投案后被取保候审，案发后J公司认罪认罚，赔偿权利人700万元并取得谅解。2020年12月14日，上海市公安局浦东分局以犯罪嫌疑单位J公司、犯罪嫌疑人朱某某涉嫌假冒注册商标罪移送浦东新区检察院审查起诉。

（2）为什么选择J公司进行合规整改?

第一，J公司发展前景良好。J公司是一家高新技术企业，但公司管理层

及员工法律意识淡薄，尤其是对商业秘密、专利权、商标权等民事侵权及刑事犯罪认识淡薄，在合同审核、财务审批、采购销售等环节均存在管理不善的问题。

第二，犯罪嫌疑人朱某某有自首情节，且认罪认罚。并且，T 公司的损失已经得到赔偿。同时，J 公司有进行合规建设的意愿。

（3）J 公司如何进行合规建设?

本案是一起严格按照第三方监督评估机制运作的涉案企业合规整改案件。

第一，浦东新区检察院结合办案中发现的经营管理不善情况，向 J 公司制发合规风险告知书，从合规风险排查、合规制度建设、合规运行体系及合规文化养成等方面提出整改建议，引导 J 公司作出合规承诺。

第二，本案确立了“委托方发起”“受托方协助”“第三方执行”的合规考察异地协作模式，由秀洲区检察院成立由律师、区市场监督管理局和区科技局熟悉知识产权工作的专业人员组成的第三方监督评估组织，并邀请人大代表、政协委员对涉案企业同步开展监督考察。

第三，第三方组织结合风险告知书内容指导企业制订合规计划，明确合规计划的政策性和程序性规定，从责任分配、培训方案到奖惩制度确保合规计划的针对性和实效性。

第四，J 公司制订了包括制定合规章程、健全基层党组织、建立合规组织体系、建立知识产权专项合规政策体系、打造合规程序体系、提升企业合规意识等方面的递进式合规计划，并严格按照时间表扎实推进。

第五，根据第三方组织建议，J 公司成立合规工作领导小组，修改公司章程，强化管理职责，先后制定知识产权管理、合同审批、保密管理、员工培训、风险控制等多项合规专项制度，设立合规专岗，实行管理、销售分离，建立合规举报途径，连续开展刑事合规、民事合规及知识产权保护专项培训，外聘合规专业团队定期对企业进行法律风险全面体检，并且每半个月提交一次阶段性书面报告。

（4）处理结果。

检察机关对 J 公司、朱某某作出不起诉决定。

（5）案件启发。

本案最主要的亮点就是开启了跨区域合规的第三方机制。在涉案企业的注册地、生产经营地和犯罪地分离的情况下，承办检察机关同意进行涉案企业合规，确立了“委托方发起”“受托方协助”“第三方执行”的合规考察异地协作模式，合力破解异地社会调查、监督考察、行刑衔接等难题，降低了司法办案成本，提升了办案质效，为后续类似的案件开启了新模式。

关于跨区域合规的第三方机制，不同地区的检察机关职责是什么，该案件也给出了答案。案件承办方浦东新区检察院是案件的负责人，受托方协助秀洲区检察机关组成第三方组织，对涉案企业合规建设进行指导，最终浦东新区检察院联合嘉兴市检察院、秀洲区检察院通过听取汇报、现场验收、公开评议等方式对监督考察结果的客观性充分论证。

2. 张家港市S公司、睢某某销售假冒注册商标的商品案

（1）基本案情。

张家港市S五交化贸易有限公司（以下简称S公司）于2015年6月注册，注册资本200万元，在职员工3人。睢某某系该公司股东及实际控制人。

2018年11月，张家港市市场监督管理局在检查时发现该公司疑似销售假冒“SKF”商标的轴承，并在门店及仓库内查获标注“SKF”商标的各种型号轴承27,829个，金额共计68万余元。

2018年12月，张家港市市场监督管理局将该案移送至张家港市公安局。2019年2月，斯凯孚有限公司出具鉴定报告认为查获的轴承产品均为侵权产品。2019年2月，张家港市公安局对本案立案侦查。

（2）为什么选择S公司作为涉案企业？

本案选择S公司作为涉案企业，主要是因为S公司涉嫌的案件属于“挂案”。所谓“挂案”，即指公安机关因为证据不足或者其他因素，久拖不决也未移送检察院的案件。本案中，检察机关应公安机关邀请介入侦查，发现无法追溯货品源头。同时，此案立案已经超过两年，处于“挂案”状态。

同时，S公司为实际经营6年的公司，因涉嫌犯罪经营面临巨大危机，案件又属于“挂案”阶段，迟迟没有结论，并且S公司也具有强烈的合规整

改意愿。因此，检察机关决定启动涉案企业合规机制。

（3）S公司如何进行合规建设？

第一，张家港企业合规监管委员会从第三方名录库中随机选择人员组建监督评估小组。

第二，S公司按照合规计划梳理企业风险点，制定财务管理合规建设制度、发票制发流程、货物销售采购流程等内部制度，并形成规范的公司合同模板。在税务方面，S公司从以往直接与代账会计单线联系转变为与会计所在单位签订合同，对财务人员应尽责任、单位管理职责进行书面约定。在知识产权方面，S公司明确渠道商应提供品牌授权证明并备案，每笔发货都注明产品明细，做到采购来路明晰、底数清晰。

第三，检察机关、第三方评估小组每月通过座谈会议、电话联系、查阅资料、实地检查等方式，特别是通过“不打招呼”的随机方式检查企业合规建设情况，看是否还有涉嫌销售假冒注册商标商品的行为。

第四，基于本案属于“挂案”，检察机关还向公安机关通报企业合规建设进展情况，邀请其参与合规检查，并认真听取公安机关对完善合规制度提出的意见。

第五，第三方组织最终对S公司出具合规评估报告。

（4）处理结果。

公安机关根据检察机关建议及时作出撤案处理，并移送市场监督管理部门作出行政处罚。

（5）案件启发。

本案最大的启发就是，检察机关积极排查尚未进入检察环节的“挂案”，采取与企业合规改革试点结合等方式能动清理。检察机关通过这种方式加强与公安机关等部门的协作，多措施保护民营经济发展。这对很多律师办理手上的公安机关“久拖不决”的案件可以说提供了一个抓手。当然，“挂案”适用涉案企业合规制度并不是意味着“疑罪从轻”，对于真正属于无罪的案件，律师应该坚持自己的立场，督促公安机关与检察机关查明“挂案”原因、“挂案”影响，对于不构成犯罪的尽快进行撤案，对于有罪的案件在符合条件的情况下可以启动涉案企业合规整改机制。

3. 山东沂南县Y公司、姚某明等人串通投标案

（1）基本案情。

山东省沂南县Y公司系专门从事家电销售及售后服务的有限责任公司，法定代表人为姚某明。此外，姚某明还实际控制由其表哥姚某柱担任法定代表人的沂水县H电器有限公司（以下简称H公司）。

2016年至2020年，姚某明为让Y公司中标沂水县农村义务教育学校取暖空调设备采购，沂水县第一、第四中学教室空调采购等招标项目，安排犯罪嫌疑人徐某（H公司员工）借用H公司等三家公司资质，通过“暗箱操作”统一制作标书、统一控制报价、协调专家评委等方式串通投标，中标金额共计1134万余元。

（2）为什么选择Y公司作为涉案企业？

第一，Y公司姚某明等人有自首情节，主动认罪认罚。

第二，Y公司正处于快速发展阶段，在沂南县、沂水县空调销售市场占据较大份额。

第三，Y公司疫情期间带头捐款捐物。

因此，综合考虑Y公司社会贡献度、发展前景、社会综合评价、企业负责人一贯表现等情况，以及该企业在法律意识、商业伦理、人员管理、财务管理等方面存在的问题，决定对该案适用企业合规试点工作。

（3）Y公司如何进行合规建设？

第一，本案也是异地协作，对涉案企业开展第三方监督评估。犯罪地沂水县检察院与企业所在地沂南县检察院以及两地第三方监督机制管委会签署《企业合规异地协作协议》。由沂南县、沂水县两地第三方监督机制管委会从专业人员名录库中抽取律师、市场监管和工商联人员5人组建第三方组织，对Y公司合规建设开展监督评估。

第二，第三方组织多次深入企业实地走访、考察，主动约谈企业负责人，全面了解企业情况，诊断出Y公司在风险防控、日常管理方面存在缺乏招投标管理制度、内部审批不严、账簿登记不实、守法意识不强、工资发放不规范等诸多问题，指导企业制订覆盖生产经营全过程、各环节和管理层级的合

规计划，确定 3 个月的考察期。

第三，沂水县第三方监督机制管委会组建巡回检查小组，对第三方组织履行情况进行“飞行监管”。沂水县第三方监督机制管委会制定《沂水县企业合规改革试点巡回检查小组工作方案》，结合本案案情，选取 6 名熟悉企业经营和法律知识的人大代表、政协委员、人民监督员组成巡回检查小组。巡回检查小组和办案检察官通过不预先告知的方式深入两个企业进行实地座谈，现场抽查 Y 公司近期中标的招标项目，对第三方组织履职情况以及企业合规整改情况进行“飞行监管”。通过现场核查，巡回检查小组认为涉案企业整改到位，未发现第三方组织不客观公正履职情况。

第四，沂水县检察机关邀请政协委员、人民监督员和第三方监督机制管委会成员等 5 人组成听证团，对该案进行合规验收听证，听证人员一致同意检察机关对 Y 公司作出不起诉的决定。

（4）处理结果。

检察机关对 Y 公司、姚某明等人作出不起诉决定。

（5）案件启发。

第一，本案最大的亮点就是沂水县第三方监督机制管委会进行的“飞行监管”。依据《关于建立涉案企业合规第三方监督评估机制的指导意见（试行）》，第三方监督机制管委会可以对第三方组织及涉案企业在合规建设中进行“飞行监管”，监督其是否按照合规计划进行，是否切实有效地进行合规整改。“飞行监管”的成员由第三方监督机制管委会牵头组建，可以邀请人大代表、政协委员、人民监督员、退休法官和检察官以及会计、审计、法律、合规等相关领域的专家学者担任巡回检查小组成员并开展巡回检查，将检查情况及时报告第三方监督机制管委会及其联席会议，提出改进工作的意见建议。这种“飞行监管”是随机的，是在不特定的时间、在不告知的前提下进行的，既是对涉案企业的监管，也是对第三方组织的监管。

第二，本案中，检察机关达到在办理一个案件后、治理一片的效果。沂水县检察院向财政、教育、市场监管三部门发出完善招投标管理、弥补制度漏洞等检察建议，建议进一步严格落实行贿犯罪查询、政府采购活动中违法违规行为查询等制度规定，加强对招标代理公司的管理。当地市场监管等部门积极采纳检察建议，开展招投标领域专项整治，对 2021 年以来的 60 余个招投标项目全面清查，发现标前审查不严格、招标代理机构管理不规范等问题 21 个，并针对问题逐项整改；举办行业管理人员、招标代理机构专题培训，建立健全投标单位标前承诺制度、违法违规行为强制查询制度，对专项整治以来中标项目进行动态跟踪，畅通违法行为举报途径、加大惩罚力度，强化行政监管，有效遏制了串标、围标等违法行为的发生。最终真正达到“办理一起案件、扶助一批企业、规范一个行业”的良好示范效果。

4. 随州市 Z 公司康某某等人重大责任事故案

（1）基本案情。

湖北省随州市 Z 有限公司（以下简称 Z 公司）系当地重点引进的在华食品加工企业，康某某任该公司行政总监。

2020 年 4 月，Z 公司与随州市高新区某保洁经营部法定代表人曹某某签订污水沟清理协议，将食品厂污水沟的清理工作交曹某某承包。随后，曹某某与其同事刘某某违规进入未将盖板挖开的污水沟内作业时，硫化氢等有毒气体溢出，导致二人与前来救助的吴某某当场身亡。康某某等人作为 Z 公司分管及负责安全生产的责任人，在与曹某某签订合同及施工期间把关不严，未及时发现事故隐患，导致发生安全事故。案发后，Z 公司分别对曹某某等三人的家属进行赔偿，取得了谅解。

（2）为什么选择 Z 公司作为涉案企业？

第一，康某某等人涉嫌重大责任事故罪，属于企业人员在生产经营履职过程中的过失犯罪，同时反映出涉案企业存在安全生产管理制度不健全、操作规程执行不到位等问题。

第二，三人认罪认罚，存在自首情节，且 Z 公司分别对曹某某等三人的家属进行赔偿，取得了谅解。

第三，Z 公司系当地重点引进的外资企业，依法纳税，解决 2500 余人就业问题，对当地经济助力很大。

第四，Z 公司所属集团准备上市，如果公司管理人员被判刑，对公司发展将造成较大影响。

（3）Z 公司如何进行合规建设？

第一，本案属于涉及安全生产的犯罪，因此检察机关对于第三方组织的选择非常慎重。检察机关委托当地应急管理局、市场监督管理局、工商联等第三方监督机制管委会成员单位以及安全生产协会，共同组成了第三方监督评估组织。

第二，第三方组织指导涉案企业结合事故调查报告和整改要求，按照合规管理体系的标准格式制订、完善合规计划；建立以法定代表人为负责人、企业部门全覆盖的合规组织架构；健全企业经营管理需接受合规审查和评估的审查监督、风险预警机制；完善安全生产管理制度和定期检查排查机制，从制度上预防安全事故再发生，初步形成安全生产领域的“合规模板”。

第三，Z 公司在合规监管过程中积极整改并向第三方组织书面汇报合规计划实施情况。2021 年 8 月，第三方组织对 Z 公司合规整改及合规建设情况进行评估，并报第三方监督机制管委会审核，Z 公司通过企业合规考察。

（4）处理结果。

检察机关对 Z 公司康某某等三人作出不起诉处理。

（5）案件启发。

本案最大的启发就是，对于造成三人死亡的重大责任事故的企业，也可以启动涉案企业合规。《关于建立涉案企业合规第三方监督评估机制的指导意见（试行）》提出，与企业生产经营有关的经济犯罪和职务犯罪等可以适用涉案企业合规制度。一般而言，涉案企业合规所适用的罪名应该是较为轻缓的罪名，如虚开增值税专用发票罪、串通投标罪，对于造成他人死亡的案件应该不能适用。但是，该典型案例打破了人们的看法，只要是与企业生产经营有关的罪名，符合一定条件，都可以适用涉案企业合规。

当然，针对这种涉企危害生产安全犯罪，对于其合规建设的要求肯定要有别于一般的涉企经济犯罪、职务犯罪。因此，本案中对于第三方组织的挑选特别用心，就是为了对涉案企业合规整改的必要性、可行性进行全面评估，确保涉案企业“真整改”“真合规”，防止再次发生类似犯罪。第三方组织可采用不定期检查、专项检查以及考试考核等手段确保整改措施落实落细；同时，应结合涉企犯罪特点，有针对性地进行指导监督。

5. 深圳市 X 公司走私普通货物案

（1）基本案情。

X 股份有限公司（以下简称 X 公司）系国内水果行业的龙头企业，2018 年起开始从其收购的 T 公司进口榴梿销售给国内客户；其中，张某某为 T 公司总经理，曲某某为 X 公司副总裁，李某、程某为 X 公司业务经理，负责进口业务。

X 公司进口榴梿主要委托深圳、珠海两地 S 公司报关，报关过程中，由 S 公司每月发布虚假“指导价”，X 公司据此报关，报关价格低于实际成本价格。其间，X 公司多次要求以实际成本价报关，均被 S 公司以统一报价容易快速通关是行业惯例为由拒绝。经深圳海关计核，X 公司通过 S 公司低报价格进口榴梿 415 柜，偷逃税款合计 397 万元。案发后，X 公司规范了报关行为，主动补缴了税款。

（2）为什么选择 X 公司作为涉案企业？

第一，X 公司系国内水果行业的龙头企业，长期规范报关，在本案中不是低报走私犯意的提出者，系从犯。

第二，案发后，X 公司规范了报关行为，主动补缴了税款。

（3）X 公司如何进行合规建设？

第一，X 公司主要针对与走私犯罪有密切联系的企业内部治理结构、规章制度、人员管理等方面存在的问题制订合规计划，制定可行的合规管理规范，构建有效的合规组织体系，完善相关业务管理流程，健全合规风险防范报告机制，弥补企业制度建设和监督管理漏洞，防止再次发生类似违法犯罪。

第二，X 公司在集团层面设立了合规管理委员会，合规部、内控部与审计部形成合规风险管理的三道防线。

第三，加强代理报关公司合规管理，明确在合同履行时的责任划分。

第四，聘请进口合规领域的律师事务所、会计师事务所对重点法律风险及其防范措施提供专业意见，完善业务流程和内控制度。建立合规风险识别、合规培训、合规举报调查、合规绩效考核等合规体系运行机制，积极开展合规文化建设。

第五，X 公司制定专项预算，为企业合规体系建设和维护提供持续的人力和资金保障。

第六，第三方工作组通过查阅资料、现场检查、听取汇报、针对性提问、问卷调查等方式进行考察评估并形成考察意见。第三方工作组经考察认为，X 公司的合规整改取得了明显效果，制定了可行的合规管理规范，在合规组织、制度、运行机制、合规文化建设等方面搭建起了基本有效的合规管理体系，弥补了企业违法违规行为的管理漏洞，从而能够有效防范企业再次发生相同或者类似的违法犯罪。

（4）处理结果。

深圳市检察院对 X 公司及涉案人员作出不起诉处理。

（5）案件启发。

第一，本案中，检察机关在批捕阶段就基于案件情况对涉案企业重要业务人员李某、程某作出不捕决定。同时，在后续阶段，检察机关对两名高管张某某、曲某某启动捕后羁押必要性审查。经审查，深圳市检察院认为该案事实已经查清，主要证据已收集完毕，建议侦查机关将两名高管变更强制措施为取保候审，使其早日回归企业。后侦查机关根据建议及时对张某某、曲某某变更为取保候审，有效避免企业停止生产带来的严重影响。这说明，涉案企业合规整改制度在侦查阶段可以介入，并且律师可以根据不同时间段提出对涉案人员变更强制措施。

第二，本案中，因为 X 公司是一家大型民营企业，其涉案合规风险点及合规管理体系建设较为复杂，合规整改无法在案件办理期限内完成。所以，深圳市检察机关根据涉案企业阶段性的合规整改情况作出不起诉决定后，持续督促其进行合规整改，合规考察期限届满后通过第三方工作组开展合规监督评估，确保合规整改充分开展、取得实效；并且，再进行为期一年的企业合规跟踪回访，助力企业通过持续、全面合规打造核心竞争力。

第三，本案中，检察机关向海关发出检察建议。基于涉案企业合规建设完成的情况，海关对涉案企业从轻处罚，积极促成“合规互认”。这种“合规互认”具有非常大的实践价值，对于企业也有实在的作用。

6. 海南省文昌市S公司、翁某某掩饰、隐瞒犯罪所得案

（1）基本案情。

海南省文昌市S科技开发有限公司（以下简称S公司）系当地高新技术民营企业，翁某某系该公司负责人。

2015年至2016年，张某某（另案处理）在海南省文昌市某处实施非法采矿，后经联系将采挖的石英砂出售给S公司。翁某某为解决生产原料来源问题，在明知石英砂为非法采矿所得的情况下，仍收购3.69万吨。随后，翁某某安排公司财务人员通过员工陈某某及翁某某个人账户，将购砂款支付给中间人王某某，王某某再转给张某某。经审计，S公司支付石英砂款共计125万元。

（2）为什么选择S公司作为涉案企业？

第一，S公司系高新技术民营企业，生产的产品广泛应用于航天、新能源、芯片等领域，曾荣获全国优秀民营科技企业创新奖，现有员工80余人，年产值2000余万元。

第二，S公司申请启动合规程序，主动提交了合规整改承诺书。

（3）S公司如何进行合规建设？

第一，S公司在合规经营方面主要存在两个明显漏洞：首先是合同签订履行存在违法风险，其次是财务管理存在违规风险。因此，涉案企业重点围绕建立健全内部监督管理制度进行整改，在业务审批流程中增加合规性审查环节，建立起业务流程审批—法律事务审核（合规性审查）—资金收支规范—集团公司审计四个方面的全流程监管体系，有效防控无书面合同交易、坐支现金等突出问题。

第二，检察机关就S公司是否符合从宽处理条件及案发后合规整改评估情况举行公开听证会。各方一致同意对S公司及相关人员从宽处理。

（4）处理结果。

被告单位S公司犯掩饰、隐瞒犯罪所得罪，判处罚金3万元。

被告人翁某某犯掩饰、隐瞒犯罪所得罪，判处有期徒刑1年，缓刑1年6个月，并处罚金1万元。

（5）案件启发。

本案所在地区不是涉案企业合规整改试点地区，所以并没有第三方监督机制管委会，也没有相应的第三方组织库。因此，检察机关提请当地自然资源和规划局、市场监督管理局、税务局、综合行政执法局、工商联等单位的业务骨干以及人大代表、律师代表组成第三方组织对S公司合规整改情况进行评估验收，评估方式包括召开座谈会、查阅公司资料和台账、对经营场所检查走访等。各方面专业人员在此基础上结合各自职责范围出具评估验收报告，督促涉案企业履行合规承诺，促进企业合规经营。

（五）第三批典型案例的分析

1. 上海Z公司、陈某某等人非法获取计算机信息系统数据案

（1）基本案情。

涉案企业上海Z网络科技有限公司（以下简称Z公司）成立于2016年1月，系一家为本地商户提供数字化转型服务的互联网大数据公司。

2019~2020年，在未经上海E信息科技有限公司（以下简称E公司，系国内特大型美食外卖平台企业）授权许可的情况下，Z公司为了以提供超范围数据服务吸引更多的客户，由公司首席技术官陈某某指使汤某某等多名公司技术人员，通过“外爬”“内爬”等爬虫程序（按照一定的规则，在网上自动抓取数据的程序），非法获取E公司运营的外卖平台（以下简称E平台）数据。其中，汤某某技术团队实施“外爬”，以非法技术手段，或利用E平台网页漏洞，突破、绕开E公司设置的IP限制、验证码验证等网络安全措施，通过爬虫程序大量获取E公司存储的店铺信息等数据。王某某技术团队实施“内爬”，利用掌握的登录E平台商户端的账号、密码及自行设计的浏览器插件，违反E平台商户端协议，通过爬虫程序大量获取E公司存储的订单信息等数据。上述行为造成E公司存储的具有巨大商业价值的海量商户信息被非法获取，同时造成E公司流量成本增加，直接经济损失达人民币4万余元。

（2）为什么选择Z公司作为涉案企业？

从企业资质来看，Z公司现有员工1000余人，年纳税总额1000余万元，

已帮助2万余家商户完成数字化转型，拥有计算机软件著作权10余件，2020年被评定为高新技术企业。涉案人员陈某某等人分别系该公司首席技术官、核心技术人员。

从整改意愿来看，案发后Z公司、陈某某等人均认罪认罚，Z公司积极赔偿被害单位经济损失并取得谅解。Z公司合规整改意愿强烈，提交了《适用刑事合规不起诉申请书》及企业经营情况、社会贡献度等书面证明材料，检察机关经审查对Z公司作出合规考察决定。

（3）Z公司如何进行合规建设？

Z公司在合规建设中围绕数据安全环节进行了充分的整改。

第一，数据来源合规。Z公司与E公司达成合规数据交互约定，彻底销毁相关爬虫程序及源代码，对非法获取的涉案数据进行无害化处理，并与E平台应用程序编程接口（API）直连，实现数据来源合法化。

第二，数据安全合规。Z公司设立数据安全官，专项负责数据安全及个人信息安全保护工作；构建数据安全管理体系，制定、落实《数据分类分级管理制度》《员工安全管理等级》；加入区级态势感知平台，提升安全威胁的识别、响应处置能力，分拆服务，提高云访问权限，数据及时脱敏、加密，增强网络攻击防护能力。

第三，数据管理制度合规。Z公司建立数据合规委员会，制定常态化合规管理制度，开展合规年度报告。

（4）处理结果。

普陀区检察院依法对犯罪嫌疑单位Z公司、犯罪嫌疑人陈某某等14人作出不起诉决定。

（5）案件启发。

本案的典型性在于，本案是全国首例数据安全犯罪合规整改案，对涉案企业Z公司启动涉案企业合规机制，Z公司在整改过程中的经验对互联网企业在数据安全领域合规有很大的借鉴意义。互联网企业在处理数据的过程中，在收集、储存、使用、传输等环节都存在刑事法律风险。因此，对于未涉案的互联网企业而言，应居安思危，未雨绸缪，在日常经营过程中主动筛查法律风险，开展企业数据合规建设，确保企业守法经营。

同时，本案中另外一个值得注意的问题是，检察机关将合规工作前移，积极提前介入侦查，引导公安机关收集合规信息与材料，为后续合规工作的高效开展奠定坚实基础。并且，检察机关经依法审查认为，陈某某等人不具有法律规定的社会危险性，依法决定不批准逮捕，让其帮助涉案企业进行合规整改。这种“早合规优于晚合规”的思想值得涉案企业及承办律师注意，应在公安侦查阶段、报捕阶段即对符合条件的涉案企业申请启动合规整改，争取对涉案人员不予批捕。

2. 王某某泄露内幕信息、金某某内幕交易案

(1) 基本案情。

广东K电子科技股份有限公司（以下简称K公司）长期从事汽车电子产品研发制造。

2016年12月，K公司拟向深圳市C科技股份有限公司（以下简称C公司）出售全资子公司。

2017年1月15日，K公司实际控制人卢某某与C公司时任总经理张某某达成合作意向。

同年2月9日，双方正式签署《收购意向协议》，同日下午C公司向深交所报备，于次日开始停牌。

同年4月7日，C公司发布复牌公告，宣布与K公司终止资产重组。

经中国证券监督管理委员会认定，上述收购事项在公开前属于内幕信息，内幕信息敏感期为2017年1月15日至4月7日。被告人王某某作为K公司董事会秘书，自动议开始知悉重组计划，参与重组事项，系内幕信息的知情人员。

2016年12月和2017年2月9日，被告人王某某两次向其好友即被告人金某某泄露重组计划和时间进程。

被告人金某某获取内幕信息后，为非法获利，于2017年2月9日紧急筹集资金，使用本人证券账户买入C公司股票8.37万股，成交金额人民币411万余元，复牌后陆续卖出，金某某亏损合计人民币50余万元。

2021年8月10日，北京市公安局以王某某、金某某涉嫌内幕交易罪向

北京市检察院第二分院（以下简称市检二分院）移送审查起诉。审查起诉期间，市检二分院对K公司开展企业合规工作，合规考察结束后结合犯罪事实和企业合规整改情况对被告人提出有期徒刑2年至2年半、适用缓刑、并处罚金的量刑建议，与二被告人签署认罪认罚具结书。

（2）为什么选择K公司作为涉案企业？

第一，K公司的资质好。本案中，K公司长期从事汽车电子产品研发制造，连续多年获国家火炬计划重点高新技术企业称号，创设国家级驰名商标，取得700余项专利及软件著作权，2018年开始打造占地30万平方米、可容纳300余家企业的产业园，已被认定为国家级科技企业孵化器。

第二，王某某对于K公司具有极大的重要性。王某某是K公司的董事会秘书，根据案例披露，案件办理期间，K公司提出王某某被羁押造成公司业务陷入停滞，主动作出合规经营承诺。K公司正处于从生产制造模式向产融运营模式转型的关键阶段，王某某长期负责战略规划、投融资等工作，因其被羁押已造成多个投融资和招商项目搁浅，导致涉10亿元投资的产业园项目停滞，王某某对企业当下正常经营和持续发展确有重要作用。

（3）公司如何进行合规建设？

第一，专项合规，对K公司信息保密进行专项合规整改。

本案涉及的罪名是泄露内幕信息罪、内幕交易罪。因此，针对K公司的合规整改主要以上市公司的信息保密为主。针对投资参股型企业经营特点，检察机关向K公司制发检察建议书，建议K公司及其必要的关联公司、子公司共同整改，同步建立资本运作信息保密专项制度，并通过调整治理结构、配备责任主体、规范工作程序、加强员工培训等管控措施保障制度落实。

第二，严格评估，第三方组织进行量化式评估。

针对此次专项合规整改的特点，第三方组织量身定制了包括检察建议完成情况、合规方案、合规文化培育等12个模块、65项评价要素的评价体系，将企业合规整改工作逐项拆解评分，再累加汇总，最终第三方组织认为K公司整改效果达到良好等级，并出具了合规考察报告。

第三，合规整改结合公司治理，转变公司的治理结构。

合规整改过程中，第三方组织发现K公司存在家族式治理、关键人控制、实际决策人与职权分离等民营企业常见的内控失调现象，如脱离个案的特殊情况片面开展专项合规势必不能取得良好效果。为此，检察机关决定以内幕信息保密合规为契机，推动涉案企业向现代企业法人治理结构积极转变，为企业的健康发展打牢法治根基。

（4）处理结果。

2021 年 12 月 30 日，市检二分院以泄露内幕信息罪、内幕交易罪分别对王某某、金某某提起公诉。

2022 年 1 月 28 日，北京市第二中级人民法院作出一审判决，认可检察机关指控事实和罪名，认为检察机关开展的合规工作有利于促进企业合法合规经营，优化营商环境，可在量刑时酌情考虑，采纳市检二分院提出的量刑建议，以泄露内幕信息罪判处王某某有期徒刑 2 年，缓刑 2 年，并处罚金人民币 10 万元，以内幕交易罪判处金某某有期徒刑 2 年，缓刑 2 年，并处罚金人民币 20 万元。

（5）案件启发。

本案作为首例证券犯罪的合规整改案，将涉案企业合规整改机制的适用主体从原有的小微企业延伸到了大型上市公司，让人对这项制度充满期待，也使这项制度充满了生命力和创造力。然而，本案中针对的是王某某与金某某的个人犯罪，并且该犯罪并非为了单位的利益，而因此对涉案单位启动合规整改，并且对王某某与金某某适用了从宽处罚，在社会上还是引发了相应的争议。但是，从某种角度来看，该典型案例也作为涉案企业合规的一种探索，提出了办理民营企业高管涉证券犯罪案件要兼顾惩罚个人犯罪和保障民营企业合法权益、激励民营企业合规建设的双重目标。

本案的另外一个亮点在于，在涉案企业的合规整改中，对企业的公司治理提出了整改的意见。本案的涉案企业是一家家族式企业，在公司治理中存在民营企业常见的内控失调现象，因此，在合规整改中，要求其向现代现代企业法人治理结构积极转变，调整企业结构。如果企业仍然是“一言堂”的治理模式，那么企业是否走向“歧途”完全取决于“一把手”的守法意识，任何的制度优化可能都无法避免企业的刑事法律风险，因此最主要的做法就是改变企业的治理结构，本案的典型意义即在此。

3. 江苏F公司、严某某、王某某提供虚假证明文件案

（1）基本案情。

被告人严某某、王某某分别是江苏F土地房地产评估咨询有限公司（以下简称F公司）的估价师和总经理。

2019年1月，F公司接受委托为G工贸实业有限公司（以下简称G公司）协议搬迁项目进行征收估价，先是采取整体收益法形成了总价为2.23亿余元的评估报告初稿。为满足G公司要求，王某某要求严某某将涉案地块评估单价提高。严某某在无事实依据的情况下，通过随意调整评估报告中营业收益率，将单价自2.16万元提高至2.38万元，后又经王某某许可，通过加入丈量面积与证载面积差等方式，再次将单价提高到2.4万余元，最终形成的《房屋征收分户估价报告》将房屋评估总价定为2.49亿余元。后相关部门按此评估报告进行拆迁补偿，造成国家经济损失2576万余元。

2021年5月6日，江苏省南京市公安局江宁分局以F公司、严某某、王某某涉嫌提供虚假证明文件罪向南京市江宁区检察院移送审查起诉。

（2）为什么选择F公司作为涉案企业？

F公司从业人员39人，曾获评市优秀估价机构、诚信单位，涉案导致公司参与的多项招投标业务停滞，经营面临困难。江宁区检察院评估后认为，涉案企业以往经营和纳税均正常，案发后企业和个人认罪认罚，且主动提交合规申请，承诺建立企业合规制度。鉴于此，江宁区检察院决定启动企业合规，确定为期6个月的合规考察期。

（3）F公司如何进行合规建设？

涉案企业属于小微企业，江宁区检察院决定对企业涉案的房地产估价业务开展简式合规。包括指导涉案企业开展风险自查，形成自查报告；结合案件办理中暴露出的问题，指导企业修订合规计划；围绕13个风险点，制发检察建议，督促企业查漏补缺。涉案企业依据指导设立合规部门、修订员工手册、制定《评估业务合规管理制度》、委托研发线上审批的OA系统、组织开展业务技术规范培训和合规管理制度培训。为降低合规成本、减轻企业经济负担，由江宁区检察院直接开展合规监管、评估，设置合规整改时间表，要

求涉案企业明确整改节点、按时序推进。同时，为确保合规监管评估的专业性和公平性，邀请3名专业人员协助检察机关开展合规监管、评估。经过6个月的合规整改，江宁区检察院组织公开听证，对合规整改进行评估验收。

（4）处理结果。

第一，江宁区检察院依法对F公司作出不起诉决定。

第二，江宁区检察院依法对严某某、王某某以提供虚假证明文件罪提起公诉。2021年9月17日，南京市江宁区法院以提供虚假证明文件罪判处严某某有期徒刑2年，罚金10万元；判处王某某有期徒刑1年6个月，缓刑2年，罚金8万元。

（5）案件启发。

第一，针对小微企业，未启动第三方监督评估机制，采用简式合规的方式进行评估。针对小微企业的合规整改，未启动第三方机制的，可以根据《涉案企业合规建设、评估和审查办法（试行）》的规定，由检察机关对其提交的合规计划和整改报告进行审查，主导合规监管和验收评估。简式合规对应的是范式合规，即采用第三方机制的方法进行合规评估。根据案件的不同，涉案企业类型的不同，可以采取不同的评估方式。

第二，区别对待，对涉案企业与责任人分案处理。本案的另一个亮点即在于，对涉案企业进行不起诉处理，对涉案企业的责任人员进行起诉处理，即将案件分案处理。对涉案企业与责任人员的分案处理，在刑事合规的发展过程中一直存在争议。理论中有种说法，即中国的刑事合规应学习西方的刑事合规，即“放过企业，严惩犯罪人”，但是，因为我们国家企业的情况不同，而且我国刑事合规主要针对的是中小型的民营企业，如果完全效仿西方的做法，可能“严惩责任人”后，也无法达到“放过企业”的效果。在本案中，确实也第一次采用了分案处理的做法，但是，在放过企业的同时，并非严惩责任人，而是在涉案企业通过合规整改后，对涉案企业的责任人从宽处罚。

4. 广西陆川县23家矿山企业非法采矿案

（1）基本案情。

广西壮族自治区陆川县Y公司等23家涉案矿山企业系开采销售建筑用

花岗岩、高岭土等持证矿山企业（全县当时有持证矿山企业36家）。

2019～2020年，Y公司等23家涉案矿山企业在各自矿区内超深度或超范围越界开采建筑用花岗岩、高岭土等原矿，涉案价值人民币21.69万元至1447.68万元。2021年5月，陆川县公安局对该23家矿山企业以涉嫌非法采矿罪立案侦查，陆川县检察院派员提前介入引导侦查。2021年8月开始，陆川县公安局陆续将该系列案件移送陆川县检察院审查起诉。案发后，涉案矿山企业陆续主动退缴违法所得、缴纳罚金，相关责任人也主动投案、认罪认罚、主动提出合规意愿。2021年10月，陆川县检察院对Y公司等第一批6家涉案矿山企业启动合规工作，经第三方组织对6家涉案矿山企业合规整改情况进行评估合格后，依法对Y公司等2家矿山企业及其责任人、L石场等4家矿山企业责任人作出不起诉决定。

（2）为什么选择23家企业进行涉案企业合规？

第一，涉案企业多，影响力大。23家涉案矿山企业共有员工2000余人，年度纳税总额6000多万元。如果就案办案对众多的涉案企业及相关人员予以追诉，将对全县矿产行业、地方经济造成严重影响，也直接影响2000余人就业。

第二，涉案情况属于行业共性。陆川县检察院经调查发现，全县持证矿山企业大部分于十多年前批准设立，由于当时生产技术条件、工艺和管理要求等历史原因，矿区设置普遍不科学、不合理，如矿区范围小，划界不合理，矿区大多设置在半山腰、半边山，且涉案企业多为小型企业，普遍内部管理制度不完善，员工法律意识淡薄。

（3）23家企业如何进行合规建设？

以第三方监督评估机制管理委员会选任的地质、安监、测绘等专业人员组成的第三方组织为主，相关行政机关参与，共同对全县矿山企业进行风险大排查。根据排查出的非法占用林地、环保污染、超载、爆破、安全用电、高陡边坡、职业病防治等8大类38项风险点，为矿山企业量身制定了《矿山行业企业合规管理计划编制提纲》。第三方组织实地考察企业合规整改情况时，办案检察官、行政机关代表共同参与。第三方组织形成考察评估报告后，检察机关向相关行政机关书面征求意见，并邀请派员参加听证会。

（4）处理结果。

部分企业不起诉，部分企业合规整改仍在进行中。

2022 年 1 月，陆川县检察院对 D 公司等 17 家涉案矿山企业陆续启动合规工作，截至 2022 年 5 月底已有 3 家涉案企业通过第三方组织考察评估合格，拟对相关企业和责任人做不起诉处理。尚有 14 家涉案企业因配合全县“半边山”整治进度正在进行整改中，由于有的涉案企业涉案金额较大，且因客观原因不能及时完成全部回填、复绿等环境修复义务，待合规考察结束后，将依据考察结果和案件具体情节依法作出处理决定。截至 2021 年 12 月，陆川县检察院依法对 2 家涉案企业和 6 名犯罪嫌疑人作出不起诉决定，其余案件正在参照已结案件的模式有序办理中。

（5）案件启发。

从行业合规角度入手。本案是三批典型案例中涉案企业最多的一个案件，一共对 23 家企业启动涉案企业合规。而 23 家企业所构成的非法采矿罪是当地的行业痛点，因此，与其起诉判刑，不如借此案开展行业合规，让当地矿业进行真正的整改，以达到法律的要求。因此，该案最终也形成了《矿山行业企业合规管理计划编制提纲》，也为当地矿业的发展提供相应的建议。涉案企业所涉及的犯罪，如果是行业的通病，通过对涉案企业进行合规整改，能达到对行业的整改建议，甚至提出相应的行业合规标准，那么这样的合规整改就具有超过案件本身的意义。

5. 福建省三明市 X 公司、杨某某、王某某串通投标案

（1）基本案情。

福建省三明市 X 公司（以下简称 X 公司）系当地拥有高资质、高技术的通信技术规模级设计、施工、集成企业。杨某某系 X 公司法定代表人、总经理；王某某系 X 公司副总经理，负责对外招投标、施工及结算等业务。

X 公司在投标三明市公安局交警支队 3 个智能交通系统维保项目过程中，与其他公司串通，由 X 公司制作标书、垫付保证金，并派遣 X 公司员工冒充参与串标公司的投标代理人进行竞标，最终上述 3 个项目均由 X 公司中标施工建设，中标金额共计 603 万余元。上述项目现已施工完毕，并通过工程验

收决算。案发后杨某某、王某某主动投案。2021 年 4 月，三明市公安局三元分局以 X 公司、杨某某、王某某涉嫌串通投标罪向三明市三元区检察院移送审查起诉。

（2）为什么选择 X 公司作为涉案企业？

第一，X 公司作为高科技民营企业，具有较好的发展潜力。X 公司系具有涉密信息系统集成资质乙级等多项资质、多项专利的高资质、发展型民营企业，企业综合实力在福建省同行业排名前 20 名，是三明市该行业的龙头企业，累计纳税近 7000 余万元、企业员工 100 余名、拥有专利 20 余件。案发后，公司面临巨大危机，大量人员有失业风险，对当地经济和行业发展产生一定负面影响。

第二，X 公司第一时间提交书面合规承诺，自愿认罪认罚，愿意进行合规整改。审查起诉阶段，检察机关向 X 公司送达《企业刑事合规告知书》，该公司在第一时间提交了书面合规承诺以及行业地位、科研力量、纳税贡献、承担社会责任等证明材料。X 公司及杨某某、王某某均自愿认罪认罚。

第三，涉案情节较为轻微，无实质性危害后果。涉案项目已施工完毕，并通过竣工验收决算，无实质性危害后果。

检察机关经过实地走访调研发现，X 公司的合规承诺具有真实性、自愿性，符合企业合规相关规定。检察机关在认真审查调查案件事实、听取行政机关意见以及审查企业书面承诺和证明材料基础上，综合考虑企业发展前景、社会贡献、一贯表现及企业当前暴露出的经营管理机制疏漏，于 2021 年 9 月启动合规考察程序，确定了 3 个月的合规考察期。

（3）X 公司如何进行合规建设？

三明市第三方监督评估机制管委会指定 3 名专业人员组成第三方组织，对 X 公司启动企业合规监督考察程序。整改期间，检察机关多次与第三方组织、企业专业律师团队会商，针对 X 公司在投标经营活动方面存在的风险漏洞，指导企业修订、完善《企业合规整改方案》和《企业合规工作计划》，有针对性地督促企业健全内控机制及合规管理体系。X 公司积极对照实施，及时汇报进展情况。检察机关会同第三方组织对合规计划执行情况不定期开展灵活多样的跟踪检查评估。

（4）处理结果。

检察机关依法对 X 公司、杨某某、王某某作出不起诉决定。

（5）案件启发。

本案是三批典型案例中第三个串通投标的案件，也可以看出串通投标罪属于企业的高发犯罪，同时也是检察机关愿意启动的涉案企业合规的罪名之一。本案也是一起非常典型的适用第三方监督评估机制对涉案企业进行合规整改的案件，从选择企业，到企业的合规整改，再到最终经过评估审核，并且对涉案人员作出不起诉处理，都是非常标准的中国式涉案企业合规整改模式。

（六）三批典型案例的差异

三批典型案例对涉案企业合规制度有借鉴意义，但是横向对比三批典型案例可以看出其所反映的内容是不一样的，而这也代表涉案企业合规制度改革发展的方向。

1. 案例凸显的重点不同

第一批典型案例重点在于解决“哪些涉案企业可以启动合规整改”的问题，第二、三批典型案例重点在于解决“涉案企业如何有效进行合规整改”的问题。第一批典型案例，因为涉案企业合规制度刚试行，各地做法不一，但是最核心的共同问题就是检察院应该挑选哪些涉案企业进行合规整改。因此，我们可以看到，第一批典型案例中，涉案企业是“高科技民营企业”“拟上市公司”“某技术领域的领军企业”“当地龙头企业”等，这解答了我们对于哪些涉案企业可以进行挽救的疑惑，那就是需要具有一定潜力，通过合规整改能够使企业更好地发展，更好地造福社会。在第二、三批典型案例中，重点问题已经不是选择哪些涉案企业了，而是涉案企业如何做好合规整改，避免“纸面合规”“制度合规”。因此，第二、三批典型案例中的涉案企业都是实实在在地进行合规建设，第三方组织认真评估，检察机关认真审查，而这些实际经验使我们更清楚地了解涉案企业合规整改应该如何进行才能更有效，更能得到认可。

2. 适用范围呈扩大趋势

第二、三批典型案例无论是从涉案企业的类型来看，还是从涉嫌的罪名来看，都比第一批典型案例涉及的范围广。例如，随州市Z公司康某某等人重大责任事故案，文昌市S公司、翁某某掩饰、隐瞒犯罪所得案，上海Z公司非法获取计算机信息系统数据案都属于新的案件类型。同时，对于公司的性质，第二批典型案例中也包括张家港市S公司这种小微民营企业、北京的上市公司。所以，案件类型、案件主体越来越广也是第二、三批典型案例中透露出的信息，只要涉案企业涉嫌与生产经营相关的经济犯罪与职务犯罪，即可适用涉案企业合规机制。

3. 第三方监督评估机制逐步推开

第一批典型案例中，涉案企业的合规整改机制尚未统一，出现了不少检察机关作出不起诉甚至法院作出判决后才以检察建议的形式推进涉案企业合规整改的情形。例如，上海的A、B公司虚开增值税专用发票案，深圳的王某某、林某某、刘某乙对非国家工作人员行贿案，均是这种情况。这种“不起诉合规”的做法在实践中效果不佳，企业在判决后是否能够真正推行切实有效的合规制度，值得质疑。在第二、三批典型案例中，11个案件大部分使用了第三方监督评估机制，要求涉案企业做好合规整改，第三方组织进行评估监督，检察机关对第三方组织的评估报告进行审查，部分案件第三方监督机制管委会还设立了巡回检查小组，实行“飞行监管”等，因此第三方机制作为对涉案企业合规整改的工作方式，已是大势所趋。

4. 注重解决实践中的问题

第二、三批典型案例相较第一批典型案例而言内容更加全面，特点更加突出，并且注重解决司法实践中存在的问题。例如，针对实践中企业所在地与犯罪地不同的问题，提出了“异地协作”的方式，由企业所在地的检察院和第三方监督机制管委会组建第三方组织，对涉案企业合规建设进行考察；又如，对“挂案”的问题，检察机关提前介入指导涉案企业推进合规建设，通过涉案企业合规机制解决“挂案”问题；再如，行刑衔接问题，检察机关在审查认可涉案企业的合规建设后，通过检察建议的方式向行政机关出具相应意见，提出“合规互认”的想法，让行政机关基于涉案企业的有效合规建设对其从宽处罚。

四、律师如何参与涉案企业合规业务

律师在涉案企业合规整改中有三种角色：第一种角色是刑事辩护律师，即帮助涉案企业或者企业负责人进行刑事辩护，其主要的职责就是帮助涉案企业申请启动刑事合规制度，说服检察官同意启动该制度。第二种角色是刑事合规律师，其主要职责是帮助涉案企业进行合规建设，包括制订合规计划，配合第三方组织进行合规整改，最终出具相应的合规报告。第三种角色是第三方监督评估专家，其主要职责是评估涉案企业的合规建设情况，并且向承办检察官和第三方监督机制管委会出具评估报告。律师的角色不一样，相应职责与工作内容也不一样。

（一）作为涉案企业的辩护律师

作为涉案企业的辩护律师，在碰到这类案件时，首先要考虑涉案企业是否可以适用涉案企业合规制度。如果企业或企业实控人、管理人员等确实有罪，也愿意认罪认罚，那么涉案企业合规制度对于涉案企业而言是一种非常好的从宽处罚的机制。涉案企业合规制度设计的原理就是挽救企业，挽救企业家，因此刑事辩护律师必须抓住这样一个机制，帮助涉案企业启动这个程序。

1. 哪些企业可以适用涉案企业合规整改制度

哪些涉案企业可以适用涉案企业合规整改制度呢？需要符合三个条件：涉案企业认罪认罚；涉案企业有合规整改的意愿；涉案企业能够正常生产经营，有一定的资金进行整改。当然，除此之外，还需要考虑该企业是否具有一定的发展潜力，是否值得挽救。

有一些实践中的问题值得探讨，如进入破产程序的企业是否可以申请涉案企业合规整改？我们认为是可以的，企业进入破产程序，不代表企业就一定破产。进入破产程序的企业可以破产和解、破产清算、破产重组，破产重组后的企业往往具有更大的社会价值，因此，进入破产程序的企业如果符合条件的，当然也可以适用涉案企业合规制度。

还有一个问题，涉案企业愿意认罪认罚，但是实际控制人或者具体的犯罪嫌疑人不接受认罪认罚，是否可以启动涉案企业合规制度？虽然《关于建立涉案企业合规第三方监督评估机制的指导意见（试行）》明确涉案企业启动合规整改制度需要“涉案企业自愿认罪认罚”，但是，司法实践中，有些案件犯罪嫌疑人意志与单位意志并不是统一的，单位愿意适用涉案企业合规制度，愿意接受合规整改，但是犯罪嫌疑人基于各种原因不愿意认罪认罚，这种情况是否可以启动相应机制呢？同时，如果是多人犯罪，部分人基于各种因素认为自己是无罪的，不愿意进行认罪认罚，是否可以启动合规整改？我们认为，尽管《关于建立涉案企业合规第三方监督评估机制的指导意见（试行）》明确涉案企业、个人认罪认罚，承办检察机关可以根据《关于建立涉案企业合规第三方监督评估机制的指导意见（试行）》启动涉案企业合规，但是现实中确实需要考虑涉案企业与犯罪嫌疑人意志不统一的情况，特别是共同犯罪的情况。如果主要的犯罪嫌疑人认罪认罚了，也体现了单位的意志，是可以启动涉案企业合规整改机制的。

当然，除了企业之外，企业实际控制人、经营管理人员、关键技术人员等实施的与生产经营活动密切相关的犯罪案件，也可以适用涉案企业合规整改制度，即个人犯罪符合条件亦可以适用该制度。第一批典型案例中，王某某、林某某、刘某乙对非国家工作人员行贿案即是个人犯罪，而非单位犯罪，同样启动了涉案企业合规制度。

除此之外，《关于建立涉案企业合规第三方监督评估机制的指导意见（试行）》明确规定了 5 种情形不适用企业合规试点以及第三方机制：

第一，个人为进行违法犯罪活动而设立公司、企业的；

第二，公司、企业设立后以实施犯罪为主要活动的；

第三，公司、企业人员盗用单位名义实施犯罪的；

第四，涉嫌危害国家安全犯罪、恐怖活动犯罪的；

第五，其他不宜适用的情形。

各地检察机关也可以依据各地的相关情况，制定相应的措施，如上文提到的北京市大兴区检察院就明确，涉及食品、药品、母婴用品、化妆品等对于人体健康可能造成直接影响的知识产权犯罪案件一般不适用企业合规试点机制。

2. 哪些案件可以适用涉案企业合规整改制度

根据《关于建立涉案企业合规第三方监督评估机制的指导意见（试行)》，只要是企业在生产经营中涉及的职务犯罪、经济犯罪等都可以适用涉案企业合规整改制度。

职务犯罪一般包括非国家工作人员受贿罪、行贿罪等。对于员工涉嫌职务侵占罪，侵害公司利益的犯罪行为，因为公司一般情况下属于控告方，应不适合进行涉案企业合规整改。经济犯罪一般包括虚开增值税发票罪、合同诈骗罪等。

那么，除了职务犯罪与经济犯罪以外，其他犯罪是否还可以适用该制度？我们认为，与企业生产经营相关的犯罪，都可以适用。例如，第一批典型案例中张家港 L 公司涉嫌的是污染环境罪；又如，第二批典型案例中随州市 Z 公司涉嫌的是重大责任事故罪，该案在造成三人死亡的情况下，在符合条件的基础上，同样可以启动涉案企业合规制度；再如，上海市普陀区检察院办理的全国首起数据合规不起诉案件，针对的是某网络科技公司非法获取计算机信息系统数据罪。

是否涉案企业涉及的案件都是可能判处 3 年有期徒刑以下刑罚的案件？有人认为，我国《刑事诉讼法》规定 3 年有期徒刑以下的案件才能适用相对不起诉制度，所以涉案企业的实控人或者相关责任人只要可能判处 3 年以上有期徒刑，就不能适用涉案企业合规制度。我们认为，这种观点是错误的。《关于建立涉案企业合规第三方监督评估机制的指导意见（试行)》并没有提到涉案企业合规制度只适用于判处 3 年以下有期徒刑的案件，同时第一批典型案例中上海 A、B 公司虚开增值税专用发票的案件，涉案单位就是应该判处 10 年以上有期徒刑，其同样适用了涉案企业合规制度。

我们认为，如果涉案企业合规制度只是针对判处3年以下有期徒刑的中小微企业，那么合规整改制度的必要性不大。因为大部分案件本来就可以因犯罪情节显著轻微适用双重不起诉（单位不起诉、责任人员相对不起诉）。只有把涉案企业合规制度推广到3年以上有期徒刑的重大案件，涉案企业合规制度才更能发挥其重大意义。随着司法改革的推进，涉案企业合规制度逐渐开始针对大型企业犯可能判处3年有期徒刑以上刑罚的犯罪的案件，并且在司法实践中采取分案处理的方式，即对直接责任人员单独起诉，对涉案企业进行涉案合规整改。

3. 哪个时间段提出启动涉案企业合规整改制度

刑事律师应该在哪个时间段向承办检察官提出启动涉案企业合规制度呢？我们的答案是越早越好。承办律师应该具有敏锐性，尽早发现自己承办的案件是否具有这样的条件。如果有的话，一定要在第一时间与承办检察官沟通。

《关于建立涉案企业合规第三方监督评估机制的指导意见（试行）》和《涉案企业合规建设、评估和审查办法（试行）》都明确了检察机关在涉案企业合规建设通过评估后，可以对其作出进行不批捕、不起诉的决定。这意味着，检察机关在批捕阶段即可以介入涉案企业合规整改中，并且决定对涉案企业的实控人、负责人或者具体承办人员进行不批捕的决定。我们知道，检察机关的批捕时间只有7天。因此，刑事律师必须在这7天内向承办检察官递交启动涉案企业合规制度的申请，并且申请对涉案企业的相关人员变更强制措施为取保候审。司法实践中，对于涉案企业的合规建设，确实需要实控人或者主要负责人取保在外才能进行，因此，不予批捕、变更强制措施的可能性是比较大的。

当然，如果案件被批捕了，到了检察院审查起诉阶段，刑事律师在查阅了相关的案件材料后，认为可以适用涉案企业合规制度的，也应当尽早提出。这个时候，律师因为查阅了案件的材料，对于案件有更多的认识，提出的意见也更有可能被承办检察官所认可。同时，也存在当事人在侦查阶段不认罪，但是律师查看了相关的案件材料，认为该案件事实清楚、证据确实充分，定罪问题不大，可以通过进行合规整改获得从宽处理甚至不起诉的结果，因此需要与当事人进行充分沟通，解法说理，争取进行涉案企业合规整改。

第二批典型案例中深圳 X 公司涉嫌走私普通货物罪，深圳市检察院就是在批捕阶段通过对 X 公司相关员工社会危险性量化评估，对重要业务人员李某、程某作出不捕决定。在跟踪侦查进展，深入了解涉案企业复工复产状况的基础上，深圳市检察院又对两名高管张某某、曲某某启动捕后羁押必要性审查。其理由是“该案事实已经查清，主要证据已收集完毕，建议侦查机关将两名高管变更强制措施回归企业”。后侦查机关根据建议及时对张某某、曲某某变更强制措施为取保候审，有效避免企业停止生产带来的严重影响。因此，涉案企业合规制度的启动与为当事人申请取保候审、羁押必要性审查紧密相连，应予以时刻关注。

针对“挂案”类的案件，律师也可以提出启动涉案企业合规制度。刑事律师在承办一些企业案件时，如果企业负责人取保在外，案件久拖不决，可以申请检察机关介入启动相应的涉案企业合规程序。第二批典型案例中江苏张家港 S 公司销售假冒注册商标的商品案即是“挂案”类型。

4. 如何说服承办机关启动涉案企业合规整改制度

律师可以从不同方面说服承办机关启动相应的程序。总体来说，可以从四个角度入手。

（1）企业的实力、类型。

企业的潜力是做涉案企业合规的关键，要向检察机关递交企业资质，包括但不限于企业注册资本、员工情况、交税情况、专利、荣誉，以此证明涉案企业具备做涉案企业合规的相应资本。从最高人民检察院三批典型案例可以看出，大部分涉案企业都非常具有潜力，或者是拟上市公司，或者是纳税大户，或者是行业内龙头企业。因此，如果涉案企业符合类似的条件，应该第一时间向检察机关递交相关材料。

如果企业是中小微企业，没有相关资质怎么办？可以从企业的类型入手，如企业是不是科技型企业。我们知道科技型企业往往创收不高，但是有潜力，第二批典型案例就有 2 个企业属于科技型企业。从企业类型入手，看能否更好地打动检察官。

还有企业的社会贡献度，有的企业具有社会公益心，做了许多公益服务，帮贫扶困，是值得挽救的企业。第二批典型案例中山东沂南县的 Y 公司就在疫情期间带头捐款捐物，检察机关综合考虑企业社会贡献度，启动了涉案企业合规机制。

（2）企业合规整改的意愿。

涉案企业应该第一时间向检察机关表示愿意进行合规整改，这种意愿不是停留在口头承诺上，而是要体现在实际行动上，特别是在检察机关批捕环节。具体而言，涉案企业要第一时间提交企业自查报告、企业合规承诺和企业合规计划，同时应该主动停止犯罪行为，退缴相关的违法所得，主动取得被害人的谅解，用实际行动让检察机关了解企业进行合规整改的意愿。

合规自查报告可以包括企业涉嫌犯罪的基本事实、企业合规存在的管理漏洞、企业合规整改的基础和条件、企业的经济价值和社会贡献。合规自查报告是回顾企业的过往，既让检察机关看到企业过去的合规漏洞，让检察机关知道企业为什么会犯罪，也要让检察机关看到企业过去的辉煌，让检察机关相信企业能够做好合规整改。

合规计划，可以包括涉案企业合规组织机构、最高层承诺与重视、合规制度文件、合规保障机制、全面整改涉案的违法行为、认真开展企业自查、开展专项合规建设、确定整改期限。合规计划是对企业后续整改的要求，让检察机关了解企业今后如何进行合规建设，需要符合比例性、专业性、可行性。

合规计划与合规建设的内容不一定要完全相同，而且，由于时间关系，涉案企业向检察机关递交的合规计划不一定足够完整，后续均可以进行完善，但是应该及时提交。因此，实际上在公安机关侦查的 30 日内律师就应该开始准备。

（3）企业合规整改后的好处。

首先，律师需要让承办检察官了解如果涉案企业进行合规建设，今后会有什么样的发展。例如，不起诉后企业发展的构想、是否准备上市、纳税的规模、员工的规模。让检察机关能够了解，挽救企业之后，企业能够更好地回报社会，快速发展。新冠肺炎疫情期间，某个企业涉嫌经济犯罪，但是其主营业务是生产口罩等防疫物资，通过合规整改能够让企业更好地为抗疫服务。这种情况下，承办检察官就更愿意给其机会进行涉案企业合规整改。

其次，从罪名入手。目前，很多地区检察院都在探求合规不起诉新罪名的“第一案”，如果该案件是新的罪名，同时对行业有借鉴意义，则值得检察机关开启涉案企业合规制度。

最后，可以从企业犯罪的手法在行业中的普遍性入手，如果检察机关办理该案件对于涉案企业的合规建设能够起到“治理一个，净化一片；惩办一个，挽救一片”的效果，那么检察机关也会希望启动相应程序。

（4）典型案例的借鉴。

目前，涉案企业合规整改制度正在全国推行。但是，由于中国幅员辽阔，各地的检察机关认识不同，特别是涉及合规不起诉的问题时，检察机关往往比较慎重。寻找与涉案企业情况相似的案例也是说服检察官的一个有效方法。这里的案例包括涉案企业的类型、涉嫌的罪名、进行的合规整改方案等。最高人民检察院的典型案例是最好的借鉴案例，除此之外也应该关注各个地区的典型案例。通过举重以明轻等方法说服检察官。例如，第一批典型案例中上海宝山的 A、B 公司涉嫌虚开增值税专用发票，价税合计 2887 余万元，税款 419 万元已经被抵扣，我们在办理同样的虚开增值税专用发票案件时，对于涉案金额远低于此的案件，可以说服检察机关启动相应的制度。

（二）作为涉案企业的刑事合规律师

刑事合规律师的主要职责是帮助涉案企业进行合规整改，让涉案企业能够提出有效的合规计划，应对第三方组织的监管，顺利通过合规评估，取得相应的法律从宽的效果。

1. 帮助企业撰写自查报告

企业的自查报告对于企业的合规整改工作至关重要。企业自查报告既是企业认罪认罚的具体体现，也是让检察机关了解企业为什么犯罪以及是否有能力整改的一个手段。刑事合规律师通过访谈、调查的方法帮助企业撰写自查报告，应该着重从以下几点进行分析。

（1）企业涉嫌犯罪的基本情况。

企业自查报告首先要客观阐述涉案企业涉嫌犯罪的具体情况，包括企业的组织架构、治理结构、生产经营情况和犯罪的基本事实等。本案涉及的责任人员最好主动报告、主动披露，以免后续被检察机关查出，认为涉案企业认罪态度不端正。

（2）本次犯罪发生的原因。

对于企业犯罪发生的原因，自查报告应该认真进行分析，从外部原因和内部原因两个方面进行剖析。企业涉嫌犯罪的原因大体可以包括：企业的经营模式存在问题、企业的管理模式存在问题、企业缺乏合规审查机制及人员、企业经营管理制度存在重大漏洞、企业的财务管理制度存在重大漏洞等。对企业犯罪发生的原因的分析应该客观真实，对症下药。同时，对企业犯罪发生的原因进行分析，应该是可以找到解决方法的，不能让承办检察机关认为这个犯罪原因是没办法解决的，甚至只能把整个业务、整个部门甚至公司给关掉才能解决，那么就没有必要做涉案企业合规整改了。

（3）企业整改的基础和条件。

企业整改的基础和条件，是让检察机关看到涉案企业有能力对自查出来的问题进行整改。这里包括涉案企业管理者和员工的学历、水平、执行力等，也包括涉案企业的一贯表现，如果涉案企业一贯表现良好，企业家本人也有较好的合规整改意愿，则有助于涉案企业合规整改顺利开展。

（4）企业的经济价值和社会贡献。

涉案企业的经济价值和社会贡献，主要强调涉案企业进行合规整改的必要性。经济价值即涉案企业的综合实力，包括企业的类型、规模、纳税情况、员工人数、所获荣誉、行业贡献、发明专利等。社会贡献则包括涉案企业慈善、职工关怀、环境保护、疫情期间的贡献等。

2. 帮助企业制订合规计划

涉案企业提交的合规计划，主要围绕与企业涉罪有密切联系的企业内部治理结构、规章制度、人员管理等方面存在的问题，制定可能的合规管理规范，构建有效的合规组织体系，健全合规风险防范报告机制，弥补企业制度建设和监督管理漏洞，防止再次发生相同或者类似的违法犯罪。

（1）合规计划应注意的原则。

律师帮助涉案企业制订合规计划，一定要多调查、多走访，多与涉案企业负责人进行深入沟通交流。

第一，以专项计划为主，全面计划为辅。

合规计划主要解决的是企业所涉嫌的犯罪问题，因此应该是专项的合规计划，而非全面的合规计划。例如，涉案企业涉嫌的是虚开增值税专用发票犯罪，合规计划主要关注涉案企业如何纠正虚开增值税专用发票的犯罪行为，以后如何避免该类犯罪行为，主要应围绕发票、财务、税收等内容进行整改。如果对涉案企业的合规建设制订全面合规计划，一是时间不允许，二是无法突出相关重点。

第二，注意合规计划的可行性与可操作性。

合规计划必须具有可行性和可操作性。针对不同企业类型，合规计划应该是不一样的。例如，在组织架构中，要求大型企业建立的四级合规管理架构，即合规管委会主席—合规管理委员会—合规部—合规官出现在中小微企业的合规计划中，明显没有可行性和可操作性。因此，制订合规计划应该注重差异性原则。

第三，注意合规计划的针对性。

合规计划应该有针对性，针对性不够，合规计划的有效性就不够。例如，数据企业合规计划的核心在于企业数据来源的合法性、数据存储的合法性、数据使用的合法性，因此通过合规制度建立起一系列数据不合规的发现机制是合规计划的重点；互联网企业合规的核心是互联网企业对违法犯罪行为的预见制度，通过建立合规制度使互联网能够有效识别网络上的违法犯罪，使其不构成帮助信息网络犯罪活动罪、拒不履行信息网络安全管理义务罪等；商业贿赂案件核心在于人员治理、完善企业的财务制度等。所以，不同的案件合规计划的针对性是不一样的，因此要进行深入的调查分析。

（2）合规计划的基本内容。

律师帮助企业制订的合规计划主要包括以下几方面内容：

第一，涉案企业的合规承诺；

第二，涉案企业合规管理机构的设置；

第三，涉案企业合规管理机制（包括规章制度、员工手册等）；

第四，涉案企业合规建设的保障机制；

第五，涉案企业具体涉罪行为的防控措施；

第六，涉案企业合规文化的培育；

第七，涉案企业合规建设的期限。

（3）典型案例分析。

我们以江苏省如皋市检察院办理的 H 公司虚开增值税专用发票案为例来分析合规计划的主要内容。该案被最高人民检察院编入《涉案企业合规改革试点参考文件》。

H 公司出具的合规计划主要包括四大部分。

第一，建立合规管理组织体系。包括修改公司章程、增设合规内容，任命一名高管担任合规专员，聘请律师担任公司的法律顾问。这部分主要是从组织架构层面对合规进行建设。

第二，建立健全各项合规政策。

建立合规审查机制。将合规审查作为规章制度制定、事项决策、合同签订、项目运营等经营管理行为的必经程序，及时对不合规的内容提出修改建议，未经合规审查的不得实施。这就是合规优先原则的体现。

完善财务管理合规制度。本案涉嫌的是虚开增值税专用发票犯罪，与财务管理息息相关。因此，企业提出“建立健全资本权属清晰、财务关系明确、符合法人治理结构要求的财务管理制度；聘用专业会计人员进行公司财务管理，做到合同、报销单据、公司账目一一对应；严格遵守国家有关财务制度、规定和财经纪律，建立健全会计账簿，统一登记、核算各项业务事项，控制财务风险”。

完善增值税专用发票合规管理制度。建立发票使用登记制度，设置发票登记簿，并定期向主管税务机关报告发票使用情况。按照税务机关的规定存放和保管发票，已开具的发票存根联和发票登记簿保存 5 年；对所有的发票必须核查无误后方能付款和申报抵扣税款；加强存货、发货环节的控制，财务人员必须根据出库凭证及购销合同开具的增值税专用发票验证并留存领票人身份信息；对交易对方提供的银行账户与发票信息的一致性进行审查，所有交易均通过银行转账方式进行结算并保留银行结算凭证。

完善环境保护合规管理制度。

完善劳动用工、安全生产合规制度。

该部分主要从执行层面计划合规建设内容，从公司的具体业务确定合规优先原则到涉案的财务管理、发票方面的合规专项计划，再到环境保护、劳动用工、安全生产等其他领域的合规制度计划，可以说针对性很强，也具有很好的可操作性。

第三，建立合规管理运行保障机制。包括：建立“飞行检查”机制，建立投诉机制，建立合规报告机制，建立合规考核机制。该部分主要针对合规运行提供相应的保障机制，确保合规的有效运行。

第四，注重培育企业合规文化。包括：针对重点岗位、重点人员进行有针对性的合规培训和教育，针对全体员工进行全员性的合规培训，印发企业员工行为手册。该部分主要强调通过合规建设，形成企业的合规文化。

从 H 公司出具的合规计划我们可以清楚看到，涉案企业的合规计划是以专项计划为主，有针对性、可操作性的计划。合规计划是需要落到实处的，并且根据实际需要可以进行调整完善。

3. 帮助企业应对第三方监管人的检查

根据《关于建立涉案企业合规第三方监督评估机制的指导意见（试行）》的规定，在合规考察期内，第三方组织可以定期或者不定期对涉案企业合规计划履行情况进行检查和评估，可以要求涉案企业定期书面报告合规计划的执行情况。因此，刑事合规律师在涉案企业进行合规建设期间应该协助其配合第三方监管组织的调查。

第一，与第三方监管人要进行有效沟通，无条件配合其对涉案企业的合规建设的检查。第三方监管人受第三方监督机制管委会和承办检察机关的委托对涉案企业的合规建设进行检查、评估，具有准司法机关的性质，并且其最终的评估报告决定涉案企业是否能够通过相关的审查。因此，刑事合规律师应该无条件地配合第三方监管人的工作，包括提供相应的案件材料、配合访谈调查、配合抽样检查等要求。

第二，按照第三方监管人阶段整改要求进行有针对性的整改，逐一落实。第三方监管人在检查过程中会提出相应的整改要求，刑事合规律师应该按照第三方监管人的要求，对涉案企业的合规计划进行调整，并且在规定的时间内整改好，主动向第三方监管人汇报。

第三，虚心请教，吸收借鉴第三方监管人的督促建议。第三方监管人对于涉案企业的合规建设可以提供帮助，并不是简单地说是或不是。因此，刑事合规律师应该借助自己的合规顾问身份，多向第三方监管人进行请教，并且吸收借鉴其提出的相关建议。我们相信，优秀的第三方监管人乐意与涉案企业形成有效互动，发挥能动作用，帮助涉案企业做好合规整改工作。

4. 帮助企业做好合规整改工作

涉案企业进行合规整改，大体需要做如下工作，刑事合规律师应该帮助涉案企业将以下六方面工作做好、做扎实。

（1）停止一切违法犯罪活动。

涉案企业应第一时间停止违法犯罪活动。例如，涉嫌污染环境罪，应该立即停止污染源的排放；涉嫌假冒注册商标罪，应立即停止生产行为，并且应该主动缴纳罚款、进行赔偿工作，积极配合承办机关，体现出认罪认罚的态度，最高层表示出承诺合规的意愿，体现出改恶从善的决心。

（2）建立合规建设领导小组。

涉案企业需要建立合规建设领导小组，专门负责涉案企业的合规建设工作。合规建设领导小组的任务就是完成涉案企业合规整改的工作，包括制订合规计划、配合第三方监管人员检查、制作合规报告、参加合规听证等工作。领导小组应该确定主要负责人，主要负责人最好是公司的“一把手”，体现最高层对涉案企业合规建设的重视，配置合规专业人员开展相应工作。领导小组要清楚企业目前存在哪些合规风险，并且应提出相应制度和措施，防范风险的发生。

(3) 制订合规计划，落实合规计划。

合规计划的主要目的是防止同类犯罪发生，并不是大而全的计划。同时，合规计划不是“纸面计划”，而是“有效计划”。“有效计划”体现在合规计划制订的有效性、执行的有效性和结果的有效性。同时，合规计划不是一成不变的，根据合规建设的开展可以进行调整，同时根据第三方监管人的要求也应该进行调整。

(4) 确立合规优先原则。

涉案企业应该建立合规优先原则，企业的任何盈利行动都以合法为前提。违法利益不应该被追求。公司领导应在大会上向全体员工宣示承诺这一原则，上传下达，最高层的承诺才能使合规优先的价值在企业中真正落实。同时，合规理念应该融入企业的管理和发展之中，企业的各个部门、各项业务的开展都要讲合规，真正做到融合发展。合规本质上是现代企业的治理结构，与以前企业的管理不同，以前企业把追求盈利放在第一位，现在企业应该把合规放在第一位。

(5) 建立合规管理机构。

涉案企业的合规建设领导小组是应急性的机构，除此之外涉案企业还应该建立稳定的、持久的合规管理机构。对于不同类型的企业，合规管理机构可以不一样。大型企业最好建立多层级的合规管理架构。例如，公司设有董事会，一般应下设合规委员会、合规管理部门、合规人员等。中小型企业，则可以只设置合规专员。

但是，无论是多层级的合规架构，还是单独的合规专员，都需要强调合规部门的独立性和权威性。所谓的独立性，即合规部门能够作出独立判断，能够与最高领导者进行汇报和沟通，提出自己的意见；所谓的权威性是，合规部门具有一票否决权（因此要将企业“一把手”列为合规部门的“一把手”），否决违规业务的开展。

(6) 制定通用合规管理制度。

涉案企业应该制定通用合规管理制度，确保企业合规机制能够有效、持续的运行。这些制度包括，企业合规的培训宣传交流制度，企业的监测、举报、调查和处理制度，企业合规考核制度和企业合规持续改进的制度。

5. 帮助企业应对验收工作

（1）提交合规计划执行情况报告。

刑事合规律师应该帮助涉案企业定期向第三方监督评估组织提交合规计划执行情况报告，一般至少两次，包括中期和末期的合规计划执行情况报告。

合规计划执行情况报告需对照之前提交的合规计划进行撰写并提供相应的证明材料。因此，在落实合规计划的过程中需注意留痕。具体可以参考以下模板。

××公司合规整改总结报告（参考框架）

前言

一、合规整改的执行情况

（撰写说明：参照合规计划，说明合规计划的落实情况。）

二、合规整改的自我评估

（撰写说明：参照合规计划以及第三方评估组织的考察标准，企业先行评估。）

三、需要说明的情况

（撰写说明：主要说明未包含在上述两部分且需要向第三方监督评估组织或者检察机关说明的情况，如合规整改之后企业的经营。）

××公司（盖章）

年　月　日

（2）参加听证会。

当第三方组织对涉案企业的合规整改评估合格后，承办检察机关会召开相应的听证会对第三方组织的评估报告、涉案企业的合规整改情况进行审查，并且通过听证会的形式确认对涉案企业作出相应的处理。刑事合规律师在听证会中同样应该为涉案企业争取相应权利。

第一，展开辩护工作，提交涉案企业合规从宽的辩护意见。刑事合规律师应充分论证涉案企业做到有效合规整改、有效预防犯罪、有效制定企业管理制度，形成依法依规的企业文化等，因此符合相关的要求可以进行合规不起诉，如果超过法定刑3年有期徒刑的应该从宽处理的律师意见。

第二，充分准备、有效回答。听证会中，可能会有人大代表、政协委员、行业代表、第三方组织成员、检察官等人员，会针对涉案企业的合规建设、今后发展等内容提出相应的问题，刑事合规律师应该充分准备，有效回答。

（三）作为第三方监督评估专家

律师能够作为第三方监督评估专家对涉案企业的合规建设进行评估审查，这是律师的一种荣誉，代表第三方监督机制管委会对律师在合规领域专业水平的认可。担任第三方监督评估专家的律师，其职责与担任涉案企业的辩护律师、合规律师完全不一样，其受检察机关和第三方监督机制管委会的委托，相当于准司法人员，一定要充分发挥自身作用，把好关，站好岗，让涉案企业合规建设真正做到有效。

1. 第三方监管人的主要工作

律师担任第三方监管人，需要做好监管工作。具体包括以下几个方面的内容。

（1）开展尽职调查。

所谓“无尽调则无监管”，第三方监管人开展监管工作，必须对涉案企业进行尽职调查，了解涉案企业情况和犯罪事实。具体尽职调查工作可以包含如下内容：

第一，与公司人员进行交流，并制作笔录。

第二，查阅公司提供的公司股东会会议记录，查阅公司章程及各项规章制度，查阅业务流程文件。

第三，查阅公司业务合同。

第四，查阅公司工商登记、审计报告、纳税凭证等资料。

第五，查阅公司会计凭证、会计账簿、财务会计报告、纳税凭证、社保缴纳记录等资料。

第六，通过天眼查、企查查等网站查询公司公开信息。

第三方监管人做完尽职调查后，一般情况下应向承办检察机关提交尽职调查报告书。具体可以结合涉案企业提交的自查报告进行撰写。

（2）审查合规计划。

第三方监管人的第二项工作就是审查涉案企业递交的合规计划。审查涉案企业递交的合规计划，可以从以下几个角度入手：

第一，合规计划所依据的标准、法规是否准确全面。采访监管人要审查涉案企业递交的合规计划所引用的法律法规、行业标准是否准确全面。例如，在虚开增值税专用发票案中，其所引用的《增值税专用发票使用规定》是否是新版的，是否准确引用《会计法》的相关规定等。

第二，合规计划中设定的目标是否科学合理。第三方监管人要审查涉案企业递交的合规计划是否具有可行性，设定的目标是否科学合理。例如，不少涉案企业会在设立合规管理机构中强调要建立四级架构，但是实际上对于中小企业而言，这种四级架构是不现实的，也不需要。

第三，合规计划的行文措辞是否严谨专业。第三方监管人要审查涉案企业合规计划中所要达到的目标是否具有实现的客观性，是否与企业类型相关。据某第三方监管人反映，在其进行合规监管的某个案件中，涉案企业对于风险识别机制设置了风险触发条件，规定“采用新的生产工艺或生产工艺发生变化”需要对合规风险进行识别。但是，这家企业是一家服务企业，不是生产企业，根本不可能触发该条件。因此，可以看出，这种合规计划实际上是照搬照抄某生产型企业的，根本不具有严谨专业性。

第四，合规计划中的整改措施是否对症有效。第三方监管人要审查涉案企业的合规计划是否有针对性，是否能够识别出涉案的刑事法律风险，防止犯该罪的再次发生。有的合规计划面面俱到，但是没有针对性，没有可行性。

第五，合规承诺是否真实客观。第三方监管人应该审查涉案企业的合规承诺是否客观真实。涉案企业的主管人员，特别是代表企业意志的人员，其是否认罪认罚决定其合规承诺的真实性与客观性。如果直接负责的主管人员拒不认罪，那么涉案企业的合规承诺可能就不具有真实性。

（3）进行监督指导。

第三方监管人应该是合规计划的监督者、合规建设的指导者、合规验收的评估者。根据《关于建立涉案企业合规第三方监督评估机制的指导意见（试行）》，第三方监管人应该定期或者不定期深入涉案企业，考察其合规建设的具体情况。在考察阶段，第三方监管人既可以进行监督，也可以进行指导。

第三方监管人进行监督可以采取以下方法：

第一，进行访谈。对于涉案企业的员工随机进行访谈，了解涉案企业员工对合规制度、合规理念是否了解，有没有形成合规优先于业务的观念。

第二，随机抽查。对于涉案企业的业务、产品等进行随机抽查。例如，涉案企业涉嫌销售假冒注册商标的商品罪，则随机抽查其销售的产品，看是否还存在侵犯注册商标权的犯罪行为。

第三，列席会议。第三方监管人可以随时列席涉案企业的各种会议，包括股东会会议、董事会会议等，通过列席会议了解合规是否渗透进企业的经营管理。

第四，穿透式检查。第三方监管人应该摆脱“纸面合规”，穿透式审查涉案企业合规建设是否真正有效落实。可以紧跟涉案企业的一个产品走，穿透各种流程，看其是否真正合规。例如，涉案企业涉嫌走私犯罪，则对于涉案企业经营的一票货物，从采购开始一直紧跟到入关、进仓、销售，看一系列流程是否存在合规风险。

第五，模拟投诉举报。第三方监管人可以模拟投诉人、举报人，看涉案企业的通用合规机制是否确实有效，如何处理相应的投诉举报内容。

（4）作出最终评估。

第三方监管人的最后一项工作是对涉案企业的合规建设作出最终的评估，并且撰写评估报告，向承办检察机关进行反馈。这份评估报告决定涉案企业合规建设的“成败”，至关重要。一份评估报告可以包括如下内容：

第一，免责声明。

第二，企业以及所涉案件基本情况。

第三，合规前主要风险点和关联风险点。

第四，第一阶段合规整改计划的执行整改情况及评判。

第五，第二阶段合规整改计划的执行整改情况及评判。

第六，第三阶段合规整改计划的执行整改情况及评判（若有）。

第七，整体专项合规整改评判与总结。

第八，合规整改后的后续工作。

第九，其他问题。

2. 如何进行有效评估

第三方监管人的工作职责是对涉案企业进行有效评估，但是，实践中，因为各种因素，第三方监管人往往对涉案企业“高高举起、轻轻放下”，并没有真正做到有效评估，使很多企业认为，只要启动合规整改，就能够获得合规不起诉。实际上，涉案企业合规要落实“严管厚爱”，第三方监管人的作用非常大。那么，如何进行有效评估？可以从以下五个环节入手。

（1）确立工作方案。

第三方组织由第三方监督机制管委会从名录库中抽取组成，一般有3~5位成员，来自不同行业。需要确定第三方组织的负责人，并且确立相应的工作方案。

第三方组织应根据涉案企业情况和工作需要，制订具体细化、可操作的合规评估工作方案。如上所述，涉案企业的规模大小、行业类型、涉案罪名等的不同导致涉案合规建设都是不一样的，因此第三方组织进行评估时也需要区别对待，制订不同的评估方案。第三方组织的工作方案应该包括：

第一，工作步骤。第三方组织的工作包括开展尽职调查、审查合规计划、进行监督指导、作出评估报告等。第三方组织应该确定相应工作的人员安排、工作时间、顺序、预案等。

第二，工作方法。第三方组织开展评估工作，应该避免“纸面审查”，特别是在监督指导中，需要采取相应的调查方法。因此，需要提前确认相应的工作方法；同时，对于部分特殊案件，如异地办理，需要确认汇报机制。

第三，工作期限。第三方组织应该明确涉案企业合规整改的期限，对涉案企业提出的整改意见，也应该明确涉案企业的修改时间。

检察机关审查第三方组织的工作效果，其中第三方组织的工作方案是审查重点，如果工作方案制订不合理，评估就没有可信度。

（2）评估涉案企业风险识别和控制机制是否建立。

第三方组织需要评估涉案企业对刑事合规风险是否建立相应的识别和控

制机制。

第一，涉案企业是否梳理其可能涉嫌的刑事法律风险，并且制作类似的员工风险识别手册、“刑事风险地图”等，方便员工识别相应风险。

第二，对于企业的刑事风险是否进行分类定级，并且有相应的控制措施予以应对。

第三，对于涉案企业所触犯的刑事罪名应该格外关注，其是否建立了相应的识别与控制机制，相关机制是否具有可行性。

（3）评估涉案企业违规行为处理机制是否建立。

第三方组织需要审查涉案企业对违规行为的处理。

第一，涉案企业是否建立违规行为的发现机制，如相应的监测、举报、调查、报告等制度。

第二，涉案企业是否建立违规行为的处理程序。涉案企业如果发现违规行为，应该有一套切实可行的处理程序，确保有一起查处一起，让每一次的违规行为都付出相应的代价。

第三，涉案企业是否建立合规考核机制。除了对违规行为的处置，涉案企业还要建立相应的合规考核机制，确保所有员工将合规理念融入企业的生产经营中。

第四，涉案企业是否建立合规制度持续改进机制。合规风险与识别机制不是一成不变的，需要不断改进，涉案企业应该根据刑事风险的变化不断调整风险识别机制、违规处置机制。

（4）评估涉案企业合规制度的保障机制是否建立。

第一，涉案企业的合规管理机构的设置和人员配置是否合理。涉案企业的合规建设中，最高层参与非常关键，无论是一级合规管理机构还是多层级的合规管理机构，都需要有最高层的参与，并且相应的合规人员需要具有独立性与权威性，切实保证合规意见高于业务经营的理念。

第二，保障合规管理的资源配置是否合理。涉案企业对于合规业务的开展需要提供相应的场地、资金、物资等保障，确保涉案企业合规制度的落实有人、有物、有钱、有地。

（5）评估涉案企业合规文化是否建立。

涉案企业是否建立起合规优先的价值观，是否每个员工都有合规意识、合规知识，将合规的理念融入企业的生产经营中。

合规文化对于企业的合规建设是最重要的，企业只有合规制度是远远不够的。如果企业有了合规文化，即使制度存在问题，也不会发生刑事风险。但是，反过来，如果没有合规文化，只有相应的制度，那么制度也可能是徒有虚名。

如果上述5个环节，涉案企业都做到位了，那么第三方监管人可以认定涉案企业的合规建设是有效的。

3. 第三方监管人的注意事项

（1）敢于对不合格的合规整改说“不”。

第三方监管人受检察机关和第三方监督机制管委会委托，为涉案企业的合规建设进行监督和评估，其直接面向涉案企业。第三方监管人不能做“老好人”，让涉案企业认为监管工作可有可无，只要一启动合规整改制度，自己就能够得到不起诉的从宽制度。第三方监管人要敢于说“不”，实际上，涉案企业如果没有达到合规整改要求，就应该对评估结果说不。司法实践中，并不是所有涉案企业合规整改都能通过，如以下案例：

2018年至2019年，老洪未经某知名口罩品牌注册商标权利人——洁祥公司许可，生产并销售假冒某知名品牌口罩55万余只。2019年4月，老洪注册成立卫顺公司，利用卫顺公司的设备继续生产涉案口罩25万余只。2021年2月15日，公安机关将该案移送宿城区检察院审查起诉，老洪被取保候审。2021年8月25日，检察机关决定对卫顺公司启用“简式”合规整改。“简式”合规整改是专门针对小微企业的一种合规整改方案。在“简式”合规整改中，可以灵活运用实地走访、口头提醒与书面报告等多种监督考察相结合的方式，在两个月内对企业开展合规考察。

2021年9月15日，承办检察官和主管部门一行3人到企业监督考察合规计划的执行情况，发现企业未采取任何措施。承办检察官及主管部门工作人员立即对老洪口头提醒，敦促他尽快整改。2021年10月8日，第三方评估小组对卫顺公司进行实地考察，发现聘请兼职合规顾问、安全生产主题培训两个问题已经整改到位，但使用注册商标时添加新的图案标志、商标注册地未变更登记、生产活动记录不全、账目混乱等问题仍未整改。对照《知识产权专项合规考评表》，第三方评估小组认为卫顺公司多项指标未完成，要求老洪在2021年10月25日合规考察期满前整改到位。2021年10月25日，第三方评估小组再次来到卫顺公司进行考察。因该公司未按照合规计划建立商标规范使用奖惩机制、不当行为举报机制，未开展防范商标侵权类知识培训，第三方评估小组认定合规考察结果为不合格。宿城区检察院审查后采纳了合规考察书面报告，认定卫顺公司未通过合规考察。

2021年10月29日，宿城区检察院以涉嫌假冒注册商标罪对老洪提起公诉，并提出有期徒刑1年2个月的量刑建议。

从上述案例可以看出，不是启动了合规整改制度涉案企业就能够通过合规考察，取得合规从宽甚至不起诉的效果。第三方监管人要严把评估关，对于不合格的合规整改说“不”，真正做到“严管厚爱”。

（2）注意“排雷”，合规该停则停。

第三方监管人在进行合规监管工作时会对涉案企业进行全面的排查，如果发现涉案企业存在违法犯罪行为，合规工作该停则停，否则容易引发其他法律风险。在某起虚开增值税专用发票案的涉案企业合规整改工作中，第三方监管人在做合规评估工作时发现，涉案企业涉嫌犯罪的金额远不止公安机关认定的金额，同时不仅有受票环节犯罪，还有开票环节犯罪。如果第三方监管人继续做评估工作，视而不见，势必会产生相应的法律责任，甚至有可能被认定为帮助涉案企业掩盖犯罪行为。因此，第三方监管人向检察机关提出停止合规监管的建议。

（3）做好法律风险防范，杜绝职务犯罪风险。

第三方监管人的身份相当于准司法人员，其在履职过程中应该注意法律风险防范，如果涉嫌犯罪，有可能被按照国家工作人员犯罪处理。律师在担任第三方监管人时，特别需要注意防范风险，因为往往会碰到“熟人”，有可能在这个案件中律师是做刑辩律师、合规律师，下个案件是做第三方监管人，认为可以“礼尚往来”“网开一面”，甚至“铤而走险”。第三方监管人对于律师而言是一种荣誉，更是一种责任，需要所有律师捍卫这个制度的合法合规运行，因此一定不要乱打“好人牌”，更不要触碰职务犯罪的风险。

综上所述，律师作为第三方监督评估专家，绝不能对涉案企业合规“高高举起、轻轻放下”，而应该发挥专业优势，做好监督，履行自己的职责，让涉案企业真正做到有效合规。

8

第八章

企业刑事法律顾问

本章内容 企业刑事法律顾问区别于企业一般的法律顾问，其主要负责企业刑法方面的事务，帮助企业预防相关的刑事法律风险。本章主要介绍企业刑事法律顾问的概念、内容，律师如何担任企业刑事法律顾问，律师担任企业刑事法律顾问的主要工作内容，并且通过典型案例介绍律师担任企业刑事法律顾问的服务内容、服务方式以及具体事务。

- 企业刑事法律顾问
  - 企业刑事法律顾问概况
    - 什么是企业刑事法律顾问
    - 为什么企业需要刑事法律顾问
    - 企业选择刑事法律顾问的角度
  - 刑事法律顾问的工作原则、内容与流程
    - 刑事法律顾问的工作原则
    - 刑事法律顾问的主要服务内容
    - 刑事法律顾问的工作流程
  - 典型案例
    - 服务内容
    - 服务方式
    - 具体事务

一、企业刑事法律顾问概况

近些年，不少刑事律师开始担任企业的刑事法律顾问，专门负责企业的刑事法律事务。刑事法律的复杂性与所带来风险的致命性，是近些年来企业越来越重视刑事法律事务的原因。刑事律师担任企业的刑事法律顾问，能够在企业日常的生产经营中起到保驾护航的作用。

（一）什么是企业刑事法律顾问

刑事法律顾问，顾名思义是律师担任企业的法律顾问，但是以提供刑事法律服务为主。律师担任企业的刑事法律顾问一般有两种类型：第一种是在企业的律师库中加入刑事律师，由该刑事律师专门处理企业的刑事法律事务；第二种是律师团队在为企业提供法律服务的方案中增加刑事法律服务，并且搭配刑事律师，组成律师团队一起为企业提供法律服务。无论是哪一种类型，企业对于刑事法律服务的需求越来越多，也越来越复杂，产生了刑事法律顾问的业务，并且渐渐寻找专门从事刑事业务的律师担任企业的刑事法律顾问。

刑事法律顾问并不是等到企业出了事情才帮助其进行刑事辩护，恰恰相反，刑事法律顾问更多的是帮助企业预防刑事法律风险，处理刑事法律危机，避免企业出现刑事案件。

（二）为什么企业需要刑事法律顾问

企业一般都会聘请律师作为常年法律顾问，但是一般的常年法律顾问往往处理的是劳动人事、知识产权、草拟修订合同等民商事业务，而刑事律师在以往并不被列入企业常年法律顾问的需求中。企业碰到刑事案件往往会让常年法律顾问处理，或者让其帮忙介绍刑事律师介入。这种处理效果并不能让企业满意。第一，因为刑事案件的专业性，使不接触刑事案件的法律顾问无法作出专业判断；第二，因为刑事案件的紧急性，企业碰到刑事案件再临时找律师，往往错过了关键的时间节点，错过解决问题的最佳时机。

笔者曾遇到一个案件，某个公司的总负责人突然接到纪委的电话，要求其配合作证。总负责人一时慌了，知道事情的严重性，并且因为涉及的是十几年前的事情，很多细节并不一定记得清楚。总负责人问了公司法务人员的意见，法务人员赶紧找法律顾问处理，但是得到的答复都是法律知识，总负责人很不满意。公司法务人员也没处理过刑事案件，于是求助到我们这边。我们介入之后提出了所涉罪名的相关规定，司法实践的操作流程，以及总负责人和公司的应对策略等。介入之后我们才发现，公司法务人员、总负责人对于刑事案件、刑事风险的认识都非常模糊。这个案件后续顺利得到解决，总负责人可能觉得他们的法律顾问对于刑事案件并不是很专业，或者认为刑事业务让常年法律顾问处理不合适，就委托了我们作为刑事法律顾问，负责处理公司刑事方面的事务。

还有一个反面的例子。当事人的公司主营业务是从各种渠道获取公民个人信息，然后进行加工，以咨询报告的方式售卖给有需求的一方。虽然咨询报告会有一些行业的分析，但是购买者主要还是购买里面的个人信息资料。例如，4S店想要做推广，这家公司可以根据4S店的需求，把收入在一定范围的人群筛选出来，最终提供给4S店相应人群的个人信息，如手机号码、邮箱、QQ，以便4S店进行精准营销。现在大家当然能够理解这种行为属于侵犯公民个人信息的犯罪，但是，在当年，也就是《刑法修正案（七）》刚刚颁布的时候，这家公司并不清楚。公司的法务人员曾提出这种业务的合法性存在问题，要求公司的法律顾问写一份书面意见给公司总负责人。但是，法律顾问的意见只是把合同的标题、主体及相关的措辞进行修改，并没有确定该业务已经涉及刑事犯罪。于是，这家公司一直继续开展这项业务，最终因为非法获取公民个人信息被查处，公司总负责人也被判处刑事处罚。据了解，总负责人在庭审中提出这是公司法律顾问提出的意见，一度令人唏嘘。

上述两个例子实际上展现企业面临刑事问题的现状。企业由于缺少刑事法律顾问或者懂刑事业务的律师，在遭受刑事风险时，经常处于被动状态。刑事法律事务与一般法律事务的区别在于，刑事法律事务都是紧急的、风险高的事务，公司高层很关心，但法务人员却处理不了。由于刑事法律的内容非常多，又经常修改，如果不是由专业刑事律师处理，很可能会使企业陷入很大的风险之中。

有人将企业聘请律师作为法律顾问比喻为开车的人交停车费。如果开车的人不交停车费，随意停车，当然会节省停车费；但如果有一天被抄了罚单，那么就会得不偿失。所以，交停车费是一种花小钱省大钱的道理。律师担任企业法律顾问所起到的作用，当然不只是交停车费这么简单，但却有类比效果。对于刑事法律风险而言，不交停车费所带来的风险，远远不是多交几倍停车费的问题，而是车毁甚至人亡的问题。这可能也是企业律师库需要刑事律师的一个原因。

（三）企业选择刑事法律顾问的角度

既然企业如此需要一名刑事律师担任其刑事法律顾问，那么企业会如何挑选一名刑事律师入库，帮助处理企业的刑事法律事务呢？律师应该了解企业的思路，从而提升自己的服务水平。一般而言，我们认为企业会从以下四个角度选择刑事法律顾问。

1．专业性

与个人客户相比，企业对于律师了解得更为充分，选择律师往往注重其专业性，企业选择刑事法律顾问同样如此。企业会考察律师对于刑事法律的掌握、刑事政策的了解以及刑事实务经验。企业往往会通过招投标的方式让律师提供其行业荣誉、撰写的书籍及文章、承办案件类型等来证明其是否专业。同时，企业会关心律师对该企业所属的行业是否了解，是否承办过类似的刑事案件。对行业的了解对企业选择刑事法律顾问是非常关键的。目前，刑事律师也强调精细化，有律师专门做毒品犯罪案件，有律师专门做走私犯罪案件，有律师专门做金融犯罪案件等。如果企业属于金融行业，如信托公司、基金公司、银行，在聘请刑事法律顾问时，则会选择承办过大量金融犯罪案件的刑事律师，因为这类律师对于该行业是有一定了解的，也能充分发挥刑事法律顾问的作用。

2．团队配置

为企业提供刑事法律服务，最好有相应的团队配置。企业的刑事法律事务不是某一个刑事案件，而是包括刑事法律咨询、刑事危机处理、刑事专项服务等。刑事律师手上往往有许多案件，刑事案件的会见、阅卷、开庭等工作内容实际上决定了刑事律师在很多时候都是忙碌的，甚至在律师会见时，企业可能联系不上律师。不少刑事律师还承办外地的案件，有时候一出差就是好几天。因此，如果只有一位刑事律师，其可能无法妥善处理企业的所有刑事事务。然而，企业的刑事问题往往又是紧急的，有些内容可能需要现场处理，电话沟通并不方便，因此，如果有相应的团队配置，并且能够进行合理的分工，那么企业应该会优先予以考虑。

3. 配合度

企业所碰到的刑事问题往往时间紧、风险大、任务重，因此刑事律师的配合度对企业而言至关重要。无论是在企业内部调查上，还是在刑事危机的应对上，都需要刑事律师及时有效的配合。刑事律师除了提供合理的团队配置外，应该让企业知道其对于企业的刑事法律事务的响应时间。一般情况下，刑事法律顾问对于企业的需求应该有轻重缓急的处理标准，并且设置相应的响应机制。同时，如果组成团队提供服务，则应该向企业明确团队成员的职责与角色，以便企业法务人员或者合规成员能够第一时间联系到团队的具体负责成员。

4. 商业思维

企业对于刑事法律顾问的考核，还包括观察其是否具有商业思维。无论是刑事合规，还是风险防控，刑事法律顾问都不是为了强调刑事风险的严重性、刑事律师的重要性，而是为了更好地配合企业的运营发展。因此，刑事律师应具有公司治理的思维、商业的思维，能够从企业的运作方式、行业的规则来考虑问题。刑事法律顾问不只是提出刑事风险问题，还应该给出相应的建议，这样也能够更好地让企业接受。

二、刑事法律顾问的工作原则、内容与流程

刑事法律顾问在开展具体工作中，可以借鉴常年法律顾问的工作方式，

遵循相应的工作原则，建立工作的一般业务流程。

（一）刑事法律顾问的工作原则

1. 建档留痕

刑事法律顾问对回答企业的每一次咨询，检索的每一个企业提出的法律问题，提出的每一次危机应对的方案，出具的每一次法律意见书等，都应当进行归类总结，并且及时建档留痕。因为刑事法律顾问在处理企业的日常刑事事务时，许多工作往往是重复的，特别是针对一些高发的问题，如果刑事法律顾问能够及时进行归纳总结，会使工作效率显著提高。同时，与企业的沟通交流一般情况下应通过邮件往来，如果是电话沟通咨询，应该撰写备忘录，方便查阅事件经过及处理过程。建档留痕应该变成刑事法律顾问的工作习惯。

2. 合法独立

刑事法律顾问在处理企业相关的业务中，应该坚持合法、独立的态度。毕竟企业咨询的问题是涉及刑事方面的，如果刑事法律顾问明知企业生产经营行为涉嫌犯罪，仍然教唆企业通过某些行为逃避法律制裁，那么显然是错误的做法，甚至有可能成为帮助犯。刑事法律顾问出具的法律意见、提出的法律建议应该基于事实和法律，从合法合规的角度出发，这才真正能够让企业有序发展。有些刑事法律顾问依附于企业管理者，对其任何做法都没有提出异议，那么这种刑事法律顾问实际上对企业是有害的，没有发挥其应有作用。

3. 内外配合

刑事法律顾问应该与企业的法务、合规人员加强配合，二者对企业经营保驾护航，起着不同的作用。企业的法务、合规人员相比刑事法律顾问更了解企业的生产经营、组织架构、行业规则等，而刑事法律顾问则在实践经验、专业知识等方面更有优势，因此，在碰到企业相应问题时，二者应该相互沟通、内外配合。从刑事法律顾问的角度而言，无论是在内部调查领域，还是在刑事控告等领域，如果要帮助企业取得更好的进展，就必须跟企业法务、合规人员多进行沟通交流，取得其配合才能使工作顺利进行。

（二）刑事法律顾问的主要服务内容

刑事律师可能并不擅长修改合同、草拟劳动规章手册、撰写股东会决议等，但一名专业的刑事律师对于企业运营来说仍然非常重要。刑事律师作为企业法律顾问，在企业的运营中大体可以提供如下服务。

1. 参与企业战略的制定

企业发展战略决定企业的发展方向以及企业的未来，重要性不言而喻。刑事律师参与企业发展战略的制定，是有效预防企业遭受刑事法律风险的第一步。

我们碰到一家企业，其主要经营网络游戏周边服务，在其平台上各个玩家可以进行游戏装备买卖、游戏攻略分享等。其在某一阶段突然准备经营网络游戏脚本的交易。简单而言，就是游戏玩家创立的网络脚本在其平台进行销售，然后创作者与平台共同收费。我们认为，这种经营模式涉及游戏脚本的内容，审核很麻烦，有可能涉及侵犯著作权罪（如果脚本不是原创，是“私服”“外挂”等侵犯其他著作权人的脚本），甚至可能涉及非法经营罪（有可能将销售网络脚本认定为出版行为，则需要有互联网出版许可证），因此，我们与企业共同商定相关方案，如果确定要做，需要把相关的合规问题解决才能避免相应的风险。

因此，企业在作出重大的战略决策或者经营转型时，确实需要听一听刑事律师的专业意见，防范刑事风险，避免刑事危机。

2. 日常的刑事咨询

企业在日常经营中会碰到各种各样的刑事法律事务，需要向律师进行正常咨询。刑事咨询业务内容繁多、涉及面广，具体可以包括法条的理解、案例的分析、合规的判断、实践的流程等。如同常见法律顾问所处理的日常法律咨询业务一样，刑事法律顾问对于企业的法律咨询最主要的要求就是及时高效的解答，因此，刑事律师团队配置与配合度对于处理企业日常的刑事咨询异常重要。

3. 配合企业进行内部调查

内部调查，包括企业的反舞弊调查、反商业贿赂调查，是企业在发现员工涉嫌违规违法行为后启动的专门调查活动。一般情况下，企业启动内部调查的主要目的在于，查明案件真相，处理违规违法人员，并且尽量树立企业的廉洁文化。刑事法律顾问在企业碰到相应的舞弊问题时，需要第一时间配合企业法务、合规人员收集证据、固定事实，并且在必要时开展相应的内部调查。内部调查的具体流程已在第二章进行概述。刑事法律顾问对于企业相对了解，而且通过日常的咨询其对于企业的经营流程、范围，员工的角色、职责等都比较熟悉，所以，在开展内部调查时，相比外部律师而言，刑事法律顾问会更容易上手，也更容易发现案件存在的问题，并且能够给出适合企业发展的合理建议。

4. 协助企业进行刑事控告

刑事控告，同样是刑事法律顾问能够帮助企业解决的相关法律事务。当企业的合法权益遭受内部员工或者外部第三方的侵害时，需要采取刑事控告方式解决，则刑事法律顾问可以协助企业收集证据、梳理事实、撰写文书、协助控告。刑事控告的具体流程在本书中也有详细阐述，对于刑事法律顾问而言，其需要做的是在日常的咨询和服务过程中，让企业形成固定证据的良好习惯，在出现危害企业的刑事案件时，能够第一时间拿出证据予以控告。我们在担任刑事法律顾问时发现，有些企业对于公司的商业秘密并没有采取相应的保密措施，而当员工窃取公司商业秘密造成公司巨大损失时，往往因为没有采取保密措施而无法指控其涉嫌犯罪。类似的还有合同诈骗罪的案件，如果企业对于相关的材料保存不齐，在控告的时候往往会碰到各种问题。因此，刑事法律顾问协助企业进行控告，需要在日常的工作中帮助企业搭建起对于证据的收集、固定制度等。

5. 刑事危机的应对

企业的刑事危机可能由多种原因造成，诸如舆论危机、上下游合作伙伴涉嫌犯罪被调查、企业的账户被冻结、企业被行政询问可能引发刑事问题。刑事法律顾问需要帮助企业应对相应的刑事危机：首先是梳理事实，收集证据。其次是积极应对，有效沟通。再次是进行隔离，降低损失。最后是及时介入，有效辩护。企业在经营过程中碰到的刑事危机非常多，这实际上也恰恰是需要刑事法律顾问的原因之一。很多企业刑事危机非常紧急，也非常突然，临时去找相应的律师处理，可能又存在各种问题，而刑事法律顾问对企业了解，同时也有专业知识，因此是最好的人选。刑事危机在很多时候看起来很小，影响却很大，处理好可能度过危机，处理不好可能就变成刑事案件，因此，在源头予以解决，避免其变成刑事案件非常关键，而这个时候就是刑事法律顾问发挥作用的机会。

6. 合规体系的搭建与整改

合规体系的搭建包括刑事合规体系的搭建，在刑事合规体系的搭建过程中，刑事法律顾问能够为企业在合规体系制度的设立，体系的搭建，风险的识别、预防等方面提出相应的建议。如果公司涉嫌刑事犯罪，那么涉案企业的刑事合规整改在一定程度上可以帮助该企业取得从宽处理的结果。当然，在企业合规整改的过程中，刑事法律顾问同样也可以发挥其应有的作用。

7. 刑事法律培训

刑事法律培训，也是刑事法律顾问所需要承担的业务。一般情况下，刑事法律顾问一年至少应该对企业开展 1 ~ 2 次培训，对象可以是公司全体员工，也可以是某部门或者某些岗位的重要人员。培训的内容可以是新法颁布的解读，也可以是针对行业某一热点案件的分析。培训方式应该尽量多样，除了常规的讲座方式，也可以采取分组讨论、案例分析等方式。刑事法律顾问应多与被培训人员互动交流，让被培训人员多参与相关的培训活动，从活动中收获相关的内容。刑事法律培训实际上是让刑事法律顾问与企业及员工产生更多的黏性，刑事法律顾问通过培训能够发现企业员工更关心的问题，也能够了解企业存在哪些刑事风险，以此在后续开展顾问工作时能够更有针对性。

8. 行业研究报告

行业研究报告，是指刑事法律顾问针对企业所在的行业，根据该年度所颁布的刑事法律法规、热点刑事案件、所识别的企业刑事风险、企业需要进行调整的合规政策等内容，综合性地出具相应的研究报告。一般情况下，刑事法律顾问应该每年向所服务的企业出具相应的行业研究报告，通过整理收集相应的法律法规、热点案例、行业资讯等向企业高层提示相应的刑事法律风险。行业研究报告的价值在于，通过梳理可以使企业与律师对行业中的刑事风险有更为充分的了解，对于企业合规体系的调整、经营政策的变化等都会起到很大的参考作用。我们每年都会为企业出具一份行业的刑事研究报告，目的就在于让企业的高层了解所属行业的刑事法律、刑事风险、刑事案件，培养刑事法律意识，对于一些经营决策能够第一时间与刑事法律顾问进行沟通交流。

9. 尽快投入刑事辩护

当企业或相应员工涉嫌犯罪被承办机关立案调查，或者采取相应的刑事强制措施时，刑事法律顾问需要尽快介入案件中，提供相应的法律服务。刑事法律顾问对企业的经营情况相对了解，对企业为什么涉嫌犯罪也能进行较为准确的判断，因此能够立即提供高效的法律服务。并且，由于刑事案件往往时间紧，越在案件前期处理越容易解决，因此刑事法律顾问需要在第一时间收集、固定相关的证据，与承办机关沟通交流、申请取保候审等，争取最好的结果。

（三）刑事法律顾问的工作流程

1. 团队分工

律师担任刑事法律顾问，需要进行团队分工应对企业的相关刑事事务。一般情况下，刑事法律顾问团应由初级律师、中级律师、高级律师等组成。初级律师负责日常刑事咨询、合同审阅（查阅是否有刑事风险）、行业研究报告、刑事法律培训等内容；中级律师负责刑事危机的应对、刑事控告、刑事内部调查等基础事务；高级律师则是在企业经营决策、紧急事件等方面介入，包括提供相关意见，制定相关决策等。刑事法律顾问需要团队化运作，由高级律师组队，进行角色定位、任务分配，才能使为企业提供的刑事法律服务高效化、有序化。

2. 响应机制

担任企业刑事法律顾问，应该针对不同事件建立相应的响应机制。一般而言，应区分突发事件、紧急事件与非突发事件、非紧急事件。面对突发事件、紧急事件，刑事法律顾问应保证立即响应，并且能够给出初步的合理意见，此时的响应不一定由高级律师作出，团队任何一名律师都可以作出，并且依据自己经验建议企业予以应对，然后进行开会处理。同时，刑事法律顾问应该在一定时间内拿出事件初步解决方案，这时候的方案则是经过研究判断，并且由高级律师参与制定的。一般情况下，对于紧急、突发的事件，应保证在 24 小时内给出方案。对于非突发、非紧急事件，则可以适当延期，但应保证在合理时间内，一般而言应在 3 天内予以答复。

企业面对的刑事法律事件往往比较紧急，与一般的法律事务相比，企业更希望刑事律师能够尽快给出建议，并且参与其中，拿出应对方案。因此，刑事法律顾问应站在企业角度考虑，制定高效、及时的相应机制。

3. 汇报机制

刑事法律顾问需要确立汇报机制，一般情况下，应该有半年度汇报以及年度汇报。由于刑事法律顾问在部分企业采取的是计时收费的方式，应该按季度或者半年进行结算。除了出具工作时间表，刑事法律顾问仍然需要就季度、年度的工作情况进行汇报、总结，形成良性的汇报机制。刑事法律顾问应该养成拜访企业高层的习惯，通过定期拜访了解企业存在的问题，及时进行反馈。同时，拜访也是挖掘已有客户潜在业务的一种方式。汇报机制应该结合刑事法律顾问在一段时间的工作内容，包括帮助企业解决的问题，企业员工所关心的行业问题、刑事风险点等。

三、典型案例

我们担任某银行总行的刑事法律顾问，负责提供刑事法律服务，我们以此来分析刑事法律顾问的服务内容、服务方式和具体事务。

（一）服务内容

根据与银行的沟通协商，我们团队向该银行提供如下法律服务。

1. 企业合规法律服务

（1）刑事合规法律咨询。包括但不限于就银行日常运营中的公司管理、合同签订与履行、税务、知识产权、人力资源、治安等事务提供刑事法律咨询，对银行涉及的各项民商事、刑事、行政、劳动争议等仲裁、诉讼纠纷等提供刑事相关的法律咨询，对银行涉及的重大法律事务进行刑事法律风险评估等。

（2）法律文本规范。包括但不限于就银行的各类商业合同或重要文件提供刑事相关文件审阅规范服务，就银行各类股东决议、股东协议、董事会决议等内部规程提供刑事相关文件审阅规范服务。

（3）刑事合规体检。以法律、行政法规、行业规范以及银行内部章程为依据，对银行的日常经营以及员工工作中的行为性质进行判断审查，对其中所涉决策风险、产品风险、合同风险、销售风险、财税风险、知识产权风险等刑事合规风险进行有效甄别，并就识别出的风险进行定性、定量分析，评估企业刑事合规风险等级，形成企业刑事合规风险清单。

（4）专题法律研究与培训。围绕企业合规政策导向、法律规范修订及行业规章制度革新等内容开展常态化刑事法律研究与培训，包括但不限于定期开设企业刑事合规讲座，为银行管理层及员工进行刑事合规知识的普及；定期面向银行员工收集刑事合规咨询问题，并进行有效答疑解惑；协助银行制定、完善员工手册，对员工日常工作行为进一步修正与规范等。

2. 刑事诉讼法律服务

（1）刑事辩护法律服务。包括但不限于侦查阶段作为犯罪嫌疑单位辩护人与侦查机关建立联系、跟进案件侦查进展、表达相关诉求、对相关事项调查取证并收集固定证据、针对案情向侦查机关提出法律意见，审查起诉阶段作为犯罪嫌疑单位辩护人查阅分析案卷、与检察机关交换法律意见、表达相关程序与实体诉求，审判阶段作为被告单位辩护人与审判机关保持有效沟通、进行充分的庭前准备工作、依据案件实际情况提交相关申请、出庭参加刑事诉讼、提交书面辩护意见等。

（2）刑事控告法律服务。包括但不限于了解具体案情、收集固定证据材料、出具刑事控告策略、制作刑事控告具体方案、形成刑事控告报案书、梳理编排相关证据材料支持报案、与公安机关取得联系并沟通控告事宜、根据实际情况补充证据或进行说明、推动公安机关进行初查、敦促公安机关进行刑事立案等。

（3）刑事代理法律服务。包括但不限于在侦查阶段作为被害单位代理人与公安机关建立切实有效的沟通、了解公安机关对案件的侦办方向与进展情况、表达被害单位相关诉求、提出相关法律意见；审查起诉阶段作为被害单位代理人与检察机关建立良好沟通、向检察机关提交委托手续并阅卷、梳理分析案卷材料、整理与案件定罪量刑有关的证据材料、针对案件退回补充侦查以及提起公诉提出法律意见；审判阶段作为被害单位代理人参与案件审理，庭前完成证据材料、法律意见等的准备工作，参加庭审发表被害单位意见，庭后提交书面代理意见；案件审判结束后作为被害单位代理人督促法院开展追赃挽损及其他相关工作，切实挽回银行经济损失。

3. 刑事危机的应对与处理

（1）排查警示法律风险。在银行面临重大刑事风险或声誉危机时，及时介入开展风险核查识别工作，协助银行精准识别风险性质、风险源、风险事件可能导致的多种后果、影响风险演变进程的多类因素等，为后续风险管控与化解提供扎实良好的工作基础。

（2）及时出具应对策略。根据法律风险排查与分析结果，灵活出具突发性应对策略，就利弊影响进行全面详细的解释说明，并根据本次危机事件为银行后续有效避免、彻底剔除相关风险定制专项刑事合规服务计划。

（3）协助落实应对方案。协助银行确定危机事件应对策略与方案，协助银行进行谈判、开展内部各项调查、整理提交相关稽查审查需要的材料与说明等，并根据本次危机事件的应对处理协助银行建立完善能够化解此类刑事风险与危机的企业合规体系。

（二）服务方式

1. 团队搭配

我们组建了1名高级律师、2名中级律师、3名初级律师的刑事团队为该银行提供刑事法律服务。团队确认分工方式，确定哪些服务类型必须由高级律师处理，哪些服务类型先由初级律师处理，如果存在问题再向中级律师、高级律师进行汇报。高级律师即在行业内有刑事办案经验的资深律师，其对于刑事风险的把控与处理非常专业，主要参与企业战略的制定、企业刑事风险的应对，参与企业的会议、管理，提出自己的一些建议；中级律师则是骨干律师，负责处理企业涉及的刑事案件，如刑事危机、内部调查、刑事控告；初级律师则主要处理企业日常的咨询、文件的审核等工作。

2. 收费方式

与企业法律顾问类似，刑事法律顾问在收费方式上一般也采取计时收费方式，同时不同级别律师的费率也不一样。采取计时收费方式的好处在于律师所提供的法律服务相对透明，工作多少时间拿多少律师费用。与此同时，企业也能够更合理地利用律师。在不采用计时收费的方式时，企业与律师就某些事情的沟通往往效率低下。有些企业会认为律师计时收费会乱报价、乱计时。实际并不是如此，律师计时收费，需要内部先进行审核，管理团队再进行审核，最后由客户确认，在前两个阶段往往已经删除了不必要的收费时间，真正工作时间远远大于收费的时间。同时，律师对于企业法律顾问，是希望与企业保持长期的合作关系，因此并不会在时间计算上随意操作，反而丢掉客户。从长远来看，计时收费对于企业和律师是双赢的方式。

3. 工作习惯

团队对于企业的服务制定了相关的响应机制与汇报机制。

（1）响应机制。

我们团队对企业在合同规定内的法律服务事项进行及时响应，响应方案如下：

第一，针对突发、紧急事件，团队承诺在收到企业的咨询后24小时内予以答复；对于非突发、非紧急事项，团队承诺在收到企业的咨询之日起 2 个工作日内予以答复。

第二，针对突发、紧急事件，团队承诺给予充分的法律支持，即在接到企业电话咨询后，3 小时以内给予初步答复或提供初步工作方案，并根据实际情况，团队可提供 7×24 小时不间断法律支持；团队承诺与企业工作人员保持充分的信息跟进和沟通，可持续向企业提供法律意见或建议。

（2）汇报机制。

团队建立了相应的汇报机制，定期向企业提供相关领域的法律资讯，并且每年 5 月与 11 月就工作的情况向企业进行汇报，每年 11 月出具年度法律服务总结报告。同时，每年向企业提供至少 1 场法律培训，至少提供 1 篇行业法律研究报告。

（三）具体事务

除了日常咨询外，我们会给企业提供如下三项服务。

1. 行业研究

担任刑事法律顾问后，我们总结了有关银行的刑事法律法规、典型案例、热点事件，对于银行涉嫌的罪名进行相应梳理，整理了该行所有的刑事案件，以及近 5 年涉银行业的刑事案件，并且整理成一本系统的法律服务手册，应对银行日常关于刑事问题的咨询。同时，基于此，我们也对高发的刑事罪名，如违法发放贷款罪、职务侵占罪等对银行人员进行培训，并且制作员工手册以及“风险地图”。

2. 热点事件分析

2022 年河南省禹州市新民生村镇银行等几家村镇银行接连公告“系统升级”，银行存款无法取现，继而引发存钱者恐慌，后续公安机关也立案侦查。[①] 针对该热点事件，许多投资者对于中小银行也陷入恐慌，我们从专业角度对企业及员工进行了培训，阐述该事件可能涉嫌的罪名以及存在的风险，

---

① 参见《河南许昌公安局通报禹州新民生等村镇银行问题》，载《齐鲁晚报》2022 年 7 月 10 日，https://auto.qlwb.com.cn/detail/19661651.html。

并且与银行共同讨论相应的防范机制和防控办法。

3. 突发事件处理

在一起民事诉讼中，被告借助媒体发表相关声明，甚至提出可能对该银行采取刑事控告的方式。媒体报道后舆论迅速发酵，演变为刑事危机。我们迅速介入，从刑事角度分析该案件可能引发的问题，同时与民商事律师、银行律师等从不同角度提出相应的建议，对于银行如何回函、如何选择诉讼策略等进行总结，最终使该事件顺利解决。

后记：刑事律师作用仅在刑事辩护上吗?

在上海疫情封控期间，我写完了这本书，算是自己对“永远不要浪费每一次危机”的理解。

2013 年从华东政法大学刑法学研究生毕业后，我踏上律师的道路，就一直担任刑事律师的工作。直到现在，大部分的业务仍然是以刑事辩护为主。近些年，我开始认为刑事律师的角色与作用远远不在于刑事辩护。刑事辩护固然重要，它是被告人面临指控时所能依赖的最为关键的力量，它是法治控辩天平一端的重要筹码，它更是法治文明的标志之一。但是，绝不能把刑事律师等同于刑事辩护，否则就局限了刑事律师的作用和价值。

魏文王与扁鹊的故事，想必大家都耳熟能详。

魏文王问扁鹊：“你们家兄弟三人，都精于医术，到底哪一位最好呢?”扁鹊答：“我的大哥医术最好，二哥次之，我最差。”魏文王再问：“那么为什么你最出名呢?”扁鹊答道：“我大哥治病，是治病于病情发作之前的时候，由于一般人不知道他能事先铲除病因，反而觉得他的治疗没什么明显的效果，所以他的名气无法传出去，只有我们家的人才知道。我二哥治病，是于病情初起的时候，看上去只能治轻微的小病，所以他的名气只能在我们乡里流传。而我扁鹊治病，是治病于病情已经严重的时候。一般人看到我在经脉上穿针放血，在皮肤上敷药，用麻药让人昏迷，做的都是些不可思议的大手术，自然以为我的医术高明，因此名气响遍全国，远远大于我的两位哥哥。”

刑事辩护就如同扁鹊的手术一样，往往被告人已处于“大病”状态，因此大家往往以这场手术的成败来论证刑事律师的成败。实际上，很多刑事风险，特别是企业的刑事法律风险，需要并且能够在最初发生的时候预防，甚至通过合理的制度予以规避，让企业远离这场“大病”。

本书主要就这些年处理的企业刑事合规业务进行梳理，发现了刑事律师除了刑事辩护外，在处理企业刑事合规问题上，可以发挥很大的作用，并且很多企业的问题越早介入效果越好。同时，这也是提高刑事律师在法律服务市场上的话语权、拓宽刑事律师与其他律师合作的重要渠道。

相信本书会给律师一些启发，我们除了做好刑事辩护以外，可以发挥自身专业优势，为企业提供更多的合规服务，开发更多的刑事产品，让刑事律师发挥更大的作用。

本书的撰写得到团队律师朱纪玲、沈风、白歌的帮助，在此一并表示感谢。

2022 年 11 月于上海